¡Un buen servicio ya no basta!

LEONARD L. BERRY

¡Un buen servicio ya no basta!

Cuatro principios del servicio excepcional al cliente

Traducción
Adriana de Hassan

GRUPO EDITORIAL norma

Barcelona, Bogotá, Buenos Aires, Caracas, Guatemala, México, Miami, Panamá, Quito, San José, San Juan, San Salvador, Santiago de Chile.

Edición original en inglés:
ON GREAT SERVICE: A FRAMEWORK FOR ACTION
de Leonard L. Berry.
Una publicación de The Free Press, una división de Simon & Schuster Inc.
1230 Avenue of the Americas, New York, N. Y. 10020

Apartado Aéreo 53550, Bogotá, Colombia.

Primera reimpresión, 1996
Impreso por Cargraphics S. A. — Imprelibros
Impreso en Colombia — Printed in Colombia
Septiembre, 1996

Dirección editorial, María del Mar Ravassa G.
Edición, Armando Bernal y Lucrecia Monárez
Diseño de cubierta, María Clara Salazar
Diagramación, Zobeida Ramírez

Este libro fue hecho en fuente New Caledonia

ISBN: 958-04-3244-9

A mi esposa y a mis hijos, quienes practican los principios del servicio extraordinario en todas sus actividades: Nancy, en su calidad de líder de organizaciones comunitarias y estatales; Matthew, como libretista para la televisión; y Jonathan, como comerciante.

CONTENIDO

	Nota del autor	IX
Capítulo 1	Un marco para el servicio extraordinario	1
Capítulo 2	Cultivar el liderazgo en servicio	8
Capítulo 3	Construir un sistema de informacion sobre la calidad del servicio	37
Capítulo 4	Crear una estrategia de servicio	72
Capítulo 5	Comprometerse con los principios del servicio extraordinario	92
Capítulo 6	Organizarse para prestar un servicio extraordinario	142
Capítulo 7	Abrazar la tecnología	170
Capítulo 8	Competir por talento	196
Capítulo 9	Desarrollar destrezas y conocimientos para servir	221
Capítulo 10	Facultar a los empleados para servir	246
Capítulo 11	Desarrollar el trabajo en equipo	265
Capítulo 12	Evaluar el desempeño, recompensar la excelencia	286
Capítulo 13	El arte del servicio extraordinario	312
	Notas	317
	Reconocimientos	331

NOTA DEL AUTOR

Varias personas proporcionaron material original para este libro a través de su participación en entrevistas o respondiendo preguntas por escrito. Las personas que se mencionan sin una cita proporcionaron material para utilizar expresamente en este libro.

CAPÍTULO 1

UN MARCO PARA EL SERVICIO EXTRAORDINARIO

Señor gerente
West Point Market
1711 West Market Street
Akron, OH 44313

Apreciado señor:

Sentí la necesidad de escribirle para hacerle saber lo mucho que disfruté mi visita al West Point Market el fin de semana pasado y para mencionar, en particular, la excelente atención de que fui objeto.

De vez en cuando viajo desde Columbus a comprar en su mercado porque no he encontrado otro como él en todo el Estado. Es un gran placer poder encontrar en un solo almacén todo lo necesario para preparar ¡hasta las recetas más extrañas!

La semana pasada, además de los productos maravillosos, observé que el servicio fue especialmente bueno. En el departamento de frutas y verduras, una joven me empacó higos frescos en un recipiente especial para que no se estropearan durante el viaje de regreso. Además, cuando estaba en esa sección, le pregunté a una de las empleadas qué era una fruta que jamás había visto. Ella no sólo me explicó de dónde provenía y cómo se servía, sino que abrió una y me la dio a degustar.

Después pedí mi almuerzo en el mostrador del *delicatessen.* Tuve dificultades para sostener la bandeja porque llevaba alzado a mi bebé. Una empleada, que aparentemente se encontraba en su hora de almuerzo, dejó su puesto en la fila para ayudarme a llevar la bandeja hasta la mesa. Los jóvenes de la caja también observaron que llevaba en brazos al bebé y empacaron todos los víveres en bolsas con asa. Uno de ellos me llevó las cosas hasta el automóvil y las puso en el baúl.

Cada uno de los empleados que me ayudó lo hizo sin que yo lo pidiera, y demostrando que se alegraba de prestarme ayuda. En la actualidad es muy raro encontrar un servicio tan maravilloso en almacén alguno. Quiero que sepa cuánto aprecio y disfruto ese servicio incomparable y la encantadora experiencia que West Point Market proporciona. Espero seguir comprando allí durante muchos años más.

Atentamente,
Ronda Shamansky

West Point Market presta un servicio extraordinario. Establecido en Akron, Ohio, desde 1936, es una joya de establecimiento, en el cual se venden alimentos especiales de calidad inigualable. Pero lo que hace tan especial a esta tienda es que la calidad del servicio también es excepcional. La carta de Ronda Shamansky refleja el apego que muchos clientes le tienen a la tienda. Los clientes adoran a West Point Market, principalmente porque West Point Market adora a sus clientes. Y no vende barato. Pero eso no importa; hasta sin precios bajos, compite sobre la base del valor. Muchos clientes viajan desde lugares que están fuera de la ciudad sólo para comprar sus víveres allí.

Esparcidas por todo este libro hay lecciones prácticas de West Point Market y de muchas otras compañías que les prestan un servicio extraordinario a sus clientes. Entre las compañías que los lectores conocerán a través de estas páginas están las siguientes:

- Longo Toyota and Lexus, uno de los distribuidores de vehículos de más éxito en el mundo.
- Mary Kay Cosmetics, una empresa mágica que ha hecho millonarias a más mujeres que cualquier otra compañía del mundo.
- Roberts Express, una empresa de transportes, y De Mar, una compañía de plomería, calefacción, aire acondicionado y refrigeración, las cuales operan durante 24 horas al día, 7 días a la semana, y se enorgullecen de ayudar a los clientes resolviéndoles sus problemas urgentes.
- Tattered Cover Book Store, una de las librerías independientes más grandes de los Estados Unidos, la cual se distingue por su pasión por los libros y por los clientes, a quienes ayuda a encontrar los títulos más difíciles.
- Hard Rock Cafe, restaurante y minorista que atrajo a hordas de clientes el día de su inauguración, y todavía continúa atrayéndolos después de más de veinte años.
- Lakeland Regional Medical Center, uno de los primeros centros hospitalarios en introducir el concepto de atención centrada en los pacientes en los Estados Unidos.
- Bank One Texas Trust Division, la cual convirtió a la calidad del servicio en la pieza clave de su estrategia, y alcanzó un crecimiento de más de US$4 000 millones en activos fiduciarios durante sus primeros tres años de funcionamiento.
- Harold's, un almacén de ropa elegante que funciona desde 1950 y cuyo crecimiento es superior al 10% anual a pesar de sus pocas promociones y de estar en un sitio que pasó de moda hace mucho tiempo.

Aunque el servicio excepcional es raro, no es un sueño imposible. Hay empresas estadounidenses de todas las industrias que prestan un servicio fuera de serie, y obtienen grandes utilidades a cambio. Las compañías que acabo de mencionar, y muchas otras examinadas en este libro, son empresas modelo de servicio excepcional, al cual deben su gran éxito.

El propósito de este libro es enseñar las lecciones de la *ejecución* de la calidad del servicio. Trata exclusivamente de la *manera* de mejorar la calidad del servicio. Fue necesario un año y medio para hacer la investigación y escribirlo. Parte del trabajo consistió en visitar los sitios y entrevistar al personal de las compañías recién mencionadas. También se realizó mucha investigación secundaria y trabajo de seguimiento de numerosas firmas más. El pilar fundamental para el libro fue la colaboración que me brindaron desde 1983 en la investigación de la calidad del servicio mis colegas A. Parasuraman y Valarie Zeithaml, equipo de investigación patrocinado por el Marketing Science Institute.

La inspiración para escribir el libro nació de mi frustración ante el sinnúmero de compañías que invierten grandes cantidades de dinero para mejorar el servicio y todavía luchan intensamente por lograr su cometido. Más frustrante aún es el caso de las empresas que ni siquiera están tratando de mejorar su servicio, compañías cuyos ejecutivos piensan que la calidad del servicio tiene poca prioridad o es un esfuerzo inútil.

Cuando el servicio es malo, todo el mundo pierde. Pierden los clientes. Pierden los empleados. Pierden los altos gerentes. Pierden los proveedores. Pierden los accionistas. Pierde la comunidad. Pierde el país. El servicio malo no tiene virtud que lo redima, ni la tiene el servicio mediocre. La excelencia en servicio es más rentable, más divertida y más conducente a un futuro mejor.

Es difícil prestarle un servicio sobresaliente a cada cliente, día tras día, mes tras mes. No hay nada en este libro que indique que el camino hacia la excelencia es fácil. No lo es. Pero es inmensamente gratificante, no sólo desde el punto de vista financiero, sino espiritual. La excelencia es un alimento para el alma.

¿Por qué "servicio extraordinario"? ¿Qué tiene de malo el "buen servicio"? Un buen servicio no basta para garantizar la diferenciación, construir relaciones sólidas con los clientes, competir sobre la base de valor sin competir por precio, inspirar a los empleados para que deseen mejorar en el trabajo y en su vida personal, ni basta para producir dividendos financieros.

La mayoría de las compañías necesitan subir el nivel de sus aspiraciones de servicio. Esto no significa invertir a manos llenas en mejorar el servicio. No significa crear decenas o centenares de proyectos y grupos especiales de trabajo para luego convertirse apresuradamente a la religión de la calidad del servicio. Significa echar a andar por un camino de mejoramiento integrado y holístico que nunca termina, una travesía con una misión inalterable de altos propósitos, con sólidos valores inamovibles y la fe en la capacidad de los seres humanos para alcanzar el nivel de la excelencia. Las semillas de un servicio extraordinario se siembran en el compromiso colectivo de mejorar diariamente.

Hablando durante una reunión de profesores de servicios de marketing, Merrill Tutton, ejecutivo de AT&T, afirmó que era hora de "sacar el servicio extraordinario de los salones de clase y llevarlo al mercado". Yo estoy de acuerdo. Ya quedó atrás la época de "hablar sobre la calidad". Ésta es la época de "mejorar la calidad". Es hora de reemplazar los esfuerzos por un progreso auténtico. Es hora de actuar.

Este libro contiene ideas sobre las maneras de poner en práctica el servicio extraordinario. Las ideas se presentan dentro de un marco de pasos fundamentales para la ejecución. El marco, representado en la figura 1-1, es un diagrama del libro. Cada pieza del marco es un capítulo del libro. El capítulo 2 pone énfasis en las cualidades de liderazgo que sirven de inspiración para alcanzar la meta del servicio en las organizaciones. En él se presentan las maneras de cultivar las habilidades y los valores del liderazgo en servicio, en la totalidad de la empresa. El capítulo 3 pone de relieve la necesidad de escuchar sistemáticamente la voz del cliente. No basta con hacer estudios. Las empresas deben construir un sistema de información sobre la calidad del servicio. En dicho capítulo se analizan los métodos de investigación que pueden utilizarse para un sistema de ese tipo.

Escuchar al cliente sirve de base para establecer una estrategia global de servicio, tema del capítulo 4. La estrategia de servicio es la "razón de ser" de una compañía; proporciona la inspiración y el enfoque que son característicos de todas las empresas que prestan servicios extraordinarios. Puesto que la calidad del servicio es el fundamento sobre el cual se les ofrece valor a los clientes, debe ser una parte primordial de la estrategia. El capítulo 5 trata de los cuatro principios de la calidad del servicio — confiabilidad, sorpresa agradable, recuperación y equidad — que forman parte integral de la estrategia. Describe la naturaleza y la importancia de estos principios, y presenta sugerencias para ponerlos en práctica.

Figura 1-1
MARCO PARA UN SERVICIO EXTRAORDINARIO

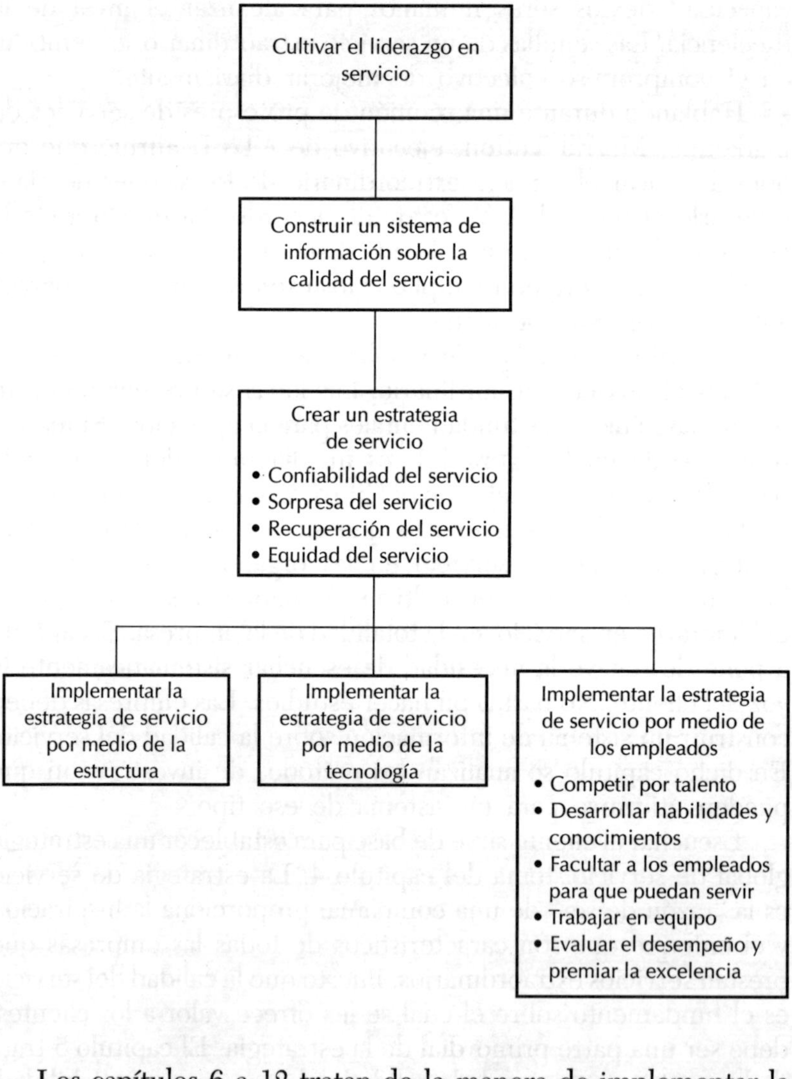

Los capítulos 6 a 12 tratan de la manera de implementar la estrategia de servicio por medio de la estructura, la tecnología y los empleados. El capítulo 6 presenta las formas estructurales que las empresas deben considerar a fin de organizarse para mejorar su servicio. Pone especial énfasis en los equipos de prestación de servicios. En el capítulo 7 se examina la necesidad de disponer de una estrategia tecnológica para implementar la estrategia de servicio. Se analizan las pautas para invertir en tecnología y también el papel de la tecnología en cuanto a mejorar el servicio.

En el capítulo 8 se exploran aspectos fundamentales como, por ejemplo, a quiénes contratar y en qué forma atraer a los mejores candidatos. Cuando el producto es un desempeño, como sucede en las empresas de servicio, competir por talento le ayuda a la compañía a competir por clientes. El capítulo 9 subraya la importancia de preparar a quienes prestan servicio por medio de programas permanentes de desarrollo de habilidades y conocimientos. El aprendizaje aplicable al trabajo genera idoneidad y seguridad, factores esenciales para el servicio extraordinario. El capítulo 10 trata el tema de facultar a los empleados: pero, para muchos lectores, probablemente en una forma insólita según su habitual comprensión del tema. Pone énfasis en distintos mecanismos para lograr que los empleados se sientan dueños de su organización. El capítulo 11 trata el tema de la calidad como un deporte de equipo. Presenta métodos para cultivar el poder de la colaboración. El capítulo 12 analiza el papel de la evaluación del desempeño y el de las recompensas en la construcción de una cultura orientada hacia el logro. Destaca la necesidad de integrar las evaluaciones y las recompensas dentro de un enfoque más amplio de recursos humanos concordante con la estrategia de servicio.

En los años 90, las compañías compiten sobre la base del valor. Valor no es lo mismo que precio. El valor equivale a los beneficios recibidos a cambio de las molestias soportadas. El precio es apenas una de las molestias. La grosería, la incompetencia, la inconveniencia, la negligencia, la inflexibilidad, la injusticia, la falta de interés o la indiferencia son un precio que muchos clientes se niegan a pagar. La alta calidad incide directamente en el valor de un servicio al aumentar sus beneficios y disminuir sus molestias. La manera de prestar un servicio extraordinario no tiene por qué ser un misterio. Ahora tenemos los pasos fundamentales. Es hora de actuar.

CAPÍTULO 2

CULTIVAR EL LIDERAZGO EN SERVICIO

El servicio extraordinario no es una ilusión. En todas las industrias hay compañías que han superado las complejidades operativas, las fuerzas externas del mercado y las presiones financieras de corto plazo que fomentan la mediocridad en el servicio. La clave está en un auténtico liderazgo en servicio a todos los niveles de la organización — un liderazgo que inspira el logro.

No se logra un servicio extraordinario "manejando a los colaboradores". Las tensiones del desempeño son sencillamente demasiado grandes. La presión constante de "estar en primera línea" — de atender a muchos clientes en poco tiempo, soportar exigencias contradictorias, sufrir a clientes desagradables, groseros o aun peores — suele producir fatiga y desánimo.

Las personas que prestan servicios necesitan una visión de su trabajo en la cual valga la pena creer, una visión desafiante que proporcione energía emocional y genere compromiso. Esas personas necesitan sentir que forman parte de un equipo y pertenecen a una organización que los respalda en los momentos difíciles. Necesitan tener contacto con personas que sirvan de ejemplo, fijen altas normas y señalen el camino. Deben probar el elíxir que proviene de verse uno obligado a pensar en el trabajo, a ser creativo y a arriesgarse a romper la rutina. Necesitan sentir el estímulo del avance, del progreso, de la realización — tanto personal como de la organización. Éstos son los frutos del liderazgo en servicio. Sin liderazgo y sin inspiración, la mediocridad prevalece. Según palabras de Lee Harkins, ejecutivo de Bell South, "el liderazgo es el factor determinante de la calidad del servicio".[1]

Cultivar el desarrollo de unos valores y unas destrezas para lograr el liderazgo en servicio es una de las medidas más importantes que puede tomar una organización en su camino hacia la calidad del servicio, y esto es algo que debe hacerse en toda la organización. El liderazgo en servicio en el nivel más alto de la compañía es crítico, pero también lo es en los demás niveles. Un destacado ejecutivo de marketing de la banca explica muy bien el punto:

> El eslabón más débil en la banca, el cual menoscaba la calidad del servicio, es la gerencia media. Ahí es donde todo se desploma. Las causas son la alta rotación del personal en este nivel, la falta de compromiso, el hecho de no comprender "el cuadro completo", la falta de motivación y la falta de comunicación de la alta gerencia.[2]

La mayoría de los cargos de servicio tienen un alto contenido de criterio personal. La cantidad máxima de energía e interés que la persona pueda aportar a la función de servicio y la cantidad mínima requerida para evitar el castigo son bastante diferentes. Por tanto, los niveles de energía y atención del servicio dependen del criterio de quienes lo prestan.[3] Las compañías que prestan servicios extraordinarios cuentan con personas que se mantienen cerca de los niveles máximos, pero la mayoría de las empresas no tienen ese tipo de gente. La diferencia radica en el liderazgo en servicio. Peter Drucker insta a los ejecutivos a considerar a los empleados como "voluntarios".[4] La mayoría de los empleados llegan a trabajar sin necesidad de un líder que los empuje; sin embargo, para ir más allá de lo corriente en favor de un cliente, para probar una segunda solución cuando la primera falla, para aplicar el ingenio a la tarea que se tiene a mano se necesita voluntad.

Joyce Meskis, propietaria de Tattered Cover Book Store, de Denver, afirma: "El esmero y la tenacidad son nuestras características sobresalientes. Buscamos ese título difícil que el cliente desea hasta que lo encontramos". Ésta no es la fantasía del propietario. La gerente de planta de la librería, Sidney Jackson, dice: "Precisamente esta mañana vino una pareja en busca de vídeos cristianos que no teníamos. Les dije: «Permítanme llamar a un par de librerías para conseguirlos». El cliente preguntó: «¿Usted hará eso?»" Otro gerente de planta, Neil Strandberg, agrega: "Tratamos de decir «sí» a todo". Y la gerente general Linda Millemann comenta lo siguiente: "Siempre hemos estado dispuestos a recibir pedidos especiales. Los gerentes de otras librerías dicen que somos lo suficientemente grandes como para hacerlo, pero así fue como llegamos a ser grandes".

CUALIDADES DE LOS LÍDERES EN SERVICIO

En su libro *Leaders: The Strategies for Taking Charge,* Bennis y Nanus establecen una diferencia entre los *líderes* que ponen énfasis en los recursos emocionales y espirituales de una organización, y los *gerentes* que ponen énfasis en los recursos físicos, como las materias primas, la tecnología y el capital.[5] Aunque la gerencia es crítica para la eficiencia de la organización, son pocas las empresas que aprovechan la energía emocional y espiritual del liderazgo que caracteriza a todas las compañías de servicio extraordinario.

Es mucho lo que se ha escrito sobre liderazgo, pero muy poco sobre *liderazgo en servicio* — las cualidades que promueven el deseo de la organización de ofrecer un servicio sobresaliente. Los líderes en servicio tienen la mayoría de las cualidades (si no todas) que suelen caracterizar a los líderes en general: visión, persistencia, altas expectativas, conocimientos, empatía, poder de persuasión, integridad. Sin embargo, para *sobresalir en servicio* hay cuatro cualidades esenciales.

Visión de servicio

Los líderes en servicio consideran que la fuerza motriz de su empresa es la excelencia en servicio. El servicio excelente distingue a una compañía de sus competidores; en él radica la diferencia esencial. No importa cuáles sean los mercados objetivo, los servicios específicos o la estrategia de precio: los líderes en servicio ven en la calidad del servicio su plataforma para competir. Larry Harmon, propietario de De Mar, compañía de Clovis, California, con gran éxito en el área de plomería, calefacción y aire acondicionado, dice: "Tuve un cambio radical cuando opté por concentrarme totalmente en la satisfacción de los clientes". Joyce Meskis, de Tattered Cover, hace eco a las palabras de Harmon: "El servicio ha sido el fundamento de nuestra empresa. Hacemos todo lo necesario para lograr el encuentro entre la persona y el libro que busca". Estos líderes saben que los clientes no compran solamente libros o plomería.

Los líderes en servicio tocan constantemente la trompeta de la excelencia. El buen servicio no es suficiente para los verdaderos líderes en servicio: Se concentran en los detalles y los matices del servicio. Ven oportunidades en actuaciones mínimas que los competidores podrían considerar triviales. Creen que la forma en que la organización maneja las cosas pequeñas marca la pauta para el manejo de todo lo demás. También creen que los detalles del negocio se suman para formar la diferencia en concepto del cliente.

Longo Toyota and Lexus, de Los Ángeles, es la distribuidora más grande de vehículos Toyota a nivel minorista. Longo se rige por la "regla de un solo parachoques", según la cual los vehículos para la venta deben estar perfectamente alineados de manera que el cliente que mira una hilera de automóviles vea solamente un parachoques. Greg Penske, presidente de Longo, dice: "Yo soy un fanático del orden y la limpieza".

Longo suda los detalles. A los clientes que hacen fila a la entrada de servicio por la mañana los reciben con una taza de café caliente y un ejemplar de *Los Angeles Times.* La empresa les ofrece transporte de cortesía a los clientes que dejan sus vehículos para mantenimiento. En las instalaciones dispone de una oficina de alquiler de vehículos. Un empleado cubre el timón, los asientos y los pisos del automóvil antes de pasarlo al taller. Todos los vehículos se lavan y se desempolvan con aspiradora antes de entregárselos a sus dueños. Las salas de exhibición están decoradas con colores vivos, son alfombradas, cómodas y limpias. No hay salas "cerradas" para la negociación. Los vendedores y los clientes se sientan a mesas pequeñas en un área abierta dentro de la sala de exhibición. La fuerza de ventas habla treinta y ocho idiomas. Hay un departamento especial para atender a los clientes asiáticos. En Longo Toyota and Lexus, las normas de servicio son altas.

Los líderes en servicio definen la visión de servicio de su organización. No la expresan con palabras, sino que dan ejemplo diariamente a través de sus actuaciones. West Point Market, de Akron, Ohio, es una tienda de alimentos especiales con la atmósfera de un elegante almacén de departamentos. Es un mar de colores, una aventura de descubrimiento, una tienda de tentaciones con sus tortas de chocolate, sus pasteles de nuez y sus galletas de mantequilla de maní. Muchas tiendas de víveres consideran que sus artículos son productos genéricos, y compiten principalmente por precio. El propietario de West Point, Russ Vernon, considera que los alimentos son productos de moda, y compite principalmente por medio de los anuncios en el punto de venta, de la atmósfera del almacén y del valor que se basa en el servicio. Cobra más que sus competidores, pero obtiene sus márgenes a través de la selección y la calidad de los productos, de la novedosa exhibición y del deseo de hacer todo lo que sea necesario para atender a los clientes.

La visión de Russ Vernon tiene tres componentes:

- "Nuestro mercado es la clientela de profesionales/empresarios que buscan una conveniencia del producto y un servicio que no se encuentran en las tiendas corrientes. Nosotros vamos a lugares a donde no van otros, en busca de productos fuera de serie. Obtenemos ideas de todo el mundo y en todas partes. Somos el recurso de los cocineros".
- "La gente gasta su dinero en los sitios en donde se siente a gusto. Nosotros montamos el escenario para el producto. Deseamos que el cliente tome las cosas con calma. Utilizamos estratégicamente la iluminación, los sucesos especiales, la

música clásica. Nuestra tienda es un centro de esparcimiento. No deseamos parecernos a un supermercado".

- "Establecer un vínculo estrecho con los clientes es un factor clave en este negocio".

Russ le da vida a su visión con su ejemplo. Kim Kowalski, jefe de cajeros de West Point, afirma: "A los clientes les encanta el hecho de que Russ esté aquí. Él les lleva los víveres. Siempre está saludando y ayudando a la gente". Cindy Yost, compradora de alimentos especiales, explica: "Aquí las cosas nunca se estancan. Russ avanza constantemente. Todos trabajamos a marchas forzadas para llevar el ritmo, y eso nos mantiene motivados. Él siempre tiene alguna nueva idea, pero también toma las nuestras y las aprovecha. Todos tenemos voz en West Point Market". Carol Moore, directora de servicio de alimentos, agrega: "Russ es un líder. Él da el ejemplo. Nosotros sabemos lo que desea, y sobresale en ello. Russ es nuestro vencedor de gigantes, y todos aprendemos de él. Se ocupa de los detalles y nos enseña a hacerlo también nosotros".

La visión de servicio faculta a quienes prestan los servicios. Cuanto más vigorosa es la visión mayores son su claridad y su atractivo emocional — y más delgado es el manual de políticas y procedimientos de servicio de la empresa. Cindy Yost anota: "Cuando me encargué del departamento de quesos, Russ me permitió comprar los quesos que yo deseaba. Siempre era mi decisión. Habría sido difícil que se me ordenara comprar veinte cajas de esto o aquello sin creer en el producto". Carol Moore afirma: "Russ verdaderamente nos faculta para servir a los clientes".

Creer en otros

Los líderes en servicio creen en la capacidad innata de la gente para realizarse, y consideran que su papel es fijar una meta de excelencia, proporcionar las herramientas necesarias para el éxito y promover una conducta de liderazgo en toda la organización. Como los líderes en servicio tienen fe en las personas que trabajan con ellos, consideran que la comunicación con sus colaboradores es prioritaria. Los líderes en servicio escuchan la voz del negocio;

eliminan los obstáculos que impiden mejorar, comunican la visión de la empresa, y enseñan el oficio. El servicio más fundamental es servir a quien sirve. Los líderes en servicio no son jefes; son *instructores*.

En la puerta de la oficina de Larry Harmon, de De Mar, se lee una sola palabra: instructor. Y no es una broma. Harmon incluso firma sus cartas como "presidente/instructor". Harmon maneja su empresa como si fuera un equipo de fútbol: entrenamiento permanente, repetición continua de la estrategia central ("la gente paga cuando se le solucionan sus problemas y sale de aquí sintiéndose bien"), responsabilidad del individuo frente al equipo, altas expectativas, jugosas recompensas. Harmon dice: "Yo trato de mejorar constantemente el equipo. Trato de darles a las personas las herramientas y la orientación que necesitan, y no las tomo con ellas cuando las cosas salen mal".

De Mar les garantiza servicio el mismo día a los clientes que lo necesitan y servicio durante 24 horas al día y durante 7 días a la semana, sin costo adicional. Es una compañía llena de desafíos, tal como lo reconoce de buen grado Harmon: "Las exigencias de trabajar en esta empresa son enormes. Si alguien nos llama a las 3:00 A.M., más vale que uno de nuestros empleados se presente a las 3:30 A.M. Tenemos algunos de los asesores de servicio mejor pagados de toda la industria — pero también son los que más trabajan". Es obvio que De Mar no es para todo el mundo. Pero las personas indicadas florecen en esa cultura de altas expectativas y alta retribución. Norik Cohn, jefe de despachadores, es una de esas personas:

> Llevo aquí dos años. He visto pasar a muchos por esta empresa. Para estar aquí se necesita querer trabajar con ahínco, o de lo contrario no se sobrevive. Es preciso hacer lo que sea necesario. En un día verdaderamente agitado, los teléfonos no dejan de sonar. En un día de mucha actividad nuestros empleados pueden trabajar desde las 6 A.M. hasta la medianoche. Yo tengo un horario establecido que jamás cumplo... sencillamente, me interesa este trabajo. Personalmente he aprendido muchas cosas que no tienen precio. Larry nos brinda incontables oportunidades para hacer las cosas y aprender. He progresado muchísimo en este trabajo".

Larry Harmon lo explica claramente: "Ninguna regla en el mundo sirve para hacer aflorar lo mejor de las personas. Es más importante lograr que se adhieran a los valores". Joyce Meskis, Greg Penske y Russ Vernon coincidirían en esta opinión.

Amor al negocio

Los mejores líderes en servicio aman la empresa que dirigen; les encanta permanecer inmersos en las complejidades del negocio, en los problemas que los asedian, en la sensación de logro después de un buen día; aman la acción. Los líderes en servicio prefieren estar dirigiendo su empresa por encima de cualquier otra cosa. Sienten el deseo profundo de manejar bien su negocio, hacerlo crecer, crear algo especial.

El amor al negocio hace florecer el entusiasmo y la vitalidad que caracteriza a tantos líderes en servicio. La combinación del entusiasmo natural *y* el entorno adecuado en el cual expresarlo contribuye a la energía emocional del auténtico liderazgo. Es difícil imaginar a Joyce Meskis, de Tattered Cover, en un negocio que no sea el de los libros. Es una apasionada del tema y fervorosa en el servicio a sus empleados y a sus clientes. Tampoco es posible imaginar a Greg Penske, de Longo, en un negocio en que no haya vehículos. Creció en ese negocio, y lo lleva en la sangre. "Me encanta este negocio", dice.

El amor al negocio motiva a los líderes en servicio a enseñar lo que saben, a revelarles a otros los secretos, los matices y el arte de manejarlo. Harold Wiesenthal y sus hijos, Darryl y Michael, dirigen a Harold's, un almacén de ropa de Houston con ventas multimillonarias. Después de cuarenta y cinco años de funcionamiento, Harold's sigue vendiendo ropa masculina y femenina de primera calidad sin descuento, en un sitio que hace mucho tiempo dejó de estar de moda. Sin el beneficio de estar en un centro comercial o de contar con ventas frecuentes, el crecimiento de Harold's es superior al 10% anual. Entre los factores clave de su éxito están el servicio altamente personalizado ("Conocemos a la mayoría de nuestros clientes por su nombre"); un servicio altamente profesional ("Todos nuestros vendedores son personas de carrera"); modificaciones rápidas y perfectas, realizadas por quince sastres que permanecen en el almacén ("Sencillamente jamás nos negamos a hacer una modificación"); integridad ("Venderles a los clientes lo que necesitan y les queda bien"); y participación en la comunidad ("Harold está en todas partes. Regala dinero. Visita a los ancianos. Es difícil asistir a una función de caridad sin encontrarlo allí"). Charles Milstead, cliente de Harold's desde hace mucho tiempo, afirma: "Mis amigos me toman el pelo porque yo puedo conseguir los mismos artículos en otra parte por la mitad del precio. Pero yo sostengo que eso no es cierto. No consigo el mismo servicio, la seguridad de que ése es el color correcto, la relación personal".

Con seis vendedores, además de Darryl y Michael, Harold enseña personalmente todo el tiempo. Es la encarnación del verdadero instructor, el ejemplo viviente. El vendedor Ken Patterson dice: "Yo aprendí el estilo de Harold con sólo estar aquí". El vendedor Charles Bourg, a quien Harold encontró en una tienda del club campestre, anota: "Con una sola mirada, Harold me hace saber que tomé un camino equivocado". Y Robert Duncan, quien vende al año más de un millón de dólares en ropa, hace esta reflexión: "Yo creía que sabía vender, pero la verdad es que no sabía qué era vender y servir hasta que vine a trabajar aquí".

Harold Wiesenthal ama el negocio de ayudar a los clientes a sentirse bien. Su entusiasmo por lo que hace y su profundo compromiso personal son contagiosos. También ha inspirado a sus hijos para que amen el negocio. Dice Harold: "No he visto otros dos jóvenes que trabajen con tanto ahínco en el comercio como Michael y Darryl". Los dos revelan algunas de las lecciones que les dio su padre:

1. Los clientes son la razón por la cual estamos aquí. Cuiden de ellos. Háganles seguimiento. Asegúrense de que estén satisfechos.
2. Véndanles a los clientes lo que necesitan y les queda bien. Si necesitan una talla 44, no les vendan una 46 o una 42.
3. Pongan énfasis en la calidad de la mercancía. No compren nada que ustedes mismos no se pondrían.
4. Permanezcan al lado de los clientes. Allí es donde ocurre todo. Si no permanecen en la tienda, nada de lo que hagan servirá. Los clientes desean ver a los propietarios.

5. Hagan que los clientes sean parte de la tienda. Pongan fotografías de ellos en las paredes, inclúyanlos en los anuncios de televisión y radio, envíenles tarjetas de agradecimiento.
6. Conozcan sus existencias; sepan dónde están las cosas.
7. Exhiban la mercancía. Dediquen tiempo a los artículos pequeños, como las corbatas para complementar el vestido, a fin de que el cliente se vea bien.
8. Sonrían siempre. El cliente espera ver una sonrisa.
9. Ustedes no venden sólo ropa. Se venden ustedes mismos. Los clientes compran porque son amigos nuestros.
10. Promuevan la tienda durante las 24 horas del día. Si van al gimnasio, pónganse una camiseta de Harold's.

El amor al negocio es el combustible de las altas normas de los líderes en servicio. El líder no solamente enseña el funcionamiento del negocio sino que da ejemplo de su estilo, sus valores, su excelencia. Estudiemos los principios de Harold Wiesenthal. Pensemos en sus lecciones. Harold no se limita a enseñar el negocio; enseña liderazgo en servicio.

Integridad

Los líderes en servicio hacen lo correcto — aunque sea molesto o costoso para ellos. Les conceden importancia a la justicia, a la coherencia y a la veracidad para con los clientes, los empleados, los proveedores y otras partes interesadas, y, por tanto, se ganan la oportunidad de estar a la cabeza. Como dijo Peter Drucker en un ensayo publicado en 1988 en el *Wall Street Journal*: "El requisito esencial para un liderazgo eficaz es la confianza. Sin ella no hay seguidores — y la única definición de líder es la persona que tiene seguidores".

La integridad personal es una característica esencial del liderazgo en servicio. Es más que una filosofía; es el giroscopio ético de la organización. Por medio de la integridad, los líderes mantienen la orientación y el rumbo correctos, sin que importe la presión proveniente de otros frentes.

Si consideramos la integridad como el hecho "de mantener en todo momento la entereza psicológica y ética" sin ser "una norma difícil de sostener sino más bien un placer prolongado y enfocado",[6] entendemos con mayor claridad el lugar que ocupa en el liderazgo en servicio. La integridad es la fuente de compromiso del líder para con el juego limpio y la verdad. La integridad impulsa la visión del líder respecto de lo que debe ser la organización. La integridad garantiza la coherencia, la cual a su vez evoca confianza.

Si observamos a los mayores líderes en servicio y escuchamos con cuidado lo que dicen, vemos que la integridad predomina. Richard Teerlink, presidente de Harley-Davidson, se niega a utilizar canales alternos para comercializar los productos altamente solicitados que constituyen la insignia de la empresa. Dice con mucha firmeza: "No competiremos contra nuestros distribuidores". Herb Kelleher, presidente de Southwest Airlines, hace caso omiso de los paquetes tentadores que le ofrecen los gobiernos municipales interesados en atraer a la aerolínea. Su razonamiento es el siguiente: "Entraremos solamente en los mercados en que podamos tener éxito por nuestro propio esfuerzo. Así no tendremos que recoger nuestras cosas y salir".

Greg Penske, de Longo, afirma: "Le enseñamos a nuestra gente a no vender vehículos sino a ayudarles a los clientes a comprar un vehículo. Así es como se hacen amigos". Todos los vendedores de Longo deben firmar un código de ética. Larry Harmon, de De Mar, dice: "Creo que toda buena relación debe basarse en la confianza", y agrega: "¿A nuestros empleados les gustaría que sus hijos trabajaran aquí? Eso es algo que me pregunto constantemente". Harold Wiesenthal dice: "Una vez que uno le aconseja a una persona que no compre algo porque no le queda bien o no le va bien, tiene uno un cliente para toda la vida".

Esos líderes imprimen una visión en sus organizaciones. Creen que "el trabajo puede concebirse elegantemente y realizarse con gracia".[7] Su integridad vivifica la fidelidad para con esa visión.

El servicio de calidad inigualable exige un esfuerzo extraordinario. La integridad genera ese esfuerzo. La integridad inspira.

CULTIVAR EL LIDERAZGO EN SERVICIO

El liderazgo en servicio es el motor para mejorar. Sin la visión energizante del liderazgo, sin la orientación, el entrenamiento y la inspiración, la idea de mejorar la calidad no se traduce en acción.

El servicio extraordinario es cuestión de mentalidad. La lucha por mejorar es constante; las ideas son parte de esta labor; el espíritu emprendedor es intenso. Los valores son los que guían, no los manuales de política y procedimientos. La mentalidad es cuestión de liderazgo.

¿Los líderes nacen o se hacen? La respuesta a esta pregunta de todos los tiempos es "sí" y "sí". Algunas personas tienen dones naturales para llegar a ser líderes. Pero también es cierta la afirmación del teniente general William Pagonis, comandante de 40 000 militares en la Guerra del Golfo Pérsico: "Estoy convencido de que cualquier persona que desee trabajar lo suficiente y desarrollar estos rasgos [de liderazgo] puede ser líder".[8] ¿Cómo puede una organización cultivar el potencial de liderazgo en servicio de sus empleados? La figura 2-1 ilustra cuatro maneras de hacerlo.

Promover a las personas indicadas

La manera más segura de cultivar el liderazgo en servicio en la organización es aplicar precisamente ese criterio para ascender a los empleados a cargos de mayor responsabilidad. Cuando las personas que tienen cualidades de liderazgo en servicio son ascendidas suceden cuatro cosas buenas: La primera: Esas personas pueden desarrollar sus capacidades de liderazgo todavía más en virtud de su mayor nivel de responsabilidad. La segunda: Por medio de sus nuevas responsabilidades tienen mayor oportunidad de ayudar a la empresa a mejorar su servicio. La tercera: Cuando la gente con una filosofía de servicio llega a altos cargos, los otros empleados comienzan a percibir el liderazgo en servicio como un comportamiento para asegurar el triunfo. La cuarta: Y lo que es más importante, cuando a los líderes en servicio les asignan

Figura 2-1
CUATRO MANERAS DE CULTIVAR EL LIDERAZGO EN SERVICIO

subalternos, dan un ejemplo que los aspirantes a líderes pueden imitar. Ser modelo de comportamientos de liderazgo es una manera muy eficaz de cultivar los valores y las habilidades del liderazgo. Poner a un verdadero líder en una posición de mando ayuda a los seguidores a transformarse en líderes.

Pocas decisiones de la organización ejercen un impacto más profundo en el servicio que las relacionadas con los ascensos. Para tomar decisiones acertadas a este respecto, es necesario utilizar enfoques diferentes de los que emplean la mayoría de las compañías. Las siguientes son tres pruebas recomendadas:

1. *La prueba de las huellas en la arena.* La mejor manera de predecir el desempeño futuro de una persona es examinar su desempeño pasado. Es importante estudiar el pasado de una persona en forma cualitativa, no sólo cuantitativa, y examinar los métodos, no sólo los resultados. Algunas preguntas y respuestas son las siguientes:

- ¿Cuáles han sido los logros más importantes de la persona durante su carrera, y por qué?
- ¿Qué innovaciones o nuevos rumbos promovió esa persona en cargos anteriores?
- ¿Cuál es la filosofía de servicio de esa persona? ¿Qué evidencia indica que ese individuo será un líder en *servicio?*
- ¿Esa persona inspira y mueve a otros a seguirla? ¿Creen los demás en esa persona? ¿Creen en su integridad?
- ¿Hay evidencia de liderazgo informal en los antecedentes de esa persona, es decir, capacidad de influir en un grupo sin el beneficio de un cargo o una posición oficial?

2. *La prueba de la defensa de algo.* Los líderes de verdad tienen una visión para el futuro. Saben exactamente hacia dónde desean ir y por qué. No se quedan con un pie aquí y otro allá, no son pusilánimes, no apuestan a lo seguro. Como dijo Peter Drucker en un artículo, la primera responsabilidad del líder es ser la trompeta del sonido claro.[9] Así, una prueba crucial para determinar si hay liderazgo es ver hasta qué punto el individuo pone sobre la mesa sus creencias y sus prioridades para que todo el mundo las vea.

3. *La prueba del liderazgo externo.* El potencial embrionario de liderazgo de las personas que no ocupan cargos de gerencia puede permanecer oculto, especialmente en las organizaciones grandes. ¿Cómo identificar a esas personas y tomarlas en cuenta para cargos que las lleven por una vía más rápida? Una manera de hacerlo es instando a los empleados a participar en actividades voluntarias por fuera del trabajo. El voluntariado no solamente es bueno para la comunidad sino también para el voluntario. La participación en sociedades profesionales, organizaciones culturales y de servicio, organismos sociales sin ánimo de lucro y entidades similares, puede ser un canal creativo para desarrollar y demostrar las capacidades de liderazgo.

Una función de liderazgo en una organización voluntaria puede ser una prueba severa del potencial de liderazgo, considerando las limitaciones económicas de la mayoría de esos organismos, los problemas cargados de emoción que esos grupos enfrentan y la realidad de que los voluntarios "no tienen la obligación de hacer algo". Para tener éxito al frente de una organización voluntaria se necesitan visión, habilidades organizacionales y políticas, capacidad para comunicarse y para crear consenso, paciencia, persistencia y flexibilidad. Las compañías que opten por cultivar líderes en servicio deben no solamente fomentar el voluntariado entre sus empleados sino, además, mantenerse al tanto de los intereses y de los logros de los empleados en forma organizada.

Las pruebas de las huellas en la arena, la defensa de algo y el liderazgo externo proporcionan criterios adicionales para las decisiones sobre ascensos. Considerando que sólo un 16% de los empleados de las compañías estadounidenses creen estar bien dirigidos de acuerdo con un estudio del Hay Group en 1991, hay mucho espacio para mejorar el liderazgo.[10]

Poner énfasis en la participación personal

Participar personalmente en mejorar el servicio genera conocimiento, fomenta el compromiso y estimula el liderazgo. Cuando se invita a las personas de la organización a participar en mejorar el servicio, a ser verdaderos socios en un proyecto tan desafiante, delicado y que promete satisfacciones, como la excelencia en servicio, muchas de ellas estarán dispuestas a contribuir a la causa con ideas, energía y buen ánimo. Solamente en la organización enferma, en la cual la gerencia ha perdido toda credibilidad entre los empleados, son infructuosos los esfuerzos de participación personal. Dicho de otra manera, a menos que los colaboradores de la organización se hayan dado por vencidos completamente, los esfuerzos para aprovechar la diversidad de sus dones rendirán fruto.

A cada uno de los empleados de la organización se le debe pedir que asuma la responsabilidad de mejorar el servicio. Los empleados que están en contacto con los clientes deben participar porque son ellos quienes prestan el servicio final. Los proveedores de servicios a nivel interno deben participar porque su desempeño afecta a la calidad del servicio que reciben los clientes finales. La gerencia media debe participar porque todos los integrantes de la organización (salvo los altos gerentes) trabajan para ella. Y los altos ejecutivos deben participar porque ellos marcan la pauta para toda la organización; sólo ellos pueden comprometer la empresa a marchar en una nueva dirección o a alcanzar un nivel más alto de logro.

Las compañías deben utilizar diversos métodos de participación personal. Milliken & Company, ganadora del Premio Nacional a la Calidad Malcolm Baldrige, patrocina unas *reuniones de participación,* en las cuales los empleados de distintas partes de la compañía presentan formalmente el contenido y los resultados de proyectos específicos para mejorar la calidad. El público lo integran los demás compañeros y los gerentes. No se imponen límites al formato o al estilo de las exposiciones, las cuales se presentan durante dos días en el auditorio de la empresa, utilizando vídeos o sainetes. Los compañeros escogen a los ganadores mediante votación. Para la gerencia, estas reuniones son celebraciones para rendir tributo a la excelencia, nutrir las ideas y reafirmar el papel de cada uno de los empleados en el esfuerzo por mejorar la calidad.

Muchas compañías orientadas hacia el servicio les solicitan sistemáticamente a sus empleados ideas para mejorar el servicio. Para ello utilizan *sistemas de sugerencias,* los cuales, cuando son bien manejados, les brindan a las personas que ejecutan determinado trabajo y a las que atienden a los clientes la oportunidad de ser oídas por la gerencia y de ayudarse a sí mismas, a los clientes y a la empresa. Responder oportunamente a las sugerencias y recompensar a quienes las presentan estimula la energía creativa dentro de la organización. Anima a las personas a pensar en otras maneras de resolver los problemas, y las anima a participar.

Los empleados de Preston Trucking, compañía presentada en el libro *The 100 Best Companies to Work For in America,* generaron 7 882 sugerencias en 1991, y el 74% de ellas fueron puestas en práctica. Esta cifra superó a la de 1988, de 4 412 ideas. Cada una de las sugerencias se publica en el boletín de la empresa. Las recompensas son sencillas pero generosas; por ejemplo, puestos reservados en el estacionamiento y chaquetas de Preston.[11]

Cuando First Drewitt Bank lanzó, en 1989, su programa de la BUENA Idea durante 30 días, sus 125 empleados aportaron 550 ideas para mejorar el servicio, aumentar la satisfacción de los clientes y reducir los costos.[12] Delta Dental Plan, de Massachusetts, tiene un sistema de sugerencias para simplificar las operaciones, el cual anima a los empleados a contribuir con soluciones dentro y fuera de sus propios departamentos. El sistema llevó a la implantación de 128 ideas para mejorar la calidad entre las 338 sugeridas entre febrero de 1991 (cuando se inició el programa) y junio de 1993. Cada dos semanas, el presidente les entrega a los empleados ganadores una camiseta y hace imprimir sus sugerencias en el boletín informativo de la organización. Durante las evaluaciones del desempeño, se toma en consideración el grado de participación en actividades como el programa de sugerencias. Los gerentes son evaluados sobre la base de si crean un ambiente de trabajo favorable para la participación de los empleados y para correr riesgos.[13]

Los *informes de libros* son otro método para lograr la participación. Ninguna otra compañía utiliza los informes de libros con mayor consagración que Bank One Texas Trust Division. La gerencia escoge una serie de libros sobre calidad del servicio considerados adecuados y les pide a varias unidades de la compañía que trabajen en ellos. Por lo general se nombra a una persona para que dirija la discusión de un capítulo en su grupo de trabajo. Las unidades se reúnen una hora a la semana para discutir el capítulo. Pueden dedicar hasta varias semanas a un solo capítulo del libro asignado. Se espera que todo el mundo haya leído el capítulo antes del día de la discusión. La labor del líder del grupo es enfocar las deliberaciones sobre el contenido del capítulo y la manera de aplicarlo en Bank One Texas Trust Division.

Richard Hart, presidente del comité de fideicomiso, insiste en que cada nivel de la organización participe en el esfuerzo por mejorar el servicio. Los libros son una herramienta importante. Hart dice: "Veo que muchas empresas no utilizan los libros en sus programas de calidad del servicio. Es vital comprender a los académicos. La investigación existe, y es una tontería no utilizarla".

Cuando menos uno de los competidores de Hart está de acuerdo con él. En el boletín *Productivity Views* apareció publicado el siguiente pasaje sobre el vicepresidente senior del First Chicago Trust, Joe Spadaford:

> Después de leer varios libros y artículos sobre los equipos de trabajo facultados para actuar, Spadaford instó a sus altos

> gerentes para que exploraran la manera de trabajar con equipos de empleados en sus unidades. Las reacciones de los gerentes dejaron mucho que desear.
>
> Sin inmutarse, Spadaford probó otra táctica. Compró libros sobre el tema de los equipos de trabajo y el concepto de facultar a los empleados. Después invitó a todos los gerentes a reunirse lejos de las oficinas quince días más tarde. El propósito de la reunión era lograr que todo el grupo de gerentes analizara en qué forma los conceptos de facultar a los empleados y de trabajar en equipos autodirigidos podrían encajar en la empresa. Spadaford repartió los libros que había recopilado — uno a cada gerente. Les pidió que leyeran el que se les había asignado y elaboraran un informe de una página sobre los mensajes fundamentales. En el informe debía figurar la manera de aplicar los mensajes en las unidades respectivas de cada gerente.
>
> Los resultados sorprendieron a Spadaford. Ante la necesidad de exponer los puntos principales de sus libros, los gerentes comenzaron a interesarse. Vieron las posibilidades de aplicar las lecciones principales en sus propios departamentos y cada uno de ellos se constituyó en promotor de algunos de los puntos del libro que había leído. La presentación ante los otros gerentes fue una manera de adquirir conocimiento. El deseo de venderles a los otros los puntos fundamentales del libro desarrolló en cada uno el compromiso de aplicar los métodos en el First Chicago.[14]

Otro medio empleado para estimular rápidamente la participación en el mejoramiento del servicio es el *concurso interno por la calidad.* Muchas empresas que presentan su candidatura al Premio Baldrige pero no lo ganan afirman que obtienen beneficios notables de todas maneras. El proceso de candidatura no solamente ofrece un marco para pensar en la calidad y un mecanismo para identificar las debilidades sino que exige amplia participación y liderazgo.

Las compañías medianas y pequeñas deben pensar en los concursos internos por el premio a la calidad en los cuales participen más empleados de los que participan en un concurso externo. El First Union National Bank, con sede en Charlotte,

Carolina del Norte, estableció su concurso interno en 1991, con la participación de once unidades del banco, las cuales se escogieron sobre la base de su autonomía y de su interés en participar. Las once unidades pasaron por un proceso de cuatro fases que duró 18 meses a partir de una evaluación de calidad basada en los criterios de Baldrige, y terminó cuando cada una de las unidades llenó la misma solicitud empleada para participar en el premio Baldrige. Los examinadores de Baldrige evaluaron las solicitudes y escogieron tres de las unidades para una visita. La ganadora del concurso fue la Home Equity Corporation, del First Union, la cual recibió un premio de US$100 000. Cerca de 5 000 empleados de las once unidades del First Union participaron en la capacitación, e integraron los equipos encargados de preparar los análisis y la documentación. El departamento de desarrollo de gerencia y liderazgo desempeñó un papel facilitador en el concurso, aportando capacitación, ayuda para diseñar los cuestionarios y planeación de la asesoría.[15]

A través del concurso, la gerencia del First Union desencadenó una poderosa fuerza cultural dentro de la compañía. Una vez que las 5 000 personas se dedicaron a aprender y a reflexionar sobre la mejora del servicio y a aplicar las lecciones en sus unidades de trabajo, la gerencia, aunque hubiera querido, no podría haber dado marcha atrás.

Participar en *grupos especiales de mejoramiento de la calidad* es otra manera de cultivar los valores y las habilidades del liderazgo en servicio. Una tendencia común en las organizaciones aquejadas por un problema de servicio es que la alta gerencia trata de arreglarlo por sí sola. Es más ventajoso asignarle esa labor a un grupo especial de empleados cercanos al problema. La energía mental desencadenada por un problema desafiante e importante para las personas que forman el grupo, la motivación que produce recibir de la gerencia el encargo de solucionar ese problema y el conocimiento obtenido por estar cerca del problema suelen contribuir a una solución eficaz. Además de resolver el problema están los beneficios de la participación: consciencia e interés por la calidad del servicio, y práctica de liderazgo. Tal como anota la consultora Beth Summers: "Como el aprendizaje es significativo y eficaz solamente cuando se aplica para resolver problemas laborales prácticos, la mejor manera de ayudar a la gente a aprender la calidad es haciéndola participar en la solución de problemas reales de la empresa".[16]

RE/MAX International, una gran compañía de bienes raíces con más de 30 000 vendedores, tenía el problema de la lentitud en el envío de los materiales de venta y capacitación desde su centro de distribución a la fuerza de ventas, la cual debía esperar de tres a seis semanas para recibir el material. La gerencia les dio una semana a los doce empleados del centro de distribución para desarrollar un plan a fin de mejorar el proceso. Se le dio poder al grupo para reestructurar y reasignar las labores y los procesos como mejor le pareciera. El resultado: un nuevo proceso de distribución en el cual los pedidos se despachaban antes de 48 horas y eran recibidos antes de diez días. El presidente Robert Fisher dice: "No sé exactamente qué hicieron. Lo importante es que quienes realizan el trabajo tengan más voz y voto con respecto a lo que hacen".[17]

Hacer el papel del cliente también sirve para promover el conocimiento y el compromiso con la calidad del servicio. Algunas compañías incorporan ejercicios de "comprador incógnito" en sus programas de capacitación. Los empleados hacen el papel de cliente y examinan el servicio de su propia compañía, y a veces también el de la competencia. Después regresan al salón de entrenamiento para comunicar sus experiencias y lo que aprendieron sobre el servicio bueno y el malo. Salir de incógnito a hacer las veces de cliente brinda una nueva y vigorizante perspectiva de lo que la organización debe hacer para mejorar el servicio y por qué.

Barbara Sabol, comisionada para el bienestar social de la ciudad de Nueva York, con una identidad falsa, y disfrazada con peluca y pañoleta, se hizo pasar varias veces por cliente del bienestar social. Dice ella que deseaba experimentar el sistema de servicio como lo experimentaban sus clientes. Vio muebles rotos y cucarachas en algunas de las oficinas. A veces se violaba la intimidad al decir los nombres de las personas por los altavoces. En una oficina la identificaron solamente con su número postal, a pesar de alegar que tenía nombre. En otra oficina recibió un regaño de uno de los empleados que se negaba a reconocer un error de la oficina. Aun así, Barbara felicitó a la mayoría de los empleados del sistema de bienestar social, y dijo que no tenía la intención de castigar a quienes habían prestado un mal servicio.[18]

Desde luego, los empleados no necesitan hacerse pasar por clientes para experimentar el servicio de su compañía. Pueden convertirse en clientes reales. Por ejemplo, los empleados bancarios necesitan tener su dinero en alguna parte. ¿Por qué no en el banco en que trabajan? La gerencia debe estimular esta actitud para que los empleados estén expuestos permanentemente a la realidad de los clientes. En las sesiones de capacitación y en las reuniones del personal se deben incluir deliberaciones acerca de cómo mejorar el servicio, desde el punto de vista de los empleados como clientes.

La participación directa en el mejoramiento del servicio puede ser emocionante, motivante y esclarecedora. Al dejar de ser una cuestión teórica, retórica vacía, o sencillamente un "problema de la gerencia", mejorar el servicio pasa a ser un asunto personal además de organizacional. Las personas que participan en el mejoramiento del servicio suelen convertirse a la causa, y aportan creatividad, orientación, ejemplo y otros elementos del liderazgo en servicio. La participación personal nutre el desarrollo de los valores y las habilidades del liderazgo en servicio.

Poner énfasis en el factor confianza

Se cultiva el liderazgo cuando se tiene confianza en el criterio, la capacidad y la buena fe de los empleados. La confianza inspira una sensación de pertenencia en la empresa, la cual, a su vez, inspira comportamientos de liderazgo. Las personas que se sienten dueñas piensan más en la manera de mejorar la empresa, trabajar con más ahínco para hacerla crecer, y correr riesgos para alcanzar el éxito. Una organización caracterizada por la confianza se destacará también por el liderazgo. Una de las maneras como lideran los verdaderos líderes en servicio es confiando.

¿Cómo pueden las empresas poner énfasis en el factor confianza? Springfield Remanufacturing Corporation (SRC) lo hace a través de su *gestión de libro abierto.* La compañía le enseña a cada empleado a leer los estados de pérdidas y ganancias y los balances, y comparte con ellos toda la información sobre el desempeño financiero. Los empleados son dueños del 100% de las acciones de SRC. Los asuntos financieros y de otra naturaleza se discuten durante una reunión semanal denominada La Gran Conferencia. Jack Stack, presidente y director ejecutivo de SRC, dice:

> Hay arrogancia entre quienes manejan las finanzas, e ignorancia entre quienes no las conocen. No es posible tomar buenas decisiones empresariales con arrogantes arriba e ignorantes abajo... El mayor mito es que las personas de la planta no pueden comprender la información útil... La seguridad laboral tiene que ver con los balances. Si se los mostramos a los empleados y los dejamos tomar sus propias decisiones, pasan de tener mentalidad de empleados a tener mentalidad de empleadores. Ven cómo su propio desempeño afecta a la cifra de utilidades.[19]

Tattered Cover Book Store y Mary Kay Cosmetics operan su negocio basándose en el *supuesto fundamental de que sus empleados son honestos y merecen plena confianza.* Como dice la gerente general de Tattered Cover, Linda Millemann: "Nosotros administramos nuestra empresa para el 98% de nuestro personal que es honesto, no para el 2% que no lo es". Tattered Cover les da a todos los empleados la llave del almacén el primer día de trabajo. La propietaria, Joyce Meskis, inició esta costumbre en 1974, cuando compró el almacén, y continúa observándola hasta la fecha, aunque la compañía tiene ahora más de 320 empleados. Para los empleados, la llave es el símbolo de que Tattered Cover les pertenece. Kathy Langer comenta: "Recuerdo cuando comencé a trabajar, en 1977. La llave me hizo sentir parte del almacén. Era más que una empleada; era parte de Tattered Cover". Los empleados de la empresa pueden tomar prestado cualquiera de los libros del inventario para leer — política que fomenta la información entre el personal de planta y simboliza la confianza plena.

En Mary Kay Cosmetics, la palabra de las 300 000 asesoras de belleza (vendedoras) es un evangelio. Sherrill Steinman, directora de ventas que ha generado un gran volumen de negocios y lleva más de quince años en la empresa, dice:

> La empresa me cree. Mi palabra vale como el oro para la compañía. Me creen si digo que en un despacho falta algo. Nunca me han cuestionado cuando he dicho que hay algo mal en el pedido. Es una sensación agradable.

Harold's refuerza el factor confianza *permitiéndoles a los empleados mostrar lo que pueden hacer.* El empleado más joven de Harold's es Charles Bourg, quien fue contratado en 1990, cuando tenía dieciocho años, para trabajar en la bodega. El día que debía comenzar a trabajar, uno de los vendedores enfermó, de manera que Bourg tuvo que trabajar en ventas en lugar de la bodega. Hizo ventas por valor de US$3 800, de manera que al segundo día ya era vendedor. Bourg dio la talla ante la oportunidad, con un desempeño quizás superior al que se esperaba de él. Es una persona que no deja pasar la oportunidad. Trata continuamente de ampliar su conocimiento del producto, y le agrada acompañar a Michael Wiesenthal en los viajes de compra siempre que le es posible. Se mantiene en contacto con los clientes actuales y en perspectiva; llama, sin falta, a veinte o treinta personas los martes por la mañana, a fin de "crear el ambiente para el resto de la semana". Para Bourg, el cliente siempre está primero. "Si alguien necesita un vestido a la 6:00 P.M. y yo tengo una cita, cancelo mi cita". El ritmo de trabajo es un acicate en su vida. Dice: "Cuando tengo un cliente, entro en acción. Corro de aquí para allá activando las cosas". Y agrega: "Para mí es un orgullo trabajar para Harold, Michael y Darryl. Ellos confían en mí".

El Baptist Hospital, de Miami, con más de 2 000 empleados, trata más pacientes que cualquier otro hospital privado de la zona. Los administradores del hospital transmiten confianza *solicitando la contribución del personal y otorgando autonomía.* La tecnóloga médica Kay Ferris dice: "Aquí toman en serio nuestras ideas y sugerencias". El director de manejo de materiales, Frank Fernández, explica:

> Tenemos mucha libertad. No hay detrás de nosotros ninguna autoridad mirando lo que hacemos. Se nos permite cometer errores, los cometemos, y aprendemos de ellos. Nuestro nivel de autonomía es notable. Eso nos hace crecer y tener más seguridad en lo que hacemos.[20]

En una encuesta del personal del Baptist Hospital, el 91% de los empleados estuvo de acuerdo con la siguiente afirmación: "El hospital confía en que yo realizo mi trabajo; nadie verifica innecesariamente lo que hago".[21]

Confiar en los empleados es ayudarles a florecer, como lo hicieron Sherrill Steinman, de Mary Kay Cosmetics, y Charles Bourg, de Harold's. La confianza nutre los comportamientos de liderazgo. Cuando se comparte abiertamente la información de la compañía, cuando se parte del supuesto de que los empleados son honestos, no deshonestos, cuando se les da la oportunidad de demostrar sus capacidades, de dar forma a su trabajo, de aportar ideas, de ser escuchados, todas esas *cualidades* conducen a la *calidad*. Las personas se sienten propietarias en su trabajo — y los propietarios tienen razones para liderar.

¿En veinte años, los empleados de Tattered Cover Book Store han abusado alguna vez de la política de darles a todos la llave del almacén? Algunos, sí. Pero la fuerza del mensaje que esta práctica transmite acerca de los valores y la visión de la compañía es muy superior a esas pocas desilusiones. Tattered Cover Book Store no llegó a ser una de las librerías que más vende en el mundo — con aumentos de dos dígitos [en dólares] en el volumen de ventas todos los años — siguiendo la estrategia de minimizar los riesgos con los empleados.

Fomentar el aprendizaje para el liderazgo

Los valores y las habilidades para el liderazgo en servicio se pueden aprender. Las compañías que aspiran a prestar un excelente servicio deben estar dispuestas a invertir en aprendizaje continuo en muchos frentes. Una alternativa es *aprender mediante el reto*, la cual consiste en colocar a una persona o a un grupo en situaciones de trabajo que exigen comportamientos de liderazgo para salir adelante. Son situaciones que exigen nuevo aprendizaje, nuevas maneras de pensar y nuevos enfoques. Las viejas maneras de hacer las cosas no son suficientes para superar el desafío. La prudencia no sirve. Las soluciones seguras ya no lo son. En efecto, la nueva situación exige un nivel de liderazgo más alto.

El aprendizaje mediante los retos es lo que Milliken & Company busca al fijar metas tan altas para sus unidades estratégicas de negocios. El presidente Tom Malone lo explica: "Hemos aprendido que los objetivos exigentes son absolutamente cruciales para obligar a la gente a cambiar los esquemas mentales".[22] Aprender por medio de un reto era lo que buscaban Joe Scarlett y Gerry Newkirk cuando cambiaron súbitamente de trabajo en Tractor Supply Company, una cadena exitosa de más de 150 almacenes agropecuarios. Scarlett, actual presidente, llegó a la cima a través de las operaciones de almacén; Newkirk, el gerente general, era el director de comercialización de la compañía. En 1990 cambiaron súbitamente de funciones. El cambio los obligó a utilizar más habilidades de liderazgo para compensar su falta de experiencia técnica. Las habilidades conceptuales e interpersonales (entre ellas la visión, la comunicación y el desarrollo del trabajo en equipo) tenían que ser primordiales mientras Newkirk y Scarlett aprendían nuevas disciplinas.

Judy Frow es asistente administrativa de fideicomisos personales de Bank One Texas Trust Company, oficina de Houston. Fue escogida por su gerente, Mark Day, para crear esquemas detallados de los principales servicios de fiducia. Los esquemas se iban a utilizar en toda la compañía para cosas tales como mejorar el diseño del servicio y capacitar y orientar a los empleados. Judy Frow nunca había enfrentado una tarea tan desconocida y tan aterradora como ésa. De hecho, era la primera experiencia de la empresa con los esquemas de servicio, un proceso penoso y difícil cuando se realiza debidamente. Judy trabajó día y noche en el proyecto durante seis semanas para elaborar los esquemas que debía presentar en una reunión de gerencia. Recopilando información de los empleados involucrados directamente con los servicios, elaboró esquemas de los servicios de fideicomiso testamentario, 401K, custodia, manejo de fondos y cuentas en depósito. Fue Judy, y no su gerente Mark Day, quien expuso el proyecto durante la reunión con la gerencia. Dice ella: "He florecido personalmente en Bank One. Descubrí en mí cualidades que nunca pensé que tuviera. No sabía que tenía la mente analítica necesaria para dirigir este proceso".

El *aprendizaje imitativo* es otra manera de aprender sobre liderazgo. La imitación es un medio de aprendizaje bastante eficaz.

Los líderes visibles y accesibles dentro y fuera de la organización ejercen un fuerte y positivo impacto con su ejemplo de comportamiento de liderazgo en servicio.

En Mary Kay Cosmetics, las vendedoras de éxito son llamadas a dar cursos durante el "seminario" anual de Dallas, al cual asistieron 36 000 vendedoras en 1993. Mary Kay aprovecha el poder del aprendizaje imitativo. La compañía atrae a miles de mujeres a Dallas todos los veranos para ponerlas en contacto con verdaderos ejemplos de éxito — unas vendedoras que les enseñan y, durante la "Noche de Premiación", reciben una lluvia de felicitaciones, premios y regalos en un escenario gigantesco delante de miles de compañeras.

Es dudoso que haya otra compañía estadounidense mejor que Mary Kay Cosmetics en cultivar el desarrollo de los valores y las habilidades del liderazgo en servicio por medio de una combinación de retos e imitación. Veamos lo que dice Mary Beth Slattum, quien antes se desempeñaba como enfermera quirúrgica y ahora dirige con éxito a más de cien vendedoras en su unidad de Mary Kay:

> Yo no dependo de nadie. Controlo totalmente mi horario de trabajo. Muchas mujeres que ocupaban cargos administrativos en medicina no estaban capacitadas en los métodos de gerencia. Pero en Mary Kay es preciso ser líder. Como somos independientes, debemos tomar decisiones constantemente. Los logros son graduales, y uno desarrolla seguridad. Uno aprende a evaluarse más objetivamente y a ver no solamente las deficiencias que va superando sino también los puntos fuertes. Mary Kay me enseñó a buscar personas a quienes imitar y a aprender de ellas. Una señora, por ejemplo, me ayudó muchísimo. Escuché sus grabaciones, tomé clases con ella y la observé en acción.

Las empresas pueden facilitar el aprendizaje imitativo pidiéndoles a las personas destacadas que den clases de orientación y capacitación; estimulando y premiando la enseñanza individual; estableciendo foros de liderazgo para escuchar a líderes destacados de la organización y de fuera; y redoblando los esfuerzos por ascender a las personas que tienen un gran potencial en liderazgo a cargos en que dependan directamente de los líderes de la organización.

Los desafíos y la imitación son medios de aprendizaje para el individuo; el *aprendizaje colectivo* es para los grupos. Las empresas deben estimular el aprendizaje del liderazgo a nivel de grupo, no solamente a nivel individual. Hace varios años, Milliken envió a sus veinticuatro más altos ejecutivos al Japón durante dieciocho días para que aprendieran de las empresas japonesas. El viaje tuvo lugar después de varias semanas de capacitación en grupo. Y mientras los veinticuatro altos ejecutivos estaban en el Japón, los siguientes cien ejecutivos tomaban el curso de dos semanas de preparación al que habían asistido sus superiores. Así, los gerentes medios estarían "listos" para sus jefes cuando regresaran del Japón con nuevas ideas. Eso es un ejemplo de aprendizaje colectivo en acción.

El compromiso de la gerencia de Milliken para con el aprendizaje colectivo es tan grande que ya no acepta compañías que deseen aprender de ella a menos que los diez o doce más altos ejecutivos formen parte del grupo. Tom Malone explica: "Parece ineficaz enviar a diez o doce personas de la misma empresa a aprender. Sin embargo, sucede todo lo contrario. Cuando solamente se envían unos pocos, es difícil lograr el cambio".[23]

El aprendizaje del liderazgo en servicio no debe dejarse al azar. Los retos, la imitación y el aprendizaje colectivo son enfoques que cultivan el desarrollo de los valores y las habilidades del liderazgo. Las empresas como Mary Kay Cosmetics y Milliken se benefician enormemente de la creencia fundamental de que el liderazgo es algo que puede aprenderse.

RESUMEN

El liderazgo es el factor determinante de la calidad del servicio. Con él es posible un servicio extraordinario; sin él, el servicio extraordinario es solamente una ilusión. Las empresas necesitan un liderazgo excelente en todos los niveles de la organización. La razón por la cual la gerencia media se llama así es porque está en medio de todo. Lo que realmente deben tener en el medio las compañías que aspiran a ser grandes en servicio son "líderes medios".

Es mucho lo que se ha escrito sobre el amplio tema del liderazgo. En este capítulo nos hemos concentrado en las cualidades más importantes para impeler el logro en servicio, es decir, el liderazgo en servicio. Los líderes en servicio inspiran a sus seguidores con una visión de excelencia, con fe en la capacidad de sus seguidores para sobresalir, con amor al negocio, con el deseo de enseñar los valores del negocio y su oficio, y con su propia integridad. Los verdaderos líderes en servicio impulsan a sus seguidores a realizar todo su potencial en el trabajo, incluido su potencial de liderazgo.

Cultivar el desarrollo de los valores y las habilidades del liderazgo en servicio es el paso más importante que cualquier organización puede dar en su viaje hacia la calidad del servicio. Es lo que abre el camino para todas las demás cosas que la empresa pueda hacer para mejorar el servicio. Las compañías pueden cultivar el liderazgo en servicio ascendiendo a las personas indicadas a los cargos de gerencia, resaltando la participación personal, poniendo énfasis en el factor confianza y fomentando el aprendizaje del liderazgo.

La siguiente es una guía de preguntas que los ejecutivos pueden utilizar para analizar las fortalezas, las debilidades y las prioridades de su empresa con respecto al desarrollo del liderazgo en servicio.

1. *¿En esta compañía hacemos distinción entre liderar y dirigir?* ¿Utilizamos los términos indistintamente o vemos realmente una diferencia?
2. *¿Establecemos una relación entre la calidad del liderazgo y la calidad del servicio?* ¿Consideramos que desarrollar el liderazgo es un factor fundamental para mejorar el servicio?
3. *¿Tenemos "mentalidad" de servicio en esta organización?* ¿Aspiramos a prestar un servicio extraordinario, o nos contentamos con un buen servicio? ¿Tratamos de mejorar continuamente nuestro servicio? ¿Somos lanzados, ambiciosos y audaces en cuanto a mejorar el servicio?
4. *¿Utilizamos los criterios de liderazgo en servicio al decidir sobre los ascensos?* ¿Nos esforzamos por situar en los cargos

directivos a quienes instruyen y sirven de ejemplo en materia de servicio?

5. *¿Solicitamos activamente la participación personal de los empleados en el esfuerzo de mejorar el servicio?* ¿Los empleados consideran que ellos forman parte de los esfuerzos por mejorar la calidad? ¿Consideran que mejorar la calidad es parte de su responsabilidad?
6. *¿Confiamos en nuestros empleados?* ¿Tenemos fe en el criterio y en la buena fe de nuestros empleados? ¿Les damos la libertad de crear para sus clientes, de tomar decisiones propias, de cometer errores y de aprender de éstos? ¿Cultivamos el sentimiento de "propiedad" entre nuestros empleados?
7. *¿Invertimos en el aprendizaje del liderazgo en servicio?* ¿Creemos que los valores y las habilidades del liderazgo se pueden aprender? Si la respuesta es afirmativa, ¿fomentamos el aprendizaje del liderazgo de manera estratégica y sistemática?

CAPÍTULO 3

CONSTRUIR UN SISTEMA DE INFORMACIÓN SOBRE LA CALIDAD DEL SERVICIO

El liderazgo en servicio no es suficiente de por sí para alcanzar un nivel de servicio extraordinario. Los líderes deben fijar el rumbo para el viaje hacia un mejor servicio. Pero ¿cuál es el rumbo adecuado? ¿Cuáles son las prioridades en el proceso de mejoramiento? ¿Cómo deben asignarse los recursos? ¿Cuáles son los elementos esenciales de una estrategia eficaz de calidad del servicio? Para responder a estas preguntas es preciso escuchar continuamente la voz de los clientes.

Un error que suelen cometer las empresas al tratar de mejorar el servicio es concentrarse en los procesos internos sin establecer una relación clara con las prioridades de servicio de los clientes. Sin las voces de los clientes sirviendo de guía para la estrategia de calidad del servicio, lo máximo a que se puede aspirar es a mejorar apenas marginalmente.

El cliente define la calidad. Cumplir las especificaciones de la empresa no es calidad. Calidad es cumplir las especificaciones de los clientes. Se aprende a invertir sabiamente en mejorar el servicio a través del conocimiento permanente de las expectativas y las percepciones de los clientes y de quienes no son clientes.* La investigación de los clientes revela las fortalezas y las debilidades del servicio de la empresa desde el punto de vista de quienes las han experimentado. La investigación de quienes no son clientes revela cuál es el desempeño de los competidores en lo que a servicio se refiere, y proporciona una base de comparación. Las expectativas importantes que los competidores satisfacen mejor sirven de guía para la acción.

Este capítulo propone escuchar a los clientes antes de asignar los recursos para mejorar el servicio, es decir, antes de actuar. Gastar en mejorar el servicio y no lograr el objetivo no solamente es un desperdicio sino que también lesiona la credibilidad de la causa en pro de la calidad del servicio. Cuando los dineros invertidos no producen resultados, la gerencia pierde el incentivo para invertir más.

Las empresas deben establecer un proceso de investigación sobre la calidad del servicio a fin de obtener datos oportunos y pertinentes acerca de las tendencias, y los gerentes deben acostumbrarse a utilizar esos datos en sus decisiones: *Las empresas necesitan construir un sistema de información sobre la calidad del servicio, no limitarse a hacer un estudio.* Realizar un estudio sobre la calidad del servicio es semejante a tomar una fotografía. Para comprender y conocer más a fondo el patrón del cambio es necesario tomar una serie de fotografías de diversos temas, desde distintos ángulos.

ESCUCHAR SISTEMÁTICAMENTE

No son solamente las empresas grandes las que deben establecer un sistema de información sobre la calidad del servicio. Escuchar sistemáticamente la voz de los clientes es igualmente necesario — y práctico — para las empresas pequeñas. El servicio de información de una compañía pequeña puede ser distinto del de

* Las frases genéricas como "escuchar la voz de los clientes" se refieren a todos los clientes de una categoría de servicio, es decir, los clientes de una compañía y los clientes de sus competidores.

una grande, pero aun así, tener todas las características necesarias. En pocas palabras, un sistema de información sobre la calidad del servicio *se basa en diversos enfoques para captar y diseminar sistemáticamente la información sobre la calidad del servicio que sirva de base para las decisiones.*

Es importante emplear diversos enfoques de investigación porque cada uno tiene sus limitaciones, y también sus ventajas. Una combinación de enfoques le permite a la empresa aprovechar las fortalezas de cada uno y compensar las deficiencias. Con la recopilación y la diseminación continua de los datos, los encargados de tomar las decisiones se mantienen informados acerca de los *patrones* de cambio, por ejemplo, los cambios en las prioridades de servicio de los clientes (o de un segmento de ellos), el mayor o menor desempeño de la empresa en alguna faceta del servicio, el mayor o menor desempeño de los competidores. Un sistema eficaz de información sobre la calidad del servicio puede proporcionarles a los ejecutivos de la empresa un panorama amplio sobre la calidad del servicio, además de un conjunto de perspectivas más precisas. Les puede enseñar a quienes toman las decisiones cuáles atributos del servicio son importantes para los clientes actuales y los clientes en perspectiva y cuáles no, cuáles aspectos del sistema de servicio de la empresa funcionan bien y cuáles se están deteriorando, y cuáles son las inversiones en servicio que están produciendo resultados y cuáles no. Un sistema de información sobre la calidad del servicio ayuda a enfocar los planes para mejorar el servicio y asignar los recursos. Ayuda a mantener el interés de los gerentes en mejorar el servicio, cuando se utiliza para comparar la calidad del servicio de las diversas unidades de la organización y vincular la retribución a los resultados. Y puede ser la base de un sistema de recompensas para los empleados de primera línea al identificar quiénes prestan un servicio excelente y quiénes no. En la figura 3-1 se resumen los principales beneficios de un sistema de información sobre la calidad del servicio.

Figura 3-1
PRINCIPALES BENEFICIOS DE UN SISTEMA EFICAZ DE INFORMACIÓN SOBRE LA CALIDAD DEL SERVICIO

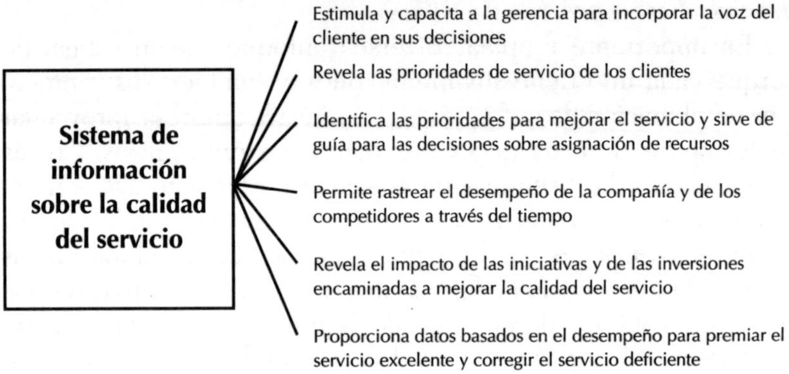

MANERAS DE RECOPILAR LA INFORMACIÓN SOBRE LA CALIDAD DEL SERVICIO

¿Qué métodos de investigación sirven para desarrollar un sistema de información sobre la calidad del servicio? En esta sección examinamos nueve enfoques de investigación a considerar:

- Encuestas transaccionales.
- Encuestas del mercado total.
- Compradores de incógnito.
- Revisiones del servicio.
- Juntas de clientes asesores.
- Encuestas con los clientes nuevos, con los clientes menos asiduos y con los que ya no son clientes.
- Entrevistas con grupos focales.
- Informes de los empleados de campo.
- Encuestas entre los empleados.

Una empresa normalmente no utilizaría todos estos enfoques

en un mismo sistema de información; el exceso de estudios puede enturbiar en lugar de esclarecer los resultados. Por otra parte, uno o dos enfoques tampoco serían suficientes puesto que no permiten obtener información concreta que podría influir en las decisiones.

Los lectores deben analizar cuidadosamente los enfoques que se presentan aquí, y evaluar la "concordancia" de ellos entre sí y la concordancia de ellos con el programa existente de investigación de la compañía, con las necesidades y los hábitos de los ejecutivos, y con la naturaleza y las características del servicio y de la industria. Tres de los métodos son esenciales para cualquier sistema de información sobre la calidad del servicio: las encuestas transaccionales, las encuestas de todo el mercado y las encuestas entre los empleados. La utilización de otros métodos dependerá de su "concordancia".

Encuestas transaccionales

Estas encuestas se realizan con los clientes una vez terminada una transacción de servicio con la empresa. El propósito es medir la satisfacción de los clientes con su experiencia de servicio y las razones de sus percepciones mientras la experiencia todavía está fresca. Por tanto, la mayoría de estas encuestas se realizan inmediatamente después de la experiencia del servicio, o a los pocos días. Para las experiencias de servicio infrecuentes, de alto riesgo y alto compromiso (como tomar un crucero), hay tolerancia con respecto a la cantidad de tiempo que se puede esperar para realizar la encuesta. Ésas son experiencias que los clientes pueden recordar durante bastante tiempo. Sin embargo, en el caso de la mayoría de los servicios, la rapidez es crítica.

Las encuestas transaccionales se pueden realizar con una muestra de clientes o con la totalidad de ellos. Longo Toyota and Lexus encuesta por teléfono a todos sus compradores y clientes de mantenimiento, y para ello hace 40 000 llamadas telefónicas al año. Si las encuestas no se realizan diariamente, por lo menos deben hacerse con la suficiente frecuencia como para proporcionar información *constante* acerca de la calidad de las experiencias de servicio de los clientes. La naturaleza continua de las encuestas permite detectar oportunamente las tendencias que comienzan a formarse para que la empresa pueda tomar las medidas correctivas del caso. Es necesario identificar fácilmente los puntos débiles (en sitios específicos o con servicios concretos, por ejemplo). Las encuestas también pueden facilitar las medidas correctivas *con los clientes insatisfechos* — es decir, recuperar el servicio — en caso de poder identificar a esos clientes.

Las encuestas transaccionales les permiten a las empresas *rastrear* la calidad oportunamente; ése es su principal beneficio. Sus desventajas inherentes son que se concentran en la experiencia más reciente del cliente y no en la percepción global del desempeño en servicio, y excluyen a las personas que no son clientes.

Taco Bell realiza encuestas transaccionales en sus restaurantes. El cuestionario se distribuye periódicamente y lo recoge durante el día un entrevistador profesional. Una firma externa de investigación realiza las encuestas, lo cual le da credibilidad al proceso de investigación utilizado en la evaluación del desempeño de los gerentes. El cuestionario incluye elementos del servicio importantes para los clientes y susceptibles de controlarse a nivel del restaurante, como el aseo, la agilidad del servicio y la amabilidad del personal.[1]

Fairfield Inn, de Marriott, les pide a los huéspedes, en el momento de abandonar el hotel, que califiquen la eficiencia durante el registro y la cancelación de la cuenta, el aseo exterior y de las habitaciones, la hospitalidad del personal, el desayuno continental y el valor en general. Los huéspedes contestan las preguntas directamente en un terminal de computador instalado en la recepción por medio de un proceso simple que tarda poco tiempo. El 33% de los huéspedes responden. El sistema le permite a Fairfield saber qué empleados estaban de turno cuando un huésped informa de una experiencia buena o mala, lo cual le permite a la compañía premiar el servicio excelente. La empresa paga bonificaciones anuales por más de US$900 en promedio por empleado sobre la base de la puntuación de satisfacción de los clientes.[2]

Norrell Services, empresa de empleos temporales, encuesta a sus clientes semanalmente por medio de su sistema IRIS*

* Integrated Research Information System. *(N. del Ed.)*

(Sistema Integrado de Información de Investigación). Las oficinas de Norrell llevan un registro de cada trabajo en una base de datos de computador. El personal de la sede principal estudia la base de datos tres veces por semana para ver cuáles trabajos se han terminado, y envía una encuesta directamente al supervisor de quien dependió el empleado temporal. El supervisor califica al empleado y envía la encuesta a la sede principal donde se resumen los datos y se despachan a las sucursales. La escala de calificación es de cuatro puntos — superó mis expectativas, cumplió mis expectativas, por debajo de lo esperado, y malo, inaceptable — para aspectos tales como productividad, destrezas laborales, actitud y habilidades de comunicación. Las sucursales se comunican antes de cinco días con los clientes que califican a los empleados por debajo de sus expectativas o como inaceptables. La calificación de los clientes tiene relación directa con las retribuciones para los asociados y los gerentes de servicio. El pago se determina según que las sucursales igualen o superen la calificación promedio de su división o que muestren una mejora.[3]

Encuestas del mercado total

Las encuestas de todo el mercado son menos frecuentes pero más completas que las encuestas transaccionales, las cuales miden la satisfacción de los clientes con respecto a una experiencia reciente de servicio. Las encuestas de todo el mercado miden la forma en que los clientes evalúan el servicio global de una compañía. La evaluación de una experiencia reciente y específica puede ser diferente de las percepciones globales acerca del servicio de una empresa, las cuales se forman a partir de las experiencias acumuladas a través del tiempo. Los servicios son desempeños, y una sola experiencia de servicio no garantiza la siguiente.

Cuando las encuestas del mercado total se diseñan y se ejecutan correctamente, proporcionan una información amplia, imposible de conseguir con otro método. Entre los datos que deben recopilarse (por razones que explicamos más adelante en este capítulo) están las expectativas y las percepciones de los clientes con respecto al servicio; la importancia relativa de las dimensiones del servicio; y las intenciones de los clientes — por ejemplo, la intención de repetir la compra y el deseo de recomendar a la empresa.

Una faceta crítica de las encuestas del mercado total (y la razón para emplear la palabra "total") es medir la calidad del servicio de los competidores. Eso implica incluir personas que no son clientes de nuestra empresa a fin de calificar el servicio de sus proveedores. Un enfoque común es utilizar el muestreo de probabilidad para todo el mercado a fin de encuestar a una mezcla apropiada de clientes y no clientes. En el cuestionario, los encuestados identifican y califican a su principal proveedor.

Las empresas que se limitan a encuestar a sus clientes desaprovechan una fuente abundante de información. *La investigación entre quienes no son clientes revela el desempeño de los competidores con respecto al servicio y sirve de base para comparar. Las expectativas de servicio importantes que los competidores saben cómo satisfacer adecuadamente no se deben pasar por alto en los planes para la mejora del servicio.*

Al igual que las encuestas transaccionales, las encuestas del mercado total permiten rastrear el servicio a través del tiempo. La figura 3-2 ilustra el seguimiento del desempeño de las compañías A, B y C para un atributo del servicio, utilizando la metodología SERVQUAL, desarrollada por A. Parasuraman, Valarie Zeithaml y yo para medir las expectativas de los clientes con respecto a la categoría de servicio y sus percepciones acerca de cada una de las empresas que prestan el servicio.[4] La puntuación es negativa cuando las percepciones no alcanzan el nivel de las expectativas. En la figura, el desempeño de la compañía A es sólido en ese atributo particular del servicio, la compañía B mejora hasta el cuarto período pero podría estar incubando un problema, mientras que la compañía C pierde terreno y, dependiendo de la importancia del atributo, debería tomar medidas correctivas.

En virtud de su alcance, las encuestas del mercado total no son baratas. La frecuencia con que se realicen es una función de las realidades presupuestarias y de la sensibilidad de la categoría del servicio a los cambios del mercado. La calidad de los servicios que se utilizan con frecuencia o que están sujetos a la innovación que la competencia realiza se debe medir con más frecuencia. Hay que hacer las encuestas del mercado total cuando menos

Figura 3-2
SEGUIMIENTO DE LAS PUNTUACIONES DE CALIDAD DEL SERVICIO

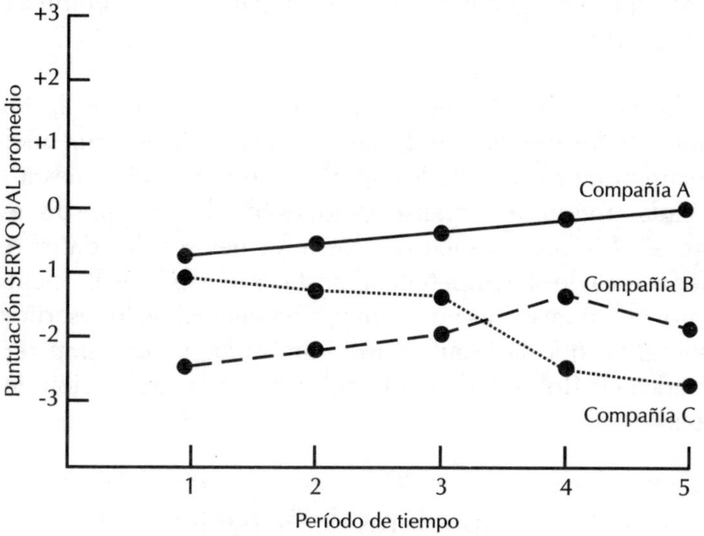

Fuente: A. Parasuraman, Leonard L. Berry y Valarie A. Zeithaml, "Guidelines for Conducting Service Quality Research", *Marketing Research,* diciembre de 1990, pág. 38.

una vez al año. Es conveniente considerar la posibilidad de hacer dos a cuatro encuestas cada año, lo mismo que subdividir la muestra para una encuesta mensual "permanente".

Roberts Express, compañía de transporte de carga especializada en despachos urgentes en los cuales el tiempo es vital, lleva un registro mensual de las percepciones de los clientes acerca de su servicio. Roberts telefonea a 150 clientes todos los meses para hacerles preguntas como las siguientes:

- ¿Cuán satisfecho está usted con el servicio de Roberts Express?
- ¿Por qué está satisfecho o insatisfecho?
- ¿Cuán probable es que usted utilice los servicios de Roberts Express?
- ¿Cuán probable es que usted les recomiende a otros los servicios de Roberts?
- ¿Cuál es su grado de satisfacción con el valor que ofrece Roberts Express?

- ¿Cómo fue el desempeño de Roberts frente a lo que usted esperaba?
- ¿Por qué escoger a Roberts en lugar de otra empresa de transporte?

Roberts Express les envía un informe mensual de la investigación a todos y cada uno de sus empleados. El informe incluye un resumen de los resultados, gráficas de tendencias mes a mes para cada pregunta y transcripciones de las respuestas a los "porqués". Lo que no incluyen los informes son los datos reveladores acerca de la competencia, y ésta es una falla de la encuesta. Los informes mensuales no se envejecen encima de los escritorios, considerando que la bonificación para *todos y cada uno* de los empleados de Roberts depende en parte de la calificación de los clientes.

Compradores de incógnito

Este método es una variación de la encuesta transaccional. Los compradores de incógnito son investigadores que se hacen pasar por clientes para evaluar directamente la calidad del servicio prestado. Después del encuentro, los investigadores utilizan un formulario de calificación para registrar sus evaluaciones de manera completa y sistemática.

Los compradores de incógnito le permiten a la empresa medir el desempeño de las personas que prestan el servicio. Las encuestas transaccionales realizadas con clientes reales por lo general no permiten identificar a quienes prestan el servicio. Por consiguiente, las empresas suelen combinar las encuestas transaccionales corrientes con las investigaciones hechas por clientes de incógnito. Las encuestas transaccionales normalmente proporcionan evaluaciones superficiales de las unidades de servicio a partir de una muestra grande de clientes reales. Los compradores de incógnito suelen hacer evaluaciones más agudas de los proveedores del servicio, pero se basan en un número mucho menor de encuentros.

La evaluación del comportamiento de quienes prestan el servicio a través de los compradores de incógnito hace que los datos sean especialmente útiles para identificar las necesidades de capacitación y entrenamiento específicas de cada persona. La información obtenida por este medio también se puede utilizar para reconocer y retribuir la excelencia en el servicio. Agregados, estos datos revelan las deficiencias sistémicas que hay que corregir.

La expresión "comprador de incógnito" no les agrada mucho a algunos ejecutivos. No obstante, cuando se realiza adecuadamente, es un método positivo para la mayoría de los empleados, especialmente para los más capaces y motivados. Como anotamos en el capítulo anterior, el contenido del trabajo de servicio depende en gran medida de la persona. Quienes trabajan con ahínco para sus clientes no estarán descontentos si otras personas de la organización (incluidos los gerentes) se enteran del buen trabajo que realizan. Los compradores de incógnito son una manera de revelar la excelencia individual.

Algunas de las claves del empleo apropiado de esta técnica son enseñarles a los empleados la razón de utilizar a los compradores de incógnito y la manera de hacerlo, y utilizar la investigación de manera positiva y constructiva, premiando a los servidores que obtengan calificaciones sobresalientes y ayudando a mejorar a los mal calificados. Es necesario realizar varios encuentros de incógnito con cada uno de los que prestan el servicio durante el período de evaluación a fin de minimizar el sesgo que podría introducir un único encuentro.

Una empresa convencida de los beneficios de utilizar el método de los compradores de incógnito es Hard Rock Cafe. La empresa contrata investigadores profesionales para visitar tanto sus restaurantes como sus tiendas de mercancía cada dos meses. Los investigadores le entregan un informe a cada punto de venta después de cada período de dos meses. A las personas evaluadas se les asigna una calificación numérica acompañada de una descripción narrativa. Las tendencias de cada punto de venta se dibujan en un gráfico y se comparan con las de otras unidades.

Juli Powers, directora regional de las operaciones de comercialización de Hard Rock Cafe, comenta: "Los informes de los compradores son benéficos porque le indican al personal en qué forma los clientes perciben su servicio. Ésta es una manera de motivar a los empleados que desean tener éxito. Además, es importante para nosotros los gerentes ver cómo se desarrollan las tendencias". Rob Pérez, gerente general de Hard Rock Cafe Orlando, ha utilizado a sus propios empleados como compradores. Pérez explica:

> Teníamos un problema. Nuestra calificación en servicio estaba bajando. Entonces les pedí a todos los empleados que hicieran el papel de compradores. Tuvieron que hacer cola, vivir toda la experiencia de un cliente y después escribir un informe. Ese proceso nos motivó a cambiar algunas cosas.

Revisiones del servicio

Las revisiones del servicio son visitas periódicas a los clientes (o a una clase de clientes) para discutir la relación de servicio desde la A hasta la Z. En realidad, las revisiones del servicio son entrevistas personales con los clientes para evaluar a fondo su satisfacción con los diversos aspectos del servicio y para identificar las prioridades en cuanto a las mejoras necesarias.

Las revisiones del servicio deben ser un proceso formal en el cual se utilicen una serie estándar de preguntas, un registro escrito de las respuestas y correspondencia de seguimiento con el cliente para resumir las conclusiones fundamentales y las prioridades acordadas. Es preciso desarrollar un formato común para incorporar los datos y el material de la revisión en el sistema de información sobre la calidad del servicio.

Las preguntas que podrían formularse durante una revisión del servicio serían:

- ¿Cuál es el aspecto de nuestro servicio que más lo beneficia a usted?
- ¿Cuál es el aspecto de nuestro servicio que menos lo beneficia a usted?
- ¿Nuestra empresa le proporciona la información que necesita?
- ¿Nuestro personal le presta servicios del tipo y de la calidad que usted necesita?
- ¿De qué manera podríamos mejorar el servicio que le prestamos?

- ¿Hay algún servicio que no ofrecemos y que a usted le gustaría que prestáramos?
- ¿Cree que nuestra compañía le ofrece buen valor?
- ¿Nuestro servicio es lo suficientemente bueno como para que usted no dude en recomendarle nuestra compañía a un amigo?

Estas preguntas permiten entrever el diálogo rico y detallado que puede surgir entre la compañía y el cliente gracias a las revisiones del servicio. Los clientes ganan al cooperar, lo cual querrán hacer si un ejecutivo digno de credibilidad distinto del representante de cuenta es quien realiza la revisión. Por ejemplo, sería incómodo que el cliente comentara la mala atención del representante de cuenta *con* el representante de cuenta.

Como las revisiones del servicio consumen tiempo y son costosas por naturaleza, son más apropiadas para las empresas comercializadoras de servicios complejos y para las empresas que buscan desarrollar relaciones genuinas con sus clientes.

La oficina de Houston de Bank One Texas Trust Company realiza revisiones del servicio al final del año con cada una de sus empresas clientes. En el momento de escribir esto, el gerente de prestaciones laborales, Marshall Shanklin, dedica una semana a realizar varias revisiones. Aunque los administradores de cuenta se reúnen periódicamente con los clientes durante el año, no están presentes durante la revisión del servicio. Después de cada sesión, Shanklin prepara sus notas y se reúne en privado con el administrador de cuenta para discutir los puntos preocupantes y un plan para mejorar. Shanklin le envía después una carta al cliente resumiendo los puntos principales de la sesión de revisión y los cambios que han de hacerse, si es necesario. En ese momento también les pide a los clientes que llenen un cuestionario y lo devuelvan.

¿Vale la pena invertir en ese proceso intensivo de escuchar a los clientes? Mark Day, gerente de la oficina de Houston, dice que sí: "Nos enteramos de muchas cosas. El administrador de cuenta puede pensar que todo está perfectamente porque no hay quejas. Pero en esas sesiones, cuando se les pregunta concretamente a los clientes si están satisfechos, se averigua mucho más". No todas las oficinas de Bank One Texas están realizando las revisiones del servicio en el momento de escribir esto, de manera que la forma en que Day evalúa los costos y los beneficios no se puede generalizar para toda la organización. Sin duda, cuando las revisiones del servicio se realizan debidamente, ellas implican un compromiso de recursos importante. Además de los recursos requeridos para realizar las revisiones están los recursos necesarios para actuar sobre lo aprendido. Las compañías que se comprometen de esa manera fortalecen los cimientos para un marketing basado en las relaciones.

Juntas de clientes asesores

Las juntas de clientes asesores son otra manera de escuchar. La firma contrata una muestra de clientes para recibir periódicamente de ellos información y consejos. Las juntas se pueden integrar estrictamente para investigar la calidad del servicio o para proporcionar información sobre diversos temas, entre ellos la calidad del servicio. Los datos suelen obtenerse en forma verbal por medio de reuniones con el grupo, o encuestas telefónicas, o por escrito mediante cuestionarios enviados por correo.

Lo único que exige este enfoque es que la empresa pueda identificar a sus clientes y contactarlos. Desde luego que muchos servicios implican un proceso de solicitud o de registro del cliente (los servicios telefónicos o de seguros, por ejemplo), el cual permite obtener la información necesaria. Sin embargo, hasta los comercios minoristas de autoservicio pueden obtener nombres, direcciones y números telefónicos de sus clientes con algo de ingenio, por ejemplo, solicitando firmas para participar en sorteos gratuitos.

Las juntas de clientes asesores pueden generar un nivel asombroso de cooperación por la naturaleza de "pertenencia" del grupo. Aceptando formar parte del grupo, los clientes se sienten más obligados a cooperar en un estudio que simplemente recibiendo un cuestionario por correo. Este sentido de compromiso también permite una indagación más profunda. Otra ventaja de las juntas de clientes es el acceso rápido a sus opiniones cuando es preciso tomar decisiones urgentes que los afectan.

Se pueden crear grupos específicos en los que participen, por ejemplo, los clientes que compran grandes volúmenes, o los clientes nuevos, lo cual facilita el control de la valoración de la calidad de los servicios, hecho por grupos particulares. Tener una junta de clientes que compren altos volúmenes ciertamente es una manera de mantener a la gerencia interesada en mejorar el servicio. Los gerentes seguramente querrán escuchar cuando este grupo se queje del servicio.

Manejar las juntas de clientes no es tarea fácil. Es necesario desarrollar un sistema para sacar a los miembros antiguos y recibir nuevos integrantes. Es preciso retribuir a los miembros. Hay que evitar la utilización exagerada o la subutilización de la junta. La demasiada utilización desgasta a la junta, mientras que la subutilización socava la credibilidad al reflejar falta de interés de la empresa.

Las juntas de clientes tienen la limitación inherente de incluir solamente clientes. Además, normalmente la junta no puede proyectarse a toda la base de clientes de la empresa por su tamaño o por las consideraciones de selección. La junta de clientes puede ser un componente valioso del sistema de información sobre la calidad, pero nunca debe ser la única fuente de información.

Pier 1 Imports, una cadena de almacenes de ropa y artículos para el hogar, creó en 1985 una Junta de Clientes Asesores (JCA). La JCA está integrada por cerca de 1 200 clientes especiales, representantes de una amplia gama de edades y niveles de ingresos. El 85% de los integrantes son mujeres. Los miembros de la JCA reciben por correo cuestionarios detallados tres o cuatro veces al año. Cada cuestionario llega acompañado de un bono de US$5 para comprar en Pier 1. A través de los años, la JCA ha respondido sobre temas como la publicidad, las compras en épocas festivas, los avisos dentro del almacén y la calidad del servicio.

La tasa de respuesta a un cuestionario enviado recientemente a la JCA fue del 46% pese a tener 11 páginas. El cuestionario incluía escalas de calificación para que los encuestados indicaran la importancia de diversos aspectos del servicio al cliente (por ejemplo, actitud de los vendedores, ayuda con la mercancía, y conocimiento) y el desempeño de Pier 1 con respecto a esos atributos del servicio. Había preguntas abiertas como "¿Qué podría hacer Pier 1 para servirle mejor? Por favor responda de la manera más concreta posible". Los resultados de esta encuesta particular fueron un factor decisivo para la implantación, en 1993, de un nuevo programa de capacitación en ventas para los 6 000 vendedores de los almacenes de Pier 1.

Encuestas con los nuevos clientes, con los clientes menos asiduos y con los que ya no son clientes

Una manera de fijar la atención de la gerencia en el mejoramiento del servicio es mediante encuestas que revelen el *impacto* de la calidad del servicio en las *utilidades*. Las encuestas con los clientes nuevos, con los clientes menos asiduos y con los que ya no son clientes permiten identificar las consecuencias del desempeño de la empresa en el campo de la calidad del servicio.

Hay varias razones por las cuales los clientes nuevos se sienten atraídos por la compañía, o los clientes existentes compran menos, o se retiran del todo, y una de ellas es la calidad del servicio. Al identificar esas razones, determinar su impacto relativo y controlar las tendencias registradas en los datos es posible ver con claridad el valor que un servicio excelente le aporta a la compañía y el daño que un mal servicio puede hacerle.

La primera vez que se hace la investigación entre los clientes que no volvieron, los ejecutivos se sorprenden al enterarse del alto porcentaje de clientes que desertan por razones relacionadas con el servicio. Por ejemplo, si un banco comercial encuesta a los clientes que han cerrado sus cuentas y suma el porcentaje de clientes que desertan por razones de servicio (por ejemplo, filas largas, horas de atención inconvenientes, errores en los extractos, actitud del personal), probablemente descubra que el mal servicio es la causa principal de deserción, antes que el cambio de domicilio. Si el banco procede entonces a analizar el costo de adquirir clientes nuevos para reemplazar a los antiguos y la rentabilidad acumulada por conservar a ciertos tipos de clientes durante uno, tres, cinco y diez años, los ejecutivos se convertirán inmediatamente a la doctrina de mejorar el servicio. Además, si el banco toma otras medidas, como generar informes de cuentas cerradas por sucursal, territorio o unidad estratégica de negocios, y fijar metas para mejorar el servicio basadas en una retribución, los gerentes medios también se interesarán más por mejorar la calidad.

Conocer la razón de la menor asiduidad de los clientes también es un buen barómetro de la lealtad, y sirve para pronosticar las deserciones futuras. ¿Por qué algunos clientes compran menos servicio o menos servicios que antes? ¿Es posible recuperar el nivel anterior de negocios? ¿Cuáles de las razones que llevan a una menor asiduidad se pueden corregir y cuáles no? Medir la menor asiduidad de los clientes es especialmente importante para las empresas que venden múltiples servicios y tienen altos costos para adquirir e instalar clientes nuevos. En esas empresas, el impacto económico de venderle cinco servicios a un cliente durante mucho tiempo, en lugar de uno o dos servicios durante largo tiempo, es considerable.

Encuestar a los clientes nuevos sirve para identificar los principales factores que contribuyen a atraer a los clientes. Preguntarles a los recién llegados la razón por la cual decidieron convertirse en clientes es de gran valor. Los ejecutivos pueden controlar el impacto relativo de factores tales como campañas específicas de marketing (por ejemplo, publicidad nueva, promociones), e indicadores de servicio tales como la reputación de la empresa o las recomendaciones positivas de la gente.

Las encuestas de los clientes nuevos, de los clientes menos asiduos y de los clientes que desertaron son más fáciles en los negocios en que los clientes utilizan los servicios de manera continua o periódica, y es posible identificar la actividad transaccional por cliente. Sin embargo, con un poco de imaginación, prácticamente todas las empresas pueden realizar este tipo de investigación. Staples, la empresa minorista de productos para oficina, de Boston, les ofrece a sus clientes tarjetas de cortesía que pueden utilizar al pagar las compras. Para obtener la tarjeta, los clientes deben llenar una solicitud con información personal, incluyendo la dirección postal. Aunque la tarjeta de cortesía proporciona acceso a descuentos y a promociones especiales, es un vehículo mediante el cual Staples puede hacer el seguimiento de sus clientes en lo referente a la frecuencia de las visitas, y el tipo y la cuantía de las compras.[5] Staples puede hacer fácilmente la clase de investigación presentada en esta sección si desea hacerlo.

Entrevistas con grupos focales

Las entrevistas con los grupos focales se realizan por medio de preguntas a un grupo pequeño, generalmente compuesto de ocho a doce personas. Las preguntas giran alrededor de un tema o problema específico, y de ahí el término "focal". Las entrevistas suelen ser de una a dos horas, tiempo que permite discutir a fondo el tema focal.

Los grupos focales son un método favorito en la investigación de la calidad del servicio por la facilidad de ejecución y porque las entrevistas se pueden realizar en corto tiempo. Infortunadamente, los grupos focales suelen utilizarse incorrectamente. Es tentador para la gerencia de una empresa promover los grupos focales de clientes para mostrar que realiza una investigación sobre la calidad del servicio. Sin embargo, los grupos focales no reemplazan a la investigación cuantitativa; son complementarios, pero no se deben utilizar solos.

Una entrevista focalizada con un grupo pequeño le permite al investigador sondear para comprender lo que hay detrás de un problema. En la investigación sobre la calidad del servicio, los grupos focales son el foro ideal en el cual los clientes pueden discutir los problemas de servicio experimentados y sugerir ideas para mejorar. Los clientes pueden discutir los criterios en que se basan para juzgar la calidad del servicio o para expresar opiniones inmediatas sobre una iniciativa de servicio que la empresa esté planeando. Se pueden convocar grupos focales de empleados para analizar la manera de superar determinados problemas de servicio u ofrecer opiniones oportunas sobre cambios operativos propuestos.

Los grupos focales son, en realidad, sesiones de tempestad de ideas. Son una fuente de ideas nuevas y puntos de vista diferentes para los gerentes. Sin embargo, la información no se puede proyectar a la población de interés. Si varias personas de tres grupos focales de clientes se quejan de la lentitud con que se procesan las reclamaciones en una compañía de seguros, la compañía no podrá saber cuál es el alcance del problema, o qué importancia relativa tiene para los clientes la rapidez en el procesamiento de las reclamaciones versus otros atributos de servicio, o cómo se compara la empresa con sus competidoras en ese atributo.

La investigación por medio de grupos focales es de gran valor para mejorar el servicio cuando se utiliza conjuntamente con datos proyectables. La investigación proyectable les proporciona a los ejecutivos información a partir de la cual pueden hacer inferencias sobre la población de estudio; la investigación cualitativa, como los grupos focales, les proporciona a los ejecutivos el contexto y la sensibilidad para interpretar los datos. *Los grupos focales les dan vida a las cifras de los listados del computador.* La imagen de "María" en el vídeo de un grupo focal denunciando ardorosamente el ajetreo por el cual tuvo que pasar con su reclamación del seguro, combinada con una estadística del 37% de experiencias negativas recientes con el procesamiento de las reclamaciones, puede inducir a la gerencia a actuar.

La utilización simultánea de la investigación cualitativa y de la investigación cuantitativa puede mejorar el diseño de ambas. Los temas de la investigación cualitativa se pueden examinar más a fondo en las encuestas empíricas. Los datos empíricos pueden revelar problemas concretos de servicio que se pueden analizar más a fondo en los grupos focales.

Informes de los empleados de campo

Otra forma de investigación cualitativa que puede incorporarse en un sistema de información sobre la calidad del servicio son los informes de los empleados de campo. Muchas empresas no registran lo que el personal que está en contacto con el público aprende acerca de los clientes porque no existe un medio sistemático para recopilar y difundir ese tipo de información. El propósito fundamental de los informes de los empleados de campo es proporcionar un mecanismo formal para capturar y compartir esta información sobre el mercado.

¿Por qué interrogar a los empleados acerca de lo que dicen y hacen los clientes si la compañía ya utiliza encuestas para interrogar directamente a los clientes? Hay tres razones. La primera: Los informes de los empleados pueden reforzar ciertos temas revelados por la investigación sobre los clientes y destacar su prioridad. La segunda: Los empleados pueden informar sobre lo que observan, no solamente lo que oyen, y darle un nuevo sesgo a la información. Mientras una encuesta con los clientes de un supermercado podría revelar su desagrado por las colas, una encuesta con los cajeros con respecto a los clientes podría revelar el problema de que algunos clientes dejan las canastas llenas y se van del almacén al ver que la fila para pagar es larga. La tercera: Los informes de los empleados de campo pueden abarcar una gama más amplia de aspectos que aquéllos que se cubren normalmente en la investigación con los clientes, como es el caso de las estrategias de la competencia, por ejemplo.

Quienes responden en los informes de campo pueden ser vendedores, técnicos de mantenimiento, recepcionistas, personal de recuperación del servicio, administradores de almacenes, cajeros de banco — cualquiera que tenga contacto frecuente con los clientes. Las empresas pueden recopilar la información por medio de cuestionarios, informes de visitas, grupos focales de empleados, o por otros medios.

Una compañía que ha utilizado eficazmente los informes de los empleados de campo es Omega, empresa de San Francisco que les presta servicios de capacitación y asesoría a los bancos. Omega les solicita a los representantes de cada una de sus oficinas en varias ciudades de los Estados Unidos y en Toronto, Londres y Sydney informes mensuales por escrito que después se consolidan en un solo informe. Ese informe es distribuido posteriormente en toda la compañía. Los consultados responden preguntas sobre diversos temas:

- Lo que dicen los clientes.
- Lo aprendido el mes pasado sobre la banca.
- Información sobre la competencia.
- Logros notables y tácticas exitosas.
- Desarrollo de negocios.
- Ideas, comentarios o problemas relativos a la calidad.
- Los sentimientos respecto de la empresa.

Aparte de estos aspectos corrientes, los consultados acumulan información sobre un tema especial que se les asigna para el informe mensual. Un tema reciente fue la forma en que los bancos están respondiendo a las necesidades de capacitación de los empleados de media jornada.

Aunque el sistema Omega abarca más información que la relativa a la calidad del servicio, es clara su aplicación al mejoramiento de la calidad. Los siguientes apartes de una sección larga sobre "lo que dicen los clientes" de uno de los informes mensuales (de los cuales hemos suprimido la información confidencial), ilustra el potencial de los datos de un informe de campo:

Consultado # 1

Aunque la reciente evaluación de habilidades para manejo de crédito arrojó buenos resultados en la parte administrativa, el cliente está frustrado por las demoras de la compañía calificadora. Es probable que ahora no se cumplan las promesas anteriores. Como es natural, estamos haciendo esfuerzos por garantizar que la compañía calificadora recupere el tiempo perdido. El punto es que el cliente nos culpará de todas maneras aunque ciertas actividades del proyecto no dependan directamente de nosotros. Sin duda, en este proyecto se ha reforzado la importancia de conseguir de nuestros proveedores garantías de calidad del servicio.

Consultado # 2

He estado entrevistando a los gerentes de bancos comerciales acerca de cómo ven la necesidad de proporcionarle capacitación e información satélite al personal de las sucursales. El mensaje más claro es que tienen poco personal y, por tanto, los empleados no tienen tiempo para capacitación. En ________, el departamento de capacitación cree que "no hay tiempo disponible para capacitación". Las implicaciones para Omega son sorprendentes: no les estamos prestando un buen servicio a nuestros clientes si alejamos a la gente de las sucursales y nuestra capacitación tarda muchos días.

Consultado # 3

En ________, se mostró complacencia por el contenido y el formato de taller de la versión adaptada del análisis del flujo personal de fondos. Les agradó en particular el énfasis que pusimos en el taller en hacer juicios analíticos basados en los cálculos del flujo de fondos. Sin embargo, desean una "hoja de trabajo más simple", disponible en un disquete de computador.

Consultado # 4

El tema especial de este mes es muy oportuno. Nunca había percibido yo mayor necesidad de capacitación como en el campo de los cajeros que trabajan media jornada. Resumí los comentarios de los clientes en la sección del tema especial.

Consultado # 5

Durante esta visita, ________, director de banca personal en ________, comentó varias veces la calidad del trabajo en equipo del personal de Omega. Quedó muy impresionado con el esfuerzo inusitado de nuestra gente por ayudarse entre sí y contribuir al negocio del Reino Unido. En este momento está tratando de resolver los problemas de trabajo en equipo en los niveles más altos de su propia organización, y con nosotros tuvo la ocasión de ver un modelo de cómo podrían ser las cosas.

El sistema de informes de campo de Omega es una manera sencilla de captar y difundir información del mercado que, de otra manera, probablemente se perdería. Además, la disciplina de preparar respuestas mensuales a preguntas establecidas refuerza en el personal la necesidad de escuchar a los clientes y reflexionar sobre lo que ellos dicen.

Investigaciones entre los empleados

Estudiar las experiencias de los empleados como clientes internos también es vital para mejorar el servicio. Al fin y al cabo, los empleados son los que prestan los servicios evaluados por los clientes; hasta cierto punto, los empleados *son* el servicio para los clientes. Sin embargo, muchas compañías no utilizan las investigaciones entre los empleados para apuntalar sus esfuerzos por mejorar el servicio. Gastan sumas considerables en averiguar lo que piensan los clientes, pero no hacen nada por conocer el punto de vista de quienes prestan el servicio.

La investigación entre los empleados hace posible medir la calidad del servicio interno. Como los empleados son clientes de los servicios internos de la empresa, son los únicos que pueden evaluar la calidad interna del servicio. Como la calidad interna afecta a la calidad externa del servicio, es esencial evaluar la primera, no solamente la segunda.

Los empleados de las organizaciones saben que la gerencia evalúa aspectos importantes de su desempeño. La retórica de la gerencia acerca de la calidad interna del servicio sirve de muy poco si no hay evaluación. Además, sin evaluación, la gerencia no puede saber cuáles deben ser las prioridades del servicio interno. Solectron Corporation, ganadora del premio Baldrige, utiliza una tarjeta de calificación para los clientes con el propósito de medir la calidad de los servicios de apoyo, como el teléfono, los sistemas de información y el correo electrónico. Un martes cada mes, los proveedores de servicios internos distribuyen tarjetas de calificación entre sus clientes. En la tarjeta aparece una lista vertical de los atributos de desempeño (por ejemplo, comunicación) y columnas para la calificación (de la A a la D). Los consultados marcan la calificación apropiada para cada dimensión del desempeño y anotan sus comentarios abajo. Los comentarios pueden ser ideas para mejorar o explicaciones sobre la calificación.[6]

San Diego Gas and Electric les envía a todos sus empleados una encuesta anual sobre el servicio interno. Las preguntas son lo suficientemente amplias como para abarcar los diversos servicios; la calificación se basa en una escala de cinco puntos. La versión del cuestionario en 1993 contenía 11 preguntas, entre ellas las siguientes: "¿Tienen ellos los conocimientos y las habilidades que se necesitan para darme lo que necesito?", "En general, es fácil trabajar con la gente?", "¿Responden oportunamente mis llamadas telefónicas y mis mensajes?" Los empleados evalúan a los departamentos que les han prestado servicios durante el año anterior. Los resultados de la encuesta van ligados a la retribución para los gerentes, y la mejora de la calidad interna del servicio se ha convertido en una de las metas estratégicas más importantes de la empresa.[7]

La encuesta entre los empleados puede poner de manifiesto las causas fundamentales de un mal servicio. Los empleados experimentan a diario el sistema de prestación de servicios de su compañía. Ellos ven más de lo que ven los clientes, y desde un punto de vista diferente. La encuesta entre los empleados ayuda a revelar *por qué* tienen lugar los problemas de servicio y *lo que deben hacer* las empresas para solucionarlos. Consideremos, por ejemplo, lo que podría aprenderse acerca de los problemas y las prioridades de calidad del servicio pidiéndoles a los empleados que respondan dos veces al año una encuesta anónima con preguntas como las siguientes:

- Si usted pudiera cambiar algo en la compañía para mejorar la motivación del personal, ¿que haría?
- ¿Cuál es el mayor problema que debe enfrentar día a día cuando trata de prestarles un servicio de alta calidad a sus clientes?
- Si usted fuera el presidente de la compañía y pudiera hacer solamente un cambio para mejorar la calidad del servicio, ¿cuál sería ese cambio?

Las respuestas a estas preguntas pueden ser muy valiosas para iniciar o revitalizar un esfuerzo de mejoramiento del servicio porque van más allá de los problemas superficiales para identificar las cosas que obstaculizan el servicio en la organización.

Hacer encuestas entre los empleados también sirve como sistema de alarma. Por estar expuestos constantemente al sistema de prestación del servicio, los empleados están en capacidad de ver el deterioro del sistema antes de que lo perciban los clientes.

En un estudio de una compañía grande de servicios industriales, mis colegas y yo les pedimos tanto a los clientes como a los empleados que evaluaran la calidad del servicio de la empresa. Tal como se ilustra en la tabla 3-1, la calificación de los empleados fue mucho menos favorable — quizás simplemente porque ellos sabían más acerca de las deficiencias del sistema de servicio de la compañía.

Las compañías que no emplean la investigación entre los empleados desaprovechan una fuente vital de información para mejorar el servicio. La investigación entre los clientes y la investigación entre los empleados son complementarias; la una no puede sustituir a la otra. Una advertencia con respecto a la investigación entre los empleados es que la gerencia debe estar preparada para actuar. Es malo ignorar las preocupaciones y los problemas legítimos de los empleados. Pero es peor conocerlos y no hacer nada al respecto, porque con eso se da a entender que a la gerencia no le interesan los empleados.

Una compañía en que la gerencia *sí* hace notar su interés es Rosenbluth International, una de las agencias de viajes más

Tabla 3-1
CALIFICACIONES DE LOS EMPLEADOS Y LOS CLIENTES ACERCA DE UNA COMPAÑÍA DE SERVICIOS INDUSTRIALES

Atributos ilustrativos del servicio incluidos en el estudio*	Calificación promedio en una escala de 7 puntos	
	Empleados	Clientes
Coordinación de las actividades de la compañía para garantizar la satisfacción de los clientes	3.26	5.00
Preparación de los empleados para vender el servicio de la compañía	4.29	5.65
Facilidad de acceso al personal apropiado de la empresa cuando un cliente tiene problemas o necesidades especiales	3.26	5.33

* Hay información adicional sobre este estudio en Leonard L. Berry, Jeffrey S. Conant y A. Parasuraman, "A Framework for Conducting a Services Marketing Audit". *Journal of the Academy of Marketing Science,* 19, 3 (1991), págs. 255-268.

grandes de los Estados Unidos, con cientos de oficinas en todo el país. La gerencia recurre a diversos métodos para escuchar a sus empleados. La línea telefónica caliente les permite a los empleados contactar directamente al presidente Hal Rosenbluth a través de la línea 800. Unos equipos de garantía de calidad integrados por empleados visitan las sucursales para solicitarles a sus colegas una evaluación de los gerentes y luego solicitarles a los gerentes una evaluación del desempeño de sus superiores, y así sucesivamente. Dos veces al año, Rosenbluth se reúne durante un día con dieciocho empleados escogidos al azar, quienes responden unas encuestas y comentan el estado de ánimo del personal.[8] Hal Rosenbluth les envía lápices de colores a los empleados y les pide que hagan dibujos que expresen lo que sienten hacia la compañía. A él le agrada ese ejercicio porque "revela sentimientos que no se manifiestan en una encuesta".[9]

Las fotografías ocasionales no bastan

Los nueve enfoques de investigación de la calidad mencionados en este capítulo refuerzan la filosofía de utilizar diversos métodos para obtener información que sirva para orientar el proceso de mejorar la calidad. Aunque una compañía normalmente no utilizaría los nueve enfoques, es conveniente utilizar la combinación que les proporcione a los gerentes un cuadro actualizado y completo de lo que está sucediendo con la calidad del servicio, por qué y qué hacer.

Un sistema eficaz de información sobre la calidad del servicio es el que *informa y refuerza el mejoramiento del servicio en toda la organización. Revela los patrones y las tendencias de la calidad del servicio, identifica las prioridades para mejorar, en cuanto a las mejoras que es necesario realizar, y motiva el desempeño.* Los métodos de investigación que mejor se presten para obtener esos beneficios deben formar parte del sistema de información sobre la calidad del servicio.

Es conveniente incorporar datos pertinentes de operación interna en el sistema de información sobre la calidad del servicio para complementar la información obtenida a través de la investigación. Entre las medidas internas que podrían incluirse están la frecuencia de fallas en el servicio, los tiempos de respuesta, las estadísticas sobre rotación de los clientes y de los empleados, la tasa de participación en la capacitación y los costos del servicio.

Un sistema de información sobre la calidad del servicio no reemplaza la necesidad de que las personas que toman las decisiones se relacionen directamente con los clientes actuales, los clientes en perspectiva y los empleados. Para saber lo que está sucediendo y lo que debe hacerse, se necesita algo más que leer listados de computador. Implica dedicar mucho tiempo a observar y escuchar lo que sucede en el campo de acción. Los ejecutivos de las aerolíneas deben subir a sus aviones sin ser notados para escuchar a los pasajeros y experimentar de primera mano realidades como la de tener que sentarse en el asiento del medio en clase económica. Los comerciantes al por menor deben acompañar periódicamente a sus clientes en el almacén, hacerles preguntas sobre lo que ven, lo que les agrada y lo que les gustaría cambiar.

Un sistema de información sobre la calidad del servicio debe proporcionarles a los ejecutivos una visión general, pero detallada, una perspectiva actual, pero histórica. Se necesita una mezcla abundante de datos: presentes y pasados, cualitativos y cuantitativos, internos y externos, de la compañía y de los competidores, de investigación y de operación. Las fotografías ocasionales no bastan.

CARACTERÍSTICAS DE UN SISTEMA EFICAZ DE CALIDAD DEL SERVICIO

Este capítulo trata específicamente del concepto, los propósitos, el alcance y los métodos de un sistema de información sobre la calidad del servicio. La creación de ese sistema es un paso importante para sentar las bases de un servicio extraordinario. Cuando se escucha sistemáticamente, mejoran las decisiones relativas a la calidad del servicio, que es la prueba definitiva del sistema de información. El sistema de información sobre la calidad del servicio debe tener determinadas características, no importa cuál sea su diseño. Es fundamental recopilar datos continuamente a través de distintas modalidades de investigación. Las encuestas transaccionales, las encuestas totales del mercado y las encuestas entre los empleados deben incluirse de todas maneras. Ahora pasaremos a otras características esenciales del sistema de información sobre la calidad del servicio.

Es necesario medir las expectativas de los clientes en cuanto al servicio. Medir el desempeño en la calidad del servicio *de por sí* no deja tanta información como medir el desempeño con respecto a las expectativas de los clientes. Las expectativas de los clientes proporcionan el contexto para la evaluación del servicio. Supongamos, por ejemplo, que una empresa mide solamente las percepciones de los clientes utilizando una escala de nueve puntos. Obtiene una calificación de 7.3 para el atributo "presta el servicio correctamente la primera vez". ¿Cómo deben los gerentes interpretar esa calificación? ¿Es buena o mala? Sin conocer las expectativas de los clientes, es difícil responder a esa pregunta. No hay un contexto para calibrar la calificación; no hay un marco de referencia. La interpretación de los gerentes de esa calificación de 7.3 sería muy diferente si la calificación promedio esperada por los clientes para ese atributo fuera 8.2 y no 7.0. Como anotan los investigadores John Goodman, Scott Broetzmann y Colin Adamson:

> ¿Un cliente satisfecho cuán satisfecho está? ¿Cuándo es lo bueno suficientemente bueno? Infortunadamente, las empresas que les preguntan a sus clientes cuán satisfechos están pero no investigan las expectativas de esos clientes, no tienen manera de responder a estas preguntas.[10]

La figura 3-3, presentada estrictamente como ilustración, muestra que las percepciones de los clientes con respecto al atributo A del servicio han permanecido estables durante cinco períodos de tiempo; sin embargo, su evaluación de la calidad del servicio de la compañía en ese atributo ha declinado drásticamente en los períodos 4 y 5, por el aumento de sus expectativas. Los gerentes de esta compañía no se habrían percatado de este deterioro de la calidad si hubieran medido las percepciones de los clientes en términos absolutos y no con respecto a las expectativas.

Figura 3-3
IMPORTANCIA DE MEDIR LAS EXPECTATIVAS DE LOS CLIENTES RESPECTO DEL SERVICIO

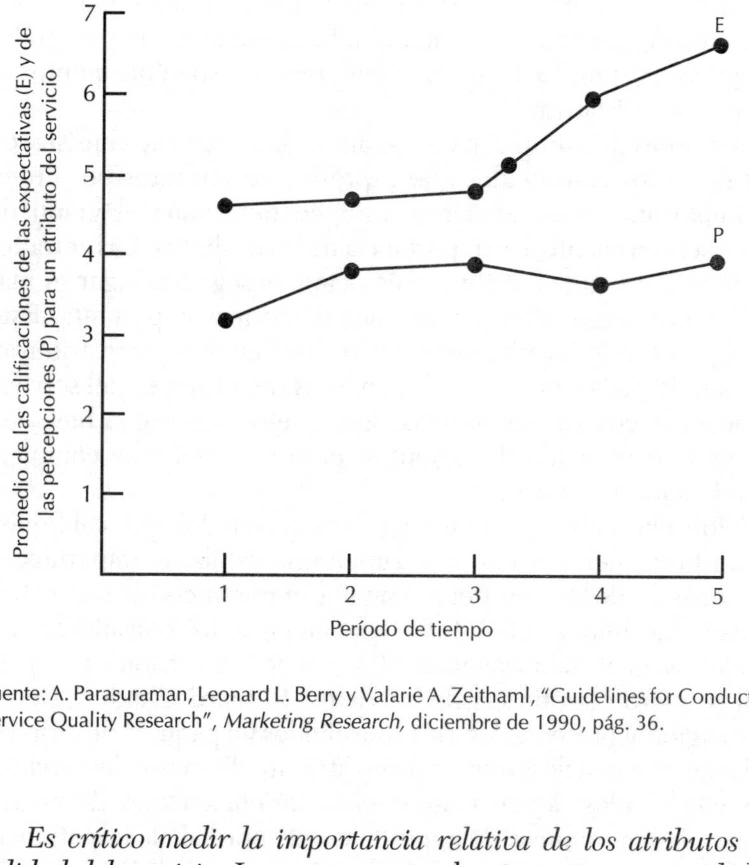

Fuente: A. Parasuraman, Leonard L. Berry y Valarie A. Zeithaml, "Guidelines for Conducting Service Quality Research", *Marketing Research,* diciembre de 1990, pág. 36.

Es crítico medir la importancia relativa de los atributos de calidad del servicio. Las empresas suelen invertir en prioridades de servicio erróneas. Determinando cuáles son los atributos del servicio más importantes para unos segmentos de clientes objetivo y en cuáles atributos hay deficiencias de desempeño en comparación con los principales competidores y en relación con las expectativas de los clientes, es posible establecer una base sólida de prioridades para mejorar el servicio.

Medir la importancia de los atributos de servicio no es lo mismo que medir las expectativas de los clientes, aunque las dos cosas están estrechamente relacionadas. Los clientes emplean sus expectativas como patrones de comparación para juzgar el desempeño de la empresa en los diversos atributos del servicio. Los clientes evalúan el desempeño en servicio de conformidad con dos patrones: lo que ellos desean (servicio deseado) y lo que están dispuestos a aceptar (servicio adecuado).[11] Sin embargo, los atributos del servicio no tienen la misma importancia para todos los clientes, por lo cual conviene medir específicamente su importancia relativa.

Un enfoque simple para medir la importancia consiste en pedirles a los consultados que expresen los atributos por orden de importancia. Sin embargo, esto no determina el grado de diferencia en cuanto a la importancia de los atributos. Los gerentes se enteran de que el atributo que ocupa el segundo lugar es más importante que el tercero, pero no cuánto más importante. Este problema se elimina pidiéndoles a los consultados que distribuyan un total de 100 puntos entre las diversas dimensiones del servicio de acuerdo con su importancia. Este método funciona bien con un número reducido de atributos, pero se torna muy complejo cuando hay más de diez.

Otra alternativa es pedirles a los consultados que califiquen los atributos del servicio conforme a una escala de importancia, por ejemplo desde "no tiene ninguna importancia" hasta "extremadamente importante". Infortunadamente, los consultados les pueden asignar calificaciones altas a todos los atributos, con lo cual se pierde la eficacia de los datos. Bernard Chudy y Roger Sant sugieren presentarles a los consultados un paquete de tarjetas, cada una con una descripción de un atributo diferente del servicio. Los consultados deben colocar cada tarjeta en uno de cuatro grupos de importancia: de importancia primordial, de importancia clave, de alguna importancia, de poca importancia.[12] Este método supera, hasta cierto punto, las limitaciones de otros enfoques, pero exige una entrevista personal.

Aquí presentamos solamente algunas de las maneras directas de medir la importancia de los atributos del servicio. Cada uno de los enfoques tiene sus ventajas y sus desventajas. Un método *indirecto* muy utilizado es el análisis de regresión para determinar la proporción de varianza en una medición global de la calidad del servicio, ocasionada por los atributos específicos del servicio. Cuanto mayor sea la varianza atribuida a un atributo del servicio, mayor es la importancia de éste. El propósito aquí no es disertar sobre la manera de medir la importancia de los atributos del servicio sino destacar la necesidad de hacerlo.

Medir las expectativas de los clientes y la importancia de los atributos del servicio mejora la *capacidad de actuar sobre la información*, otra característica esencial de un sistema de información sobre la calidad del servicio. La información generada debe coincidir con la estructura de la organización lo suficiente como para poner en claro *quién* debe tomar las medidas del caso. La información debe ser lo suficientemente específica como para que los gerentes sepan *qué hacer*.

No es posible actuar sobre el dato de que el servicio de una compañía es "poco confiable". La capacidad de actuar emana de saber cuáles aspectos del servicio son poco confiables, la razón de ello y quién tiene la responsabilidad de corregir el problema. Sin un enlace con el proceso de gerencia es imposible que alguien reclame la propiedad de la información.[13] El investigador Brian Lunde identifica el punto cuando escribe:

> Una de las peores críticas que un gerente de línea podría hacer acerca de... la información de una empresa es calificarla de "interesante". "Interesante" es otra manera de decir "inservible". La información, sencillamente, debe ser lo suficientemente específica como para que los ejecutivos... puedan actuar: tomar decisiones, fijar prioridades, lanzar programas, cancelar proyectos...[14]

También es esencial medir el impacto de la calidad del servicio sobre el mercado. ¿Por qué querría alguien prestar un servicio de calidad? ¿Cuán significativa es la calidad del servicio comparando con otras inversiones que una empresa puede hacer? Si las respuestas a estas preguntas no se obtienen a través del sistema de información sobre la calidad del servicio, entonces ¿cómo obtenerlas?

Un sistema de información sobre la calidad del servicio debe revelar los beneficios y los perjuicios para el mercado atribuibles al desempeño en la calidad del servicio. Las encuestas con los clientes nuevos, con los clientes menos asiduos y con los clientes que desertaron ayudan en este sentido, tal como se dijo antes. Además, las encuestas transaccionales y las encuestas totales sobre la calidad del servicio ayudan a medir las intenciones conductuales de los clientes. Por ejemplo, a los clientes se les puede pedir que califiquen hasta qué punto estarían dispuestos a recomendarle la compañía a un amigo, repetir una compra, comprar servicios adicionales de la compañía, y pagar el 5 al 10% más por los servicios de la compañía que por los de la competencia. Las mediciones de este estilo se pueden correlacionar con la calificación otorgada por los clientes a la calidad del servicio a fin de averiguar hasta qué punto la variable dependiente (la intención conductual de los clientes) se mueve con la variable independiente (la calificación correspondiente a la calidad del servicio).

Un sistema de información sobre la calidad del servicio no solamente debe orientar a los gerentes sobre lo que deben hacer para mejorar el servicio; también debe motivarlos a actuar. Al medir el impacto del servicio sobre la calidad se les da a los gerentes la motivación necesaria para implantar los cambios requeridos.

Un servicio de información sobre la calidad del servicio debe ser más que un sistema para captar datos; debe ser también un sistema de comunicación. El sistema es útil únicamente en el grado en que lo utilicen quienes toman las decisiones. Eli Seggev y Denise Lapnow describen algunos de los principios rectores que guiaron el desarrollo del sistema de información sobre la calidad del servicio de AT&T International.

- *Información oportuna:* La gerencia recibe los informes mensuales a más tardar dentro de los diez primeros días del mes. Los gerentes saben cuándo esperar la información.
- *Uniformidad:* Los informes son tan uniformes como es posible, lo cual les permite a los gerentes familiarizarse con la información y encontrar rápidamente los datos clave.
- *Presentación:* La pauta operativa es que las imágenes son mejores que las cifras, las cifras son mejores que las palabras y, las palabras, si son necesarias, mejor pocas que muchas.[15]

El sistema de información sobre la calidad del servicio debe comunicar información pertinente sobre el servicio a *todo el mundo* dentro de la empresa. Por ejemplo, las personas que están en contacto con los clientes ¿por qué no debieran recibir información sobre las expectativas y las percepciones de las personas a quienes atienden? El personal de contacto con el cliente podría recibir la información en un formato diferente del utilizado con los altos ejecutivos — por ejemplo, por medio de cursos de capacitación, boletines y vídeos — pero recibirla de todas maneras. Los ejecutivos dejan pasar una oportunidad de oro al suponer que los empleados de los niveles más bajos de la jerarquía no necesitan conocer los detalles del desempeño de servicio de la compañía ni se interesan por ellos.

En Southwest Airlines, los empleados de primera línea ven grabaciones en vídeo de los pasajeros que se han quejado del servicio. Colleen Barrett, vicepresidenta ejecutiva de relaciones con los clientes, afirma:

> Cuando presentamos el vídeo no se oye volar una mosca. Es fascinante ver los rostros de los empleados al mirar la grabación. Cuando se dan cuenta de que el cliente habla de ellos, se sienten bastante desconcertados. Es algo que produce un impacto mucho mayor que cualquier cosa que yo diga.[16]

La información sobre la calidad del servicio es para compartirse. Uno de los principales desafíos del diseño del sistema es determinar quién recibe cuál información, en qué formato, y cuándo. Las necesidades de información de los empleados de los distintos niveles de la organización varían; una clave del éxito es presentarle la información correcta a cada persona. Como dice Peter Drucker: "El conocimiento es poder. En el postcapitalismo, el poder proviene de transmitir la información para que sea productiva, no de ocultarla".[17]

RESUMEN

La voz del cliente debe orientar los esfuerzos por mejorar el servicio. Con frecuencia se invierten recursos en mecanismos que no mejoran el servicio. Esto es algo común incluso entre las compañías que hacen investigación sobre la calidad del servicio.

Las empresas necesitan un proceso sistemático de muchos enfoques para captar y diseminar continuamente información que los encargados de tomar las decisiones puedan utilizar. Lo que necesitan es un sistema de información sobre la calidad del servicio. Un solo estudio sobre la calidad del servicio no es más que una fotografía. Un sistema que proporcione una serie continua de fotografías de diversos temas pertinentes tomadas desde distintos ángulos es parte de la plataforma para un servicio extraordinario.

En este capítulo presentamos nueve enfoques para investigar la calidad del servicio:

- Encuestas transaccionales.
- Encuestas del mercado total.
- Compradores de incógnito.
- Revisiones del servicio.
- Juntas de clientes asesores.
- Encuestas entre los clientes nuevos, con los clientes menos asiduos y con los que ya no son clientes.
- Entrevistas con grupos focales.
- Informes de los empleados de campo.
- Encuestas entre los empleados.

Las encuestas transaccionales, las encuestas del mercado total y las encuestas entre los empleados son esenciales para cualquier sistema de información sobre la calidad del servicio. Los demás enfoques se pueden agregar, de acuerdo con los problemas específicos de la empresa. Los datos sobre las operaciones internas — como los tiempos de respuesta y los costos del servicio — también deben incorporarse en el sistema.

Los gerentes pueden evaluar en qué punto del desarrollo de este sistema se encuentra su empresa, reflexionando sobre las preguntas siguientes:

1. *¿Escuchamos sistemáticamente la voz de los clientes?* ¿Existe un flujo continuo de datos pertinentes sobre los cuales basar las decisiones de servicio? ¿La información recopilada revela los patrones de cambio?
2. *¿La información recopilada acerca del servicio sirve para*

orientar las decisiones? ¿Es posible *actuar* basándose en los datos?

3. *¿Estamos utilizando diversos enfoques de investigación para aprender acerca de la calidad del servicio?* ¿Estamos tomando distintas fotografías del servicio? ¿Estamos obteniendo una visión global?
4. *¿Sabemos cuáles atributos del servicio son los más importantes para nuestro mercado objetivo?* ¿Sabemos cuál es nuestro desempeño en esos atributos en comparación con los competidores y según las expectativas de los clientes?
5. *¿Compartimos activamente la información sobre la calidad del servicio dentro de la organización?* ¿Estamos llegando a todas las personas de la organización con información útil para ayudarles a mejorar el servicio? ¿Les estamos llevando la información correcta a las personas indicadas?
6. *¿La información que recopilamos sobre la calidad del servicio sirve para motivar a la gente a mejorar la calidad?* ¿Captamos y transmitimos los beneficios que le hacemos al mercado y los perjuicios que le causamos cuando el servicio es extraordinario y cuando es malo? ¿La información sobre la calidad del servicio es una catalizadora del cambio en nuestra empresa?

CAPÍTULO 4

CREAR UNA ESTRATEGIA DE SERVICIO

El liderazgo en servicio genera una mentalidad de servicio dentro de la organización. Oyendo lo que la gente dice sobre el servicio, se llegan a conocer aquellas cosas que son importantes para los clientes, lo que ocurre con el desempeño y por qué, y lo que debe hacerse para mejorar; también es la base para establecer un rumbo estratégico global — una estrategia de servicio.

Todas las compañías que prestan un servicio extraordinario cuentan con una estrategia de servicio clara y convincente. Tienen una "razón de ser" que le imprime energía a la organización y define la palabra "servicio".

Con una estrategia de servicio clara y convincente, las personas encargadas de tomar las decisiones se forman una mejor idea acerca de cuáles iniciativas aprobar y cuáles rechazar. La estrategia es su guía. Con una estrategia de servicio clara y convincente, las personas que prestan servicios saben cómo servir mejor a sus clientes; la estrategia es su guía. No hay necesidad de contar con gruesos manuales de políticas y procedimientos.

Una estrategia de servicio es una misión, *no* el planteamiento de una misión. Los planteamientos de misión suelen no ser otra cosa que frases altisonantes en los documentos internos y públicos que no significan nada para el personal de la organización encargado de realizar el trabajo. Por su parte, la misión galvaniza;

es una meta, una dirección, un llamamiento. Une a las personas de la organización alrededor de un propósito común. Le da significado al trabajo. Como dijo James Collins en una columna periodística: "Una verdadera misión... concentra los esfuerzos de la gente. Es tangible, concreta, clara y comprometedora. Llega al corazón de la gente".[1]

La estrategia de servicio permite identificar lo que representa valor para el cliente. Para forjar el camino hacia el servicio extraordinario, los líderes de la empresa deben definir correctamente aquello que hace que el servicio sea forzoso. Deben poner en movimiento y sostener una visión de excelencia en el servicio, una serie de postes de señalización que indiquen el futuro y muestren el camino. Eso no es fácil, y es la razón por la cual el primer capítulo de este libro trata del liderazgo.

La estrategia de servicio habitualmente se puede expresar en pocas palabras. Su valor está en orientar y dar energía; por tanto, las palabras serán eficaces únicamente si reflejan las creencias fundamentales de la empresa, si mueven el espíritu humano a la realización, y si son interiorizadas. Si los empleados se ven precisados a consultar algún manual o documento de planeación en busca de la estrategia de servicio de la compañía es porque tal estrategia no existe.

TACOS, PLOMERÍA Y TRANSPORTE — A ENTERA DISPOSICIÓN DEL CLIENTE

La investigación para este libro nos llevó a muchas compañías con estrategias de servicio sólidas. Aquí presentamos someramente las estrategias de tres compañías para ilustrar el concepto y su importancia.

La estrategia de servicio de Taco Bell es ofrecer la comida rápida de mayor valor en el lugar en que quieran los clientes y cuando tengan hambre. Para ejecutar esa estrategia, Taco Bell descartó los enfoques comerciales tradicionales, según los cuales el consumidor recibía únicamente 27 centavos de comida por cada dólar gastado. Los clientes de hoy reciben más de 45 centavos de comida por cada dólar. Por medio de la tecnología, de la capacitación, de la redefinición de los cargos y del hecho de facultar a los empleados, Taco Bell amplió el alcance del control, pasando de un supervisor por cada cinco restaurantes en 1990 a uno por cada 30 (o más) en 1993. Desarrollando tecnología para reducir la mano de obra en la preparación de los tacos, trasladando la preparación de los alimentos a otro sitio y convirtiendo las cocinas de los restaurantes en zonas de ensamble exclusivamente, Taco Bell pudo reasignar el espacio de los restaurantes, pasando de 70% de espacio de cocina y 30% de espacio para comensales, a 70% de espacio para comensales y 30% para cocina. Los costos de construcción y operación se desplomaron, y el tiempo de espera de los clientes disminuyó en más del 70%.

Taco Bell se embarcó ahora en el ambicioso proyecto de llevar el "restaurante" a donde están los clientes por medio de carros, kioskos y máquinas dispensadoras. La gerencia tiene la visión de pasar de 4 500 restaurantes fijos en 1993 a 200 000 puntos de distribución en estadios, escuelas, oficinas, aeropuertos y otros sitios, en un plazo de diez años. En 1993, Taco Bell atendía a 50 millones de clientes a la semana. Esta cifra pronto podrá parecer pequeña. El presidente de la junta directiva John E. Martin declara: "Donde haya un estómago hambriento estaremos nosotros para llenarlo".[2]

De Mar, la compañía de servicios de plomería, calefacción, aire acondicionado y refrigeración de Clovis y Fresno en California, tiene una estrategia de servicio simple pero poderosa: *Resolver el problema del cliente como sea, cuando el cliente lo necesite, y con la certeza de que el cliente quede satisfecho.* De Mar ofrece servicio garantizado el mismo día cuando así lo requiere el cliente. La compañía presta servicio las 24 horas todos los días de la semana sin costo adicional para los clientes cuyos acondicionadores de aire fallan en un domingo de verano o cuyos baños se inundan a las 2:30 de la mañana. Según las palabras de Janie Walter, coordinadora auxiliar de servicio: "Estamos en disposición de arreglar su sistema de aire acondicionado incluso el 4 de julio, sin cobrar un centavo adicional. Nosotros asistimos cuando nuestros competidores prefieren dormir".

De Mar garantiza el precio de un trabajo hasta el último centavo desde antes de iniciarlo. La mayoría de los competidores dan una garantía de 30 días para el trabajo, mientras que De Mar garantiza todas las piezas y la mano de obra durante un año. La compañía no incluye el costo de desplazamiento porque "no es justo cobrarles a los clientes por dar un paseo". Larry Harmon, propietario de la empresa, dice: "La reputación de esta industria no es la mejor. Si comenzamos a pensar que el dinero es nuestra meta principal, tendremos problemas. Por tanto, para mí lo más importante es la satisfacción de los clientes; el dinero viene por añadidura".

Como describimos más adelante en este libro, para ejecutar su estrategia de servicio, De Mar utiliza sistemas de contratación selectiva, capacitación y educación continuada, evaluación de desempeño y retribución, en los cuales incorpora la satisfacción del cliente, el trabajo en equipo, la presión de grupo, el hecho de facultar a los empleados y una política osada de ascensos. Anne Semrick, gerente de crédito y cuentas por cobrar, dice: "La persona que busca un puesto para trabajar de 9:00 a 5:00 debe ir a otra parte". Janie Walter agrega: "Este trabajo excede en mucho a lo ordinario".

A diferencia de Taco Bell con su menú de precios bajos, De Mar tiene precios altos. Sin embargo, los clientes responden a ambas compañías porque ambas ofrecen valor, es decir, beneficios a cambio de los costos. En 1985, las ventas anuales de De Mar ascendieron a US$200 000 aproximadamente. En 1993 habían llegado a más de US$3 300 millones.

La estrategia de servicio de Roberts Express es transportar y entregar puerta a puerta carga para la cual el tiempo es crítico, hacerlo con absoluta confiabilidad y prestar un servicio personal adaptado a las necesidades del cliente. Por medio de una flota de más de 1 500 camiones de distintos tamaños, operados y pertenecientes a contratistas independientes, y de un servicio de aviones fletados, Roberts Express transporta cargamentos tales como materiales peligrosos, equipos y suministros médicos para casos de urgencia y piezas para fabricantes que utilizan el método de inventario justo a tiempo. Roberts Express opera durante las 24 horas del día todos los días de la semana, recoge la mayor parte de la carga en menos de 90 minutos después de hecho el pedido y entrega el 95% de su carga 15 minutos antes de la hora prometida. La compañía respalda su estrategia de transporte oportuno con una garantía explícita: el reembolso del 25% en los casos de despachos que presenten una demora de más de cuatro horas.

Roberts Express utiliza tecnología avanzada de computadores y telecomunicaciones para comunicarse instantáneamente con todos los conductores, determinar si necesitará más conductores al día siguiente y calcular la hora precisa de recoger y entregar la carga y los costos para el cliente, segundos después de recibir una llamada. Como se discute en el capítulo 6, Roberts Express trabaja con equipos de personas que se encargan de recibir las órdenes de trabajo y hacer los despachos. Cada equipo se especializa en un territorio geográfico, lo cual les permite a los integrantes establecer una relación de trabajo con los clientes frecuentes. "Deseamos que los clientes nos perciban como una empresa pequeña en todo lo que hacemos", afirma el presidente Bruce Simpson.

Roberts Express cree firmemente que las evaluaciones y los incentivos deben ir ligados a la satisfacción de los clientes. La compañía lleva años midiendo mensualmente la satisfacción de los clientes, tal como se mencionó en el capítulo 3. Bruce Simpson dice: "Hacemos gestión estratégica de las percepciones". La estrategia funciona, considerando el incremento anual de las ventas, de US$3 millones en 1982 a US$125 millones en 1993. En la actualidad, Roberts Express es la empresa de transporte terrestre más grande de América del Norte.

CARACTERÍSTICAS DE UNA ESTRATEGIA DE SERVICIO

Los ejemplos de Taco Bell, De Mar y Roberts Express ilustran el *papel fundamental del servicio de calidad como parte de la estrategia de servicio.* Una estrategia de servicio va mucho más allá de la simple prestación de un servicio de calidad. Por ejemplo, los precios bajos son un elemento clave de la estrategia de Taco Bell, pero la calidad del servicio debe primar a fin de que la estrategia sea eficaz. Los precios bajos de nada le servirían a Taco Bell si los restaurantes estuvieran sucios, si las colas fueran largas y lentas y si los platos calientes se sirvieran fríos. Los precios bajos no representarían mayor valor.

El papel primordial de un servicio de buena calidad como parte de la estrategia de servicio implica comprometerse con cuatro principios: confiabilidad, sorpresa, recuperación y equidad. Confiabilidad significa servicio exacto y seriedad; implica cumplir lo prometido. Sorpresa significa encontrar la manera de hacer que el cliente diga: "¡Magnífico! Esta gente sabe lo que hace"; es algo que sucede cuando se da más de lo que se espera. Recuperación implica ganarse nuevamente la confianza del cliente en caso de que el servicio haya sido deficiente; implica prestar apoyo al servicio. La equidad se traduce en reglas iguales de juego para el cliente y la compañía; los negocios se hacen en un contexto de ética. Estos principios de la calidad del servicio — discutidos en el próximo capítulo — constituyen la base de una estrategia de servicio, como en Taco Bell, en De Mar y en Roberts Express.

Roberts Express recoge y entrega la carga 15 minutos antes de la hora prometida el 95% de las veces — y está haciendo esfuerzos por mejorar. El nivel del 95% se cumple sean cuales sean las condiciones climáticas, el tránsito o las averías mecánicas. La compañía recoge *y* entrega el 50% de su carga antes de la medianoche del mismo día. Otro 30% se entrega antes de las 9:00 A.M. del día siguiente. Roberts cotiza el precio del servicio hasta el último centavo antes de que se preste y garantiza servicio puntual respaldado con una política explícita de reembolso. La confiabilidad, la sorpresa, la recuperación y la equidad saltan a la vista en la estrategia de Roberts Express — y contribuyen al rápido crecimiento de la compañía.

Una estrategia de servicio excelente les *ofrece a los clientes valor auténtico; les da a los clientes más por los costos en que incurren.* La estrategia se concentra en las pocas dimensiones del desempeño que hacen del servicio algo valioso, hasta esencial, para los clientes. Bien sea el precio alto o bajo, los clientes perciben que están recibiendo valor por lo que pagan.

Cuando el sistema de aire acondicionado de un restaurante se descompone una hora antes del almuerzo en un día caluroso de verano, la velocidad y la confiabilidad del servicio — no el precio — son los factores determinantes del valor. Algunas empresas de aire acondicionado contestan el teléfono con una grabación. Pero para Larry Harmon de De Mar, "...cuando el aire acondicionado de un cliente se descompone, para nosotros es casi como una llamada de vida o muerte". Chip Bell, asesor de servicio, aconseja: "Es cuestión de decidir la razón por la cual se desea ser famoso a los ojos de los clientes".[3] De Mar desea ser famosa por responder a una emergencia como se debe responder a una emergencia.

Una compañía debe vivir su estrategia de servicio. Las palabras no le dan vida a la estrategia de servicio; la estrategia *adquiere* vida cuando coincide con los criterios de selección de los empleados, con su capacitación y educación, con la tecnología, las evaluaciones de desempeño y los sistemas de retribución. La filosofía de la compañía debe estar incorporada en la estrategia de servicio. Si la filosofía contradice la estrategia deseada, es preciso modificarla, o de lo contrario la estrategia fracasará.

La coherencia le da vida a la estrategia de servicio. La pregunta correcta no es "¿Cuál es la mejor tecnología?" sino "¿Cuál es la mejor tecnología para respaldar nuestra estrategia?" La pregunta correcta no es "¿Cuál es la mejor estructura organizacional?" sino "¿Cuál es la estructura organizacional indicada para nuestra estrategia?"

Una estrategia de servicio excelente fomenta una auténtica voluntad de realización en la organización. Estimula a todos los empleados a adquirir conocimientos y desarrollar nuevas habilidades; los anima a aumentar sus aspiraciones. Una estrategia excelente exige creatividad y arrojo en todos los niveles de la organización, no sólo en el nivel de la gerencia. Exige grandes esfuerzos según las necesidades; los esfuerzos mínimos no bastan.

Una estrategia de servicio debe empujar a la organización a alcanzar un nivel de desempeño superior al del resto de la industria. La estrategia debe "estirar" a la organización. Esa clase de estrategia es posible únicamente en organizaciones cuyos gerentes creen en la capacidad de la gente para realizarse — crecer en el trabajo, estar a la altura de las situaciones.

Taco Bell maneja el 90% de sus restaurantes propios sin un gerente de planta. Cada establecimiento es manejado por un equipo de personas, la mayoría de ellas jóvenes, que se encargan de ordenar el inventario, programar los horarios de trabajo, contratar y capacitar a sus compañeros, entre otras funciones. Un restaurante sin gerente desafía la tradición; también representa un reto para las personas que prestan el servicio quienes, a falta de una cabeza que los dirija, deben asumir una responsabilidad mayor, aprender más y trabajar conjuntamente como equipo. John Martin, de Taco Bell, explica:

> Si a la mayoría de los jóvenes que trabajan a nivel de planta en la industria de los restaurantes les preguntan si prefieren cortar lechuga o encargarse de transmitir un estado de pérdidas y ganancias por computador a la oficina principal, muchos de ellos dirían que prefieren cortar lechuga. ¿Por qué? Porque la mayoría de ellos creen que no pueden hacer lo otro. Y lo creen porque no han tenido la experiencia. Pero si se les brinda la oportunidad, si se les modifican sus creencias y se les demuestra que son capaces, lo harán.[4]

La estrategia de servicio de Taco Bell es producto de una mentalidad creativa, tal como lo demuestra la decisión de llevar a otro lado buena parte de la cocina del restaurante, hacer tacos con máquinas, operar los restaurantes sin gerentes, utilizar unidades móviles para distribuir la comida. La mentalidad que se aparta de lo tradicional genera unos logros extraordinarios. Lo tradicional fomenta la satisfacción de sí mismo.

En un discurso ante un grupo de distribuidores de automóviles comenté sobre la necesidad de ofrecer horario nocturno para servicio de mantenimiento y reparación. Al terminar, uno de los distribuidores puso de relieve que los mecánicos renunciarían si se les pedía que trabajaran de noche. Es probable que así sea, pero ése es el caso clásico de manejar un negocio de acuerdo con la norma tradicional de que los mecánicos trabajan de día y no de noche y que no hay nada que pueda hacerse al respecto. Como es obvio, el problema con esta manera tradicional de hacer las cosas es que muchos propietarios de vehículos también trabajan durante el día y se beneficiarían enormemente de un horario nocturno.

De Mar ha llegado a ser una empresa multimillonaria porque desafía las normas tradicionales de su industria. Larry Harmon no solamente hace que sus empleados trabajen de noche sino que, si es necesario, los saca de la cama. La estrategia de servicio de De Mar exige una mentalidad antitradicional. Y lo mismo tendría que ser la estrategia de los distribuidores de vehículos si su meta es prestar un servicio extraordinario.

La "razón de ser" de Taco Bell, De Mar y Roberts Express es estratégica. Los clientes extrañarían a estas empresas si desaparecieran de la noche a la mañana — así como extrañarían a las demás compañías mencionadas en este libro. El producto de una estrategia de servicio clara y convincente es un servicio extraordinario. Todos los demás componentes de la excelencia del servicio se desprenden de la estrategia — manifestándola, puliéndola y ejecutándola.

CÓMO IDENTIFICAR LA ESTRATEGIA DE SERVICIO

No basta con saber que una estrategia de servicio debe poner énfasis en la calidad, ofrecerles valor a los clientes, coincidir con las prácticas y la filosofía de la organización y fomentar la realización. La empresa debe también identificar la estrategia de servicio que permita cumplir esos objetivos.

Para identificar la estrategia, es preciso contestar tres preguntas fundamentales:

- ¿Cuáles atributos del servicio son y seguirán siendo los más importantes para nuestros mercados objetivo?
- ¿En cuáles atributos importantes del servicio es más débil la competencia?
- ¿Cuáles son las capacidades actuales y potenciales de nuestra empresa en materia de servicio?

Responder a estas preguntas es una oportunidad de análisis. Las necesidades importantes de los clientes que no están siendo satisfechas por la competencia y que la empresa que está definiendo su estrategia puede satisfacer representan un "vacío" de servicio en el mercado. Identificar esos posibles vacíos por medio de los enfoques de investigación discutidos en el capítulo anterior es indispensable para crear una estrategia de servicio.

Al analizar aquellas cosas que son importantes para los mercados objetivo, los gerentes deben hacer otras dos preguntas: ¿Qué es *esencial* para el cliente y qué le producirá "admiración"? La estrategia de servicio debe incorporar tanto los atributos esenciales para satisfacer las expectativas del cliente, como los atributos "sorprendentes" para superar esas expectativas. Por ello es necesario tener en cuenta los temas de confiabilidad, sorpresa, recuperación y equidad del servicio al desarrollar la estrategia. La confiabilidad, la recuperación y la equidad son aspectos esenciales del servicio; la sorpresa agrega el valor inesperado. Pero estos temas son generales. ¿Qué tipo de confiabilidad? ¿Cuáles son los problemas principales de equidad? ¿Qué se necesita para una recuperación excelente? ¿Qué otros elementos deben formar parte de la estrategia de servicio?

De Mar es un buen ejemplo de una compañía que presta servicio esencial y sorprendente con una misma estrategia. Con la excelencia técnica, su servicio el mismo día y las cotizaciones garantizadas, la compañía pasa la prueba del servicio esencial. Con su servicio de 24 horas todos los días de la semana sin costo adicional y la mentalidad de servicio de su personal, la compañía produce la "admiración" que la diferencia de las demás. Sin duda, Larry Harmon comprende lo que es importante para los clientes.

Analizar las fortalezas y las debilidades de la competencia es fundamental para determinar cuáles estrategias podrán proporcionar la diferencia. Los atributos importantes del servicio en los cuales el desempeño de los competidores es mediocre o malo presentan mejor oportunidad que los atributos en los cuales son fuertes. Desde luego, los competidores clave podrían ser fuertes en los atributos más importantes del servicio. En ese caso, el reto es encontrar o crear otra apertura; por ejemplo, agregar fortaleza en uno o más de los atributos críticos — y quizás en varios de los secundarios — y presentar y comunicar con ingenio esas virtudes. En general, la fuerza contra la vulnerabilidad funciona mejor que la fuerza contra la fuerza.

Tattered Cover Book Store de Denver ilustra el poder de la fuerza del servicio contra la vulnerabilidad del servicio. Muchas librerías, especialmente las de cadena, han utilizado la promoción de precios como principal estrategia de marketing, en un intento por competir otorgando descuentos en las listas de los éxitos de librería. Algunas de esas cadenas también se han dedicado a construir superalmacenes espaciosos y atractivos para mantener grandes cantidades de libros. La tendencia de los superalmacenes pertenece a los años 90.

Tattered Cover era un superalmacén de libros mucho antes de que se desarrollara la tendencia en la industria, habiéndose trasladado a un edificio de cuatro pisos con 40 000 pies cuadrados de construcción en 1986. Pero los únicos factores de éxito de Tattered Cover no son el tamaño del establecimiento y la selección de 150 000 títulos. Los clientes se sienten como en casa en la librería con sus repisas de madera, los muebles antiguos y los "151 cómodos asientos y sofás", como dice la empleada Tracy Holloway. Sidney Jackson agrega: "Hemos creado una atmósfera que invita a los clientes a tocar los libros. Pueden sentarse a leer, si así lo desean".

Sin embargo, la clave de toda la estrategia es la calidad del servicio de Tattered Cover. La mentalidad de servicio que se respira en la tienda — la pasión por ayudar a los clientes a encontrar el libro indicado — es la que transforma la combinación de un almacén enorme, una colección gigantesca y un mobiliario acogedor en una compañía única, imposible de imitar. La ventaja competitiva de Tattered Cover está en su gente, en quienes proporcionan el servicio. Los clientes se sienten a gusto en la librería, y por eso está siempre llena. El *servicio* en la librería fue y es la oportunidad de Tattered Cover en el mercado.

Por último, la compañía que está definiendo su estrategia debe evaluar cuidadosamente su propias capacidades y debilidades, su desempeño y su filosofía. Aunque exista una oportunidad en el mercado, la compañía podría no estar en condiciones de aprovecharla. Podría carecer de las destrezas, los conocimientos, los sistemas, los recursos financieros, la filosofía o la reputación. Son pasos indispensables en el proceso de crear una estrategia de servicio determinar la brecha entre la oportunidad del mercado y la capacidad de la empresa, y después decidir si la compañía está lista para hacer los cambios necesarios.

Los estrategas de la compañía deben estar dispuestos a formular y contestar preguntas como éstas:

- ¿Cuáles son las capacidades integrales de servicio de la empresa — los conocimientos críticos y las destrezas que definen e impulsan a la firma, tanto desde el punto de vista filosófico como práctico?
- ¿Cuáles son las deficiencias de servicio de la compañía — las carencias de conocimientos y destrezas que lesionan a la empresa?
- ¿Cuáles son los puntos fuertes y los puntos débiles en materia de recursos? ¿Cómo está la compañía en comparación con los competidores respecto de los recursos financieros, físicos, tecnológicos, humanos y de otro tipo?
- ¿Cuál es la reputación de servicio de la compañía? ¿Cómo ven a la empresa los clientes, los empleados y las demás personas en lo referente a su desempeño en servicio?
- ¿Cuál es la filosofía de la compañía? ¿Qué cosas se valoran en la compañía? ¿Cuál es la cultura central de la compañía?
- ¿Cuál es la actual estrategia de servicio de la compañía? ¿Cuál es la actual "razón de ser" de la empresa?

Identificar la estrategia de servicio se reduce a buscar una equivalencia entre lo que se debe hacer y aquello en que la empresa sobresale. Vale la pena hacer el esfuerzo porque la estrategia de servicio es el marco de referencia para todas las inversiones encaminadas a mejorar el servicio. Las estrategias excelentes tienen una duración asombrosa. Es común introducir mejoras tácticas y perfeccionar la estrategia, pero su parte esencial rara vez cambia. La razón es que las mejores estrategias giran alrededor de las necesidades básicas del ser humano, las cuales cambian poco a través del tiempo.

Harold's, la tienda de ropa de Houston, satisface la necesidad básica de algunos clientes de tener una relación constante con un "asesor de moda" honesto y confiable. Hard Rock Cafe aprovecha la necesidad que tienen sus clientes objetivo de recibir estímulo, comer *y* divertirse, y no solamente de satisfacer el hambre. Roberts Express satisface las necesidades de idoneidad y rapidez cuando el tiempo de transporte es esencial. Cuando Joyce Meskis adquirió a Tattered Cover Book Store en 1974, comenzó con dos empleados; en la actualidad hay más de 320. Sin embargo, la estrategia básica de servicio de la empresa no

Figura 4-1
IDENTIFICACIÓN DE UNA ESTRATEGIA DE SERVICIO

Determinar los atributos más importantes del servicio para satisfacer y superar las expectativas de los clientes.

↓

Determinar los atributos importantes del servicio en los cuales son más vulnerables los competidores.

↓

Determinar las capacidades actuales y potenciales de nuestra empresa. Evaluar las capacidades y las carencias, las fortalezas y las debilidades en materia de recursos, la reputación de servicio, la filosofía y la "razón de ser".

↓

Desarrollar una estrategia de servicio encaminada a satisfacer las necesidades más importantes y constantes de los clientes, explotar las vulnerabilidades de los competidores, de conformidad con las capacidades y el potencial de nuestra empresa.

ha cambiado. Esto comenta Linda Millemann, quien trabaja en Tattered Cover desde 1979: "He observado que la librería ha permanecido igual a pesar de que hemos crecido. Nuestra manera de relacionarnos internamente y con el cliente sigue siendo la misma".

La figura 4-1 es un resumen de los principales pasos del análisis requerido para identificar una estrategia sólida de servicio. Manejando bien estos pasos se abre un camino duradero hacia las decisiones y las prácticas necesarias para lograr un servicio extraordinario.

DEFINICIÓN DE LA FUNCIÓN DE SERVICIO

La estrategia de servicio define los parámetros generales de la función de las personas que prestan servicios. Cuando existen unas normas explícitas de servicio hay claridad sobre la labor de servicio y un patrón de referencia, en comparación con el cual los empleados pueden juzgar su desempeño y los gerentes juzgar el desempeño de los empleados y de la organización.

Unas normas de servicio debidamente desarrolladas ponen al cliente en el centro de la labor diaria de los empleados que tienen contacto directo con él y refuerzan la ejecución de la estrategia. Las normas de servicio reflejan las expectativas de los clientes de una manera que es significativa para los empleados; las normas son los aspectos específicos de la estrategia de servicio.

Muchas organizaciones de servicio no les comunican adecuadamente el significado del servicio extraordinario a las personas que lo prestan. Los directivos pueden exhortar a los empleados a prestar un servicio excelente pero dejar en el aire el significado de lo que es un servicio excelente. El resultado es ambigüedad de la función de servicio: no hay claridad acerca de las prioridades del servicio excelente. Entre las posibles causas de la ambigüedad están las siguientes:

- *Falta de normas de servicio*, lo cual convierte a la función de servicio en un juego de adivinanzas.
- *Demasiadas normas de servicio*, lo cual disminuye la consciencia de los empleados acerca de las prioridades de servicio más urgentes.
- *Normas de servicio generales*, las cuales no frecen suficiente orientación, y constituyen una base limitada para medir el desempeño.
- *Mala comunicación de las normas de servicio*, lo cual es casi lo mismo que no tener normas.
- *Normas de servicio "sin dientes"*, es decir, sin conexión alguna con los sistemas de evaluación del desempeño y de retribución, razón por la cual dan la impresión de no ser importantes.[5]

No hay otra compañía estadounidense que sepa definir mejor

la función de servicio, vinculándola a la estrategia global de servicio, que Ritz-Carlton Hotel Company, ganadora en 1992 del Premio Baldrige a la Calidad. Los empleados de Ritz-Carlton concentran sus esfuerzos en cumplir las "Normas de Oro", impresas en una tarjeta de plástico del tamaño de una billetera que todos llevan consigo; la tarjeta del "credo" es considerada parte del uniforme. En ella aparecen el credo de la compañía (la estrategia de servicio), el lema ("Somos damas y caballeros al servicio de damas y caballeros"), los tres pasos del servicio, y la lista de las veinte normas básicas del Ritz-Carlton (las normas de servicio).

Es raro el empleado del Ritz-Carlton que no conozca y aplique el credo, el lema, los tres pasos de servicio y las veinte normas básicas. Ritz-Carlton escoge a los candidatos para un puesto pensando en su estrategia y en sus normas de servicio. Todos los nuevos empleados reciben dos días de orientación acerca de la misión de servicio de la compañía, y reciben capacitación intensiva en el trabajo. Las Normas de Oro se refuerzan por medio de inspecciones diarias del personal, revisiones periódicas del desempeño, un proceso de certificación para el puesto, y reconocimiento frecuente por servicio extraordinario.

El contenido de la tarjeta del credo del Ritz-Carlton, presentado en la figura 4-2, ilustra el mensaje de este capítulo: *El servicio extraordinario exige definición. Comprender internamente la "razón de ser" de la compañía es indispensable para aplicarla en favor de los clientes. Una estrategia de servicio excelente, reforzada activamente por medio de las normas de servicio, aporta claridad y energía al acto mismo de servir.*

SIMBOLIZAR LA ESTRATEGIA DE SERVICIO

Los ejemplos de este capítulo, desde De Mar hasta Ritz-Carlton, ilustran el papel central que la estrategia de servicio ocupa en la filosofía de una compañía. Cuanto más difícil sea diferenciar entre ésta última y la estrategia de servicio de una empresa, tanto mejor. En efecto, en compañías como De Mar y Ritz-Carlton, la estrategia y la filosofía son una misma cosa.

Figura 4-2
NORMAS DE ORO DEL RITZ-CARLTON

LOS TRES PASOS DEL SERVICIO

1

Un saludo cálido y sincero. Salude al huésped por su nombre siempre que sea posible.

2

Prevea y satisfaga las necesidades del huésped.

3

Una despedida afectuosa. Que su adiós sea caluroso, diciendo el nombre del huésped, siempre que sea posible.

"Somos damas y caballeros al servicio de damas y caballeros"

RITZ-CARLTON

CREDO

La misión principal del hotel Ritz-Carlton es proporcionarles verdadera comodidad y atención a nuestros huéspedes.

Prometemos prestarles un servicio personal excelente y proporcionarles las mejores comodidades a nuestros huéspedes, quienes disfrutarán en todo momento de una atmósfera cálida, tranquila y refinada.

La experiencia del Ritz-Carlton deleita los sentidos, proporciona bienestar y satisface hasta los más íntimos deseos y necesidades de nuestros huéspedes.

LAS NORMAS DEL RITZ-CARLTON

1. Todos los empleados deberán conocer el credo, imprimirle carácter y hacerlo suyo.
2. Nuestro lema es: "Somos damas y caballeros al servicio de damas y caballeros". Practique el trabajo en equipo y el "servicio lateral" para crear un ambiente positivo de trabajo.
3. Todos los empleados deberán poner en práctica los tres pasos del servicio.
4. Todos los empleados deberán obtener en forma satisfactoria su Certificado de Capacitación para tener la seguridad de que entienden cómo se cumplen las normas del Ritz-Carlton desde sus puestos.
5. Cada empleado deberá conocer perfectamente su campo de trabajo y las metas del hotel, establecidas en cada plan estratégico.
6. Todos los empleados deberán conocer las necesidades de sus clientes internos y externos (empleados y huéspedes) a fin de proporcionar los productos y prestar los servicios que se esperan de ellos. Utilice libretas para registrar las preferencias de los clientes.
7. Cada empleado deberá tomar continuamente nota de las deficiencias en todas las operaciones del hotel.
8. Cualquier empleado que reciba una queja de un cliente hará "suya" esa queja.
9. Todos los empleados deberán asegurarse de tranquilizar a un huésped en el acto. Reaccione rápidamente para corregir el problema inmediatamente. Mediante una llamada telefónica a los veinte minutos, verifique que el problema haya sido resuelto satisfactoriamente. Haga todo lo que esté a su alcance para no perder jamás a un huésped.
10. Los formularios para registrar incidentes con los clientes se utilizan para anotar y comunicar todos los casos de insatisfacción. Cada uno de los empleados está facultado para resolver el problema e impedir que se repita.
11. Todos los empleados tendrán la responsabilidad de mantener unos niveles impecables de aseo.
12. "Sonrían — estamos en escena". Mantenga siempre un contacto ocular directo y positivo. Utilice un lenguaje adecuado con los huéspedes (palabras como "Buenos días", "Desde luego", "Con mucho gusto", "Encantado").
13. Sea el embajador de nuestro hotel dentro y fuera del trabajo. Diga siempre cosas buenas. No haga comentarios negativos.
14. Acompañe al huésped — en lugar de darle instrucciones — para ir a otro sitio del hotel.
15. Conozca todo lo relativo al hotel (horas de funcionamiento, etc.) para que pueda dar respuestas apropiadas a las preguntas del huésped. Siempre recomiende los servicios de alimentos y bebidas del hotel antes de mencionar los sitios vecinos.
16. Utilice la etiqueta al hablar por teléfono. Conteste antes del tercer sonido de timbre, "sonriendo". Cuando sea necesario, dígale a la persona que llama: "¿Podría solicitarle que espere un momento?" No tamice las llamadas. Elimine la transferencia de llamadas siempre que sea posible.
17. Los uniformes deben ser inmaculados; utilice calzado apropiado y seguro (limpio y lustrado), y el carné de identificación con su nombre. Cuide su apariencia personal y enorgullézcase de ella (respetando todas las normas de presentación personal).
18. Todos los empleados deberán conocer su función en caso de emergencia y estar al tanto de los procesos de seguridad en caso de incendio.
19. Notifique inmediatamente a su supervisor de cualquier peligro, lesión, equipo o ayuda que necesite. Practique el ahorro de energía y el mantenimiento y la reparación adecuados de los bienes y el equipo del hotel.
20. Es responsabilidad de todos los empleados proteger los bienes del hotel Ritz-Carlton.

Al igual que las normas de servicio, los símbolos de servicio pueden comunicar una filosofía, reforzar la estrategia de servicio, y vincular la filosofía con la estrategia. Aunque los símbolos de por sí no pueden modificar la filosofía de una empresa o darle alas a su estrategia de servicio, sí pueden apuntalar los cambios estructurales, las inversiones en tecnología, los cambios operativos y otros desarrollos, señalando el camino de la firma. Si concuerdan con lo que ocurre en la organización, los símbolos pueden ayudar a comunicar lo que la empresa representa y hacia dónde va.

Las cosas tangibles, el lenguaje y los comportamientos de la gerencia son las principales herramientas de simbolización que las empresas pueden utilizar para transmitir su mensaje. El Ritz-Carlton utiliza cosas tangibles para deleitar los sentidos de los huéspedes — y para recordarles a los empleados la misión especial del hotel. Por todas partes hay flores frescas (porque huelen bien), en todas las habitaciones hay batas lujosas de tela de toalla (porque son suaves) y en las zonas comunes hay candelabros (porque se ven bien). La compañía utiliza deliberadamente un lenguaje poderoso. "Somos damas y caballeros al servicio de damas y caballeros" es una frase que transmite la dignidad del servicio, rara vez encontrada en muchas otras empresas. Los empleados responden a las solicitudes de los clientes diciendo "Con mucho gusto" o "Desde luego", o con con un simple "Muy bien". El Ritz-Carlton "escoge" a los nuevos empleados en lugar de "contratarlos". Horst Schulze, presidente de Ritz-Carlton, ayuda a dirigir las sesiones de orientación de los empleados en los hoteles nuevos. Schulze y otros trece altos ejecutivos forman el equipo de gerencia de calidad de la compañía, que se reúne semanalmente para revisar el desempeño de calidad del servicio, los avances y los planes. La alta gerencia dedica cerca de una cuarta parte de su tiempo total a asuntos relativos a la calidad. Los comportamientos de la gerencia simbolizan la misión de servicio en Ritz-Carlton.

En De Mar, Larry Harmon dirige personalmente las sesiones semanales de capacitación y educación en servicio a los clientes, las cuales se inician a las 6:00 A.M. El salón de clases está lleno de fotografías de los empleados, avisos motivantes ("Entusiasmo", "De Mar Co. — La mejor", "Clientes satisfechos"), y placas de Dale Carnegie, premios ganados por los empleados y trofeos de la compañía (la galería de la fama de De Mar). Después de la sesión de todos los lunes sobre relaciones con los clientes, De Mar realiza la inspección de los camiones. Los asesores de servicio no pueden salir a hacer su primera visita sin que sus camiones hayan pasado la inspección. Los camiones de la empresa son de color amarillo vivo con letras rojas. Las letras son reflectivas para que puedan verse de noche — el horario más importante para De Mar. Los camiones son considerados vallas móviles y son un componente esencial de la estrategia de marketing. Anne Semrick comenta: "De Mar tiene mucha visibilidad en la ciudad. La señora del banco dijo que en Fresno había más camiones de De Mar que vehículos de la policía". Todo el mundo nos conoce. Esto nos obliga más aún a estar a la altura de nuestra reputación".

De Mar utiliza la expresión "asesor de servicio" en lugar de "técnico". Larry Harmon explica: "No quiero que nuestros empleados piensen como técnicos. Quiero que piensen como empresarios". Los asesores de servicio de De Mar terminan sus visitas de servicio diciendo: "Que pase un día De Mar...avilla". La compañía les envía tarjetas de agradecimiento a los clientes después de cada trabajo. Todos los empleados tienen tarjetas comerciales al reverso de las cuales aparece el compromiso de De Mar con la excelencia: "Todos los clientes de De Mar deben sentir siempre que han recibido el mejor servicio que existe... a cualquier hora, en cualquier lugar y a cualquier precio".

Despedirse de un cliente con un "Que pase un día De Mar...avilla" parecería algo tonto o artificial en la mayoría de las empresas. En De Mar, el lenguaje coincide con la filosofía y con la estrategia de servicio de la compañía; el lenguaje es apropiado porque refleja de manera sincera aquello que la empresa defiende, su razón de ser. Los símbolos deben ser auténticos para que tengan poder.

RESUMEN

Todas las compañías de servicio extraordinario cuentan con una estrategia clara y convincente. Tienen una "razón de ser" que galvaniza la organización, le imprime dirección y le da un propósito. Una estrategia de servicio excelente representa valor verdadero para los clientes, coincide con las prácticas operativas de la compañía y fomenta un auténtico deseo de logro en la organización. Refuerza el servicio al incorporar los pilares de la calidad: la confiabilidad, la sorpresa, la recuperación y la equidad.

Para identificar una estrategia de servicio concreta que pase estas pruebas es necesario analizar los atributos del servicio que son importantes para los mercados objetivo, las fortalezas y las debilidades de los competidores, y las propias fortalezas y debilidades de la compañía. El propósito es encontrar algún grado de espacio libre (vacío) en el mercado: una concordancia entre lo que hace falta y lo que la compañía sabe hacer bien.

Identificar una estrategia sólida de servicio es un paso crucial en el proceso de mejorar el servicio, puesto que todo lo demás gira a su alrededor. Las normas y los símbolos del servicio deben reforzar la estrategia. Y lo mismo en cuanto a las estructuras organizacionales, las inversiones en tecnología y las prácticas de recursos humanos — tema de los capítulos siguientes. Nunca es demasiado destacar la importancia de desarrollar una estrategia de servicio excelente. La estrategia errónea desencadena iniciativas de refuerzo erróneas e iniciativas erróneas de implementación.

Los directivos pueden valerse de la siguiente guía para analizar el tema de la estrategia de servicio:

1. *¿Nuestra estrategia de servicio es clara y convincente para todos nuestros empleados?* ¿Contribuye a concentrar nuestros esfuerzos? ¿Le aporta energía y significado a nuestro trabajo?
2. *¿Nuestra estrategia de servicio les proporciona verdadero valor a los clientes?* ¿Incorpora aquello que los clientes más valoran? ¿Nos orienta hacia mejoras que agregan valor?
3. *¿Nuestra estrategia pone énfasis en un servicio de calidad excelente?* ¿Está suficientemente enfocada sobre los aspectos esenciales de la calidad del servicio — la confiabilidad, la sorpresa, la recuperación y la equidad?
4. *¿Vivimos la estrategia de servicio en esta compañía?* ¿Es parte esencial de nuestro sistema de creencias? ¿Concuerda con nuestra estructura, nuestra tecnología y nuestras prácticas de operación?

5. *¿Nuestra estrategia exige que nuestros logros sean superiores?* ¿Ella le exige a nuestra gente que crezca en el trabajo, que sea creativa y que corra riesgos? ¿Es una estrategia que nos "estira" hasta los límites? ¿Nos obliga a pensar de manera antitradicional?
6. *¿Nuestra estrategia nos diferencia de la competencia?* ¿Aprovecha nuestras fortalezas y las debilidades de los competidores?
7. *¿Reforzamos nuestra estrategia de servicio con normas explícitas que orientan y animan a los empleados?* ¿Comprenden nuestros empleados el significado de un servicio excelente? ¿Conocen las prioridades?
8. *¿Reforzamos nuestra estrategia de servicio con símbolos apropiados?* ¿Utilizamos cosas tangibles, un lenguaje y unos comportamientos gerenciales que les comuniquen a los empleados lo que la firma defiende y hacia dónde va?

CAPÍTULO 5

COMPROMETERSE CON LOS PRINCIPIOS DEL SERVICIO EXTRAORDINARIO

Todas las compañías de gran éxito tienen una "razón de ser"; los clientes las extrañarían si desaparecieran de la noche a la mañana. Las compañías de servicio definen su razón de ser a través de su estrategia de servicio. La estrategia orienta y le da energía a la empresa al crear valor para los clientes.

Como el servicio de calidad es parte integral de la creación de valor para los clientes, siempre debe ser un componente prioritario de la estrategia de servicio. El servicio de calidad es el soporte de la creación de valor; es el fundamento indispensable de todas las demás cosas que la estrategia de servicio podría comprender. A la vez, la confiabilidad, la sorpresa, la recuperación y la equidad son los cimientos de un servicio de calidad; son los principios sobre los cuales se construye el servicio extraordinario. La confiabilidad, la recuperación y la equidad son los elementos básicos del servicio. Es imposible conservar la confianza del cliente sin ellos. Es difícil superar las expectativas de los clientes sin el elemento sorpresa. Las compañías que prestan un servicio extraordinario, sea cual sea la naturaleza de su negocio, combinan los elementos básicos del servicio con el arte de la sorpresa.

LA CONFIABILIDAD DEL SERVICIO

La investigación cualitativa y empírica en que hemos trabajado mis colegas y yo durante muchos años indica que los clientes utilizan cinco dimensiones como criterios para juzgar la calidad del servicio.[1] Las dimensiones no son mutuamente excluyentes, y proporcionan un marco de referencia para comprender las expectativas de los clientes:

CONFIABILIDAD	La capacidad de prestar el servicio prometido con exactitud y seriedad.
COSAS TANGIBLES	La apariencia de las instalaciones físicas, los equipos, el personal y los materiales de comunicación.
PRONTITUD DE RESPUESTA	La voluntad de ayudar a los clientes y de prestar un servicio oportuno.
SEGURIDAD	Los conocimientos y la cortesía de los empleados, y su habilidad para transmitir seguridad y confianza.
EMPATÍA	La atención personalizada que se presta a los clientes.

De estas cinco dimensiones del servicio, la confiabilidad es la más importante. En todas las industrias de servicio estudiadas, sin importar su naturaleza, los clientes calificaron la confiabilidad como la característica más importante al juzgar la calidad del servicio. Los clientes de la banca personal consideraron que la confiabilidad era la característica más vital. Del mismo parecer fueron los clientes de los servicios de reparación de productos, corretaje de valores, seguros de vehículos, almacenes de departamentos, tarjetas de crédito, seguros de vida, telefonía de larga distancia y servicio de apoyo para computadores.

Hay otras evidencias que corroboran nuestros hallazgos. La siguiente afirmación es del presidente de Union Pacific, señor Richard Davidson:

> Nuestros altos ejecutivos habían estado conversando con nuestros principales clientes, y les preguntaron por qué la participación de los ferrocarriles no crecía en sus operaciones y cuáles eran las percepciones de los clientes acerca de nuestra empresa. La respuesta fue que, en realidad, no ofrecíamos la confiabilidad necesaria. De todos los factores calificados por los clientes por orden de prioridad, la confiabilidad fue el número uno, y la verdad es que no estábamos dando la talla.[2]

Revelaciones como la anterior sentaron las bases para el esfuerzo de mejora de la calidad iniciado por Union Pacific, calificado por *Railway Age* como "quizás más audaz y avanzado que cualquier otro en esta industria".[3]

Illinois Power, una empresa de energía eléctrica, consultó a sus 400 clientes más grandes e identificó siete atributos en los cuales se basaban ellos para definir el servicio. Los atributos se dividieron en tres estratos, por orden de importancia. Gordon Spainhower, director de marketing, comentó: "La confiabilidad del servicio es el factor más importante, y está por encima de todos los demás. Es casi el doble de importante que cualquiera de los factores del segundo estrato".[4]

Como los servicios son intangibles, es difícil para los clientes evaluarlos antes de la compra. Un cliente puede conducir un automóvil de prueba o probarse la ropa antes de decidirse a comprar; pero en el caso de los servicios, la compra se hace antes de tener la experiencia. Los clientes abren una cuenta bancaria, se registran en un hotel o compran un pasaje aéreo antes de experimentar el servicio. *Los clientes compran una promesa y confían en que la compañía la cumpla.*

El servicio exacto y serio aumenta la confianza de los clientes en la compañía; los errores frecuentes destruyen la confianza. La mayoría de los clientes aprecian una disculpa sincera cuando experimentan un problema de servicio, pero la verdad es que la disculpa no borra el recuerdo de la falla. Si llega a desarrollarse un patrón de errores de servicio, los clientes acaban por concluir que no se puede confiar en que la empresa preste el servicio prometido.

Desafíos de la confiabilidad del servicio

La confiabilidad del servicio plantea unos desafíos diferentes de los de la confiabilidad de los productos manufacturados. Los productos se fabrican primero, y luego se despachan, se venden y se consumen. Los servicios se venden primero, y después se producen y se utilizan, casi siempre simultáneamente. El comprador de productos tangibles nunca ve lo que sucede en la fábrica. Los errores de fabricación se pueden corregir antes de que el cliente experimente el producto. Con los servicios, el cliente entra en la "fábrica" — el banco, el consultorio del odontólogo, o el restaurante, y hay mayores probabilidades de que experimente directamente cualquier error de producción. Si el camarero del restaurante trae el pedido equivocado o no regresa a la mesa con la mantequilla prometida, el cliente experimenta personalmente la falta de confiabilidad del servicio. La presencia de los clientes en la fábrica de servicios y su participación durante el proceso de servicio ponen de manifiesto las fallas y les dan el carácter de inmediatas.

La inseparabilidad de la producción y el consumo en el caso de muchos servicios exige que la producción sea descentralizada. Un restaurante debe estar situado en la ciudad, quizás en el sector de la ciudad en que se desea operar. Por tanto, las empresas de servicio suelen operar una cadena de puntos de servicio. No traen a los clientes a una sola fábrica sino a muchas.

Además, muchos servicios requieren uso intensivo de mano de obra, lo cual le agrega al proceso de producción más variabilidad que cuando son las máquinas las que dominan el proceso. El servicio ofrecido por los seres humanos es más variable que el ofrecido por las máquinas. Ésa es la realidad de la condición humana. Las personas que prestan servicios no solamente son distintas entre sí en lo que respecta a habilidades técnicas, actitudes de servicio y personalidades, sino que una misma persona puede prestar un servicio bastante diferente de un cliente a otro, según las circunstancias de cada situación — actitud del cliente, fatiga del empleado, complejidad del servicio solicitado. En los servicios de uso intensivo de mano de obra hay más tendencia a las fallas.

Las condiciones antes descritas son comunes. Muchas organizaciones prestan servicios de uso intensivo de mano de obra en muchas fábricas visitadas por los clientes. Prestar un servicio confiable en todo momento en esas condiciones no es nada fácil.

Denny's, una cadena de restaurantes frecuentados por familias, con cerca de 1 500 establecimientos en los Estados Unidos, ilustra el desafío. La mayoría de los restaurantes Denny's están abiertos durante las 24 horas del día. El nuevo menú implantado en 1994 ofrece más de 150 alternativas para las categorías de desayuno, almuerzo, cena y refrigerio nocturno. En un período típico de 24 horas, Denny's atiende a más de 1 000 000 de clientes en su sistema total. La compañía tiene más de 47 000 empleados en sus restaurantes, los cuales reciben a los clientes, cocinan, atienden, limpian las mesas, reciben el pago de la cuenta, entregan la vuelta, lavan los platos y solucionan los problemas, entre otras funciones. Durante su turno, cada empleado tiene muchas oportunidades de prestar los servicios prometidos con exactitud y seriedad, o de no cumplir la promesa. Es obvio que el potencial de cometer errores es alto. Sin embargo, Ron Petty, quien ocupó la dirección de operaciones a mediados de 1993, está decidido a convertir a Denny's en una de las cadenas de restaurantes de mejor servicio en los Estados Unidos. La confiabilidad del servicio es la piedra angular de su visión.

Petty se ha concentrado en mejorar el servicio en cada restaurante, individualmente. Cree que la fuerza de la marca Denny's es una función del valor que los clientes reciben en el restaurante y que la calidad del servicio determina el valor. "Todo lo que hacemos se relaciona con el servicio", afirma Petty. "El servicio es una estrategia total e integrada que comprende la forma en que la empresa organiza, contrata, capacita, evalúa, retribuye, utiliza la tecnología y crea una imagen".

Denny's reorganizó las gerencias regionales, de manera que éstas ahora son responsables de los restaurantes de su zona, bien sean operados por la compañía, o bien sean concesionarios. Anteriormente, la responsabilidad se compartía equitativamente, aunque los restaurantes de la compañía y los concesionarios operaban con el mismo nombre de marca. El antiguo sistema de bonificaciones no incluía a los administradores de los restaurantes, mientras que el nuevo sistema se basa en el desempeño de cada restaurante; no solamente cobija a los administradores sino que los gerentes regionales ganan su bonificación siempre y cuando que el restaurante reciba bonificación. Se creó el nuevo cargo de especialista en operaciones para evaluar el desempeño operativo de los restaurantes.

En la actualidad, la compañía dispone de sistemas automatizados para agilizar el pedido de inventario y la programación del trabajo, entre otras funciones administrativas, liberando así a los administradores de los restaurantes para que puedan dedicar más tiempo al servicio. El curso normal de capacitación para los administradores de los restaurantes se prolongó de siete semanas a trece.

Denny's está sometiendo a prueba una nueva tecnología en las cocinas para mejorar la rapidez del servicio y el grado de cocción en el proceso de preparación de las comidas. En la parrillada de mariscos interviene el computador en lugar del ojo humano. El cocinero oprime el botón del cronómetro para preparar un lomo bien cocido. El tiempo de cocción se ha reducido a la mitad.

El marketing y la imagen también son parte integral del esfuerzo por mejorar la calidad en Denny's. A principios de 1994, la compañía había renovado completamente sus veintiún restaurantes de Houston. Nueva decoración y nuevos colores, muebles y letreros — incluso un centro de postres Baskin-Robbins cerca de la entrada. El ambiente no solamente es nuevo para los clientes sino también para los empleados, lo cual simboliza un nuevo estándar de servicio. A fines de 1994, Denny's había remodelado sus unidades en otros seis mercados. A través de ensayos recientes, la compañía ha aprendido que puede valerse de los anuncios publicitarios de platos a precio especial para mejorar la calidad del servicio. Los puntos que ofrecen precios reducidos atraen un número suficiente de clientes como para justificar mayores niveles de personal; por ejemplo, un camarero atiende cuatro mesas en lugar de seis.

Al eliminar el uniforme gris pardusco, pasado de moda, Denny's atrajo más candidatos para camareros: éstos ahora llevan su propia ropa debajo de una bata corta. En una visita a uno de los restaurantes, Ron Petty felicitó al administrador por el servicio que le prestó una camarera. El administrador le contestó: "Habíamos tratado de contratarla antes, pero no había querido aceptar a causa de los uniformes".

La confiabilidad del servicio es una actitud

En todas las organizaciones de servicio se cometen errores. El perfil de Denny's revela el potencial inherente de comisión de errores en una organización compleja. Sin embargo, algunas organizaciones de servicio cometen muchos más errores que otras igualmente complejas. Una de las diferencias está en la actitud. Las compañías que cultivan constantemente valores como la exactitud y la seriedad evitan muchos errores de negligencia.

Algunos gerentes consideran que, en la práctica, no se pueden eliminar los errores de servicio. Otros se esfuerzan incansablemente por reducirlos al mínimo. Algunos gerentes ponen énfasis en la agilidad del servicio. Para otros, es más importante la exactitud. Algunos gerentes se contentan con una tasa de confiabilidad del 98%. Otros ven en ese 98% de confiabilidad una tasa de error del 2% — y les recuerdan a sus subalternos inmediatos el número real de clientes afectados por esa tasa de error (2 000 clientes para una empresa que atiende a 100 000 a la semana).

Un factor clave para lograr la confiabilidad es querer ser confiable. Karen Johnson es la presidenta de Accu-Pay, empresa que verifica la exactitud de las facturas hospitalarias; según ella, si el porcentaje promedio de sobrefacturación que su compañía encuentra en un año (11%) se aplicara a todo el país, la sobrefacturación total sería de US$40 000 millones al año. Entre los errores identificados por Accu-Pay en su primer año de operaciones están los siguientes: Una prueba de embarazo que se le cobró a un hombre, un recuento de espermatozoides que se le cobró a una mujer, y otro caso de 32 horas de oxígeno cobradas por un período de 24 horas.[5] Aunque con la actitud no se pueden evitar todos los errores de facturación, sí podrían eliminarse errores tan evidentes como ésos.

En 1991, la oficina de verificación de crédito TRW clasificó a todos los contribuyentes de Norwich, Vermont (1 400 personas) como riesgos malos de crédito porque un empleado registró equivocadamente los nombres de los contribuyentes en lugar del de los contribuyentes *morosos*. Las repercusiones fueron enormes: para los ciudadanos de Norwich, a quienes de la noche a la mañana les rechazaron el crédito; para TRW, que recibió mucha mala publicidad; y para la industria de verificación crediticia, la más criticada de los Estados Unidos, incluso antes de presentarse este incidente. Sin duda, la actitud habría ayudado a evitar esa falla, quizás al haber creado un sistema de excepción que informara acerca de situaciones irregulares como ésa.

Hard Rock Cafe verifica dos veces. Prestar el servicio correctamente la primera vez es una piedra angular del valor ofrecido por Hard Rock Cafe, la notable cadena de restaurantes y tiendas minoristas. Hard Rock Cafe pone énfasis en "verificar dos veces" para reducir los errores al mínimo. El mensaje de la doble verificación es: *Preste el servicio cuidadosamente para no cometer errores. En caso de que haya una falla, debe corregirla antes de que ésta llegue al cliente.*

Hard Rock Cafe de Orlando pone en ejecución esa táctica utilizando dos personas "adicionales" en la cocina. Una está adentro y la otra en el mostrador de la cocina. La persona que está adentro vigila todo lo que sucede, buscando señales de una comida mal cocida o demasiado cocida, lechugas marchitas o cualquier producto o desempeño que no cumpla las normas. La persona del mostrador, o "despachador", compara cada plato que sale con la orden de pedido antes de que la comida llegue a la mesa.

¿Es innecesariamente costoso ese sistema? Algunos lectores podrían creer que sí. Sin embargo, el sistema parece funcionar muy bien en el restaurante de Orlando, el cual, en los días de mucho movimiento, les sirve 6 000 comidas a clientes que quizás hicieron fila durante una hora o más.

Atención a los detalles en Longo Toyota and Lexus. Longo Toyota and Lexus, la distribuidora estadounidense más grande en volumen de automóviles, presta los servicios de mantenimiento de 250 a 300 vehículos Toyota y de 65 a 70 Lexus al día. Longo les pone atención a los detalles en su esfuerzo por prestar un servicio confiable, tal como lo demuestra el proceso paso a paso que utiliza en su negocio de Toyota. La compañía pone énfasis en los detalles de la cadena de servicio a fin de cumplir su promesa.

1. El cliente conduce su vehículo hasta la entrada de servicio. Si hay cola se coloca un número en el techo del automóvil, que indica el puesto del cliente en la fila y la necesidad de darle la bienvenida. Al cliente se le ofrece café y se le entrega un periódico.
2. El asesor de servicio saluda al cliente, le pregunta cuál es el tipo de trabajo que necesita, y elabora la orden de reparación. En ésta aparecen el trabajo que hay que realizar, la hora de entrega del vehículo ("hora prometida"), y el costo aproximado, si el vehículo no está en período de garantía. El cliente firma la orden de reparación y recibe una copia.
3. El cliente que espera mientras le reparan su vehículo le comunica su presencia a un representante de asistencia al cliente en la sala de espera, y recibe un número. Para los clientes que prefieren dejar su vehículo y regresar más tarde hay transporte de cortesía.
4. Un recepcionista lleva el vehículo a la zona de estacionamiento y le pone forros para proteger el timón, los asientos y el piso. Otro recepcionista lleva la orden de reparación a la zona de trabajo designada y se la entrega al jefe del grupo. Éste, con su equipo de cuatro o cinco técnicos, determina las horas de iniciación y terminación del trabajo y le asigna el vehículo a uno de los técnicos. Si la hora prometida es las 4:00 P.M. y se espera que la reparación tarde tres horas, se fija la hora de iniciación a las 12:00 M. y la de terminación a las 3:00 P.M. La hora adicional es para acomodar cualquier demora inesperada y tener la documentación lista a la hora prometida.
5. El técnico a quien se le asigna el trabajo le solicita los repuestos necesarios al representante asignado a su equipo. Un mensajero entrega los repuestos aproximadamente en el momento mismo en que llega el vehículo a la estación de trabajo del técnico.
6. El técnico comienza a trabajar en el vehículo. Si se da cuenta de que el vehículo necesita trabajo adicional, informa al asesor de servicio, quien, a la vez, se comunica con el cliente a fin de solicitarle autorización para proceder y, si es necesario, cambiar la hora prometida.
7. El técnico lleva el vehículo a la calle para la prueba final, una vez terminado el trabajo.

8. El asesor de servicio revisa la lista de servicios y cargos de la orden de reparación para cerciorarse de que todo esté correcto.
9. El vehículo se lava y se limpia con aspiradora y pasa al área de acabado mientras se imprime la orden de reparación para pasarla a la caja.
10. A través de un altavoz, al cliente que está esperando la caja le avisa que su vehículo está listo. Además, el número asignado al cliente aparece en una pantalla grande situada en la sala de espera. Al cliente que no está presente cuando el vehículo sale del taller se le avisa por teléfono.
11. El cliente paga la cuenta y sale al área de asistencia al cliente a esperar su vehículo. El recepcionista retira los forros, protectores, y le entrega el vehículo al cliente y le da las gracias.

John Dinsmore, director de servicio, afirma: "Llevo muchos años en el negocio de los automóviles. He conocido muchos concesionarios. Nadie pone tanto énfasis como nosotros en la satisfacción del cliente. Es algo que viene de arriba. La satisfacción del cliente es, definitivamente, nuestra meta primordial".

La confiabilidad del servicio es cuestión de diseño

La confiabilidad del servicio es cuestión tanto de diseño como de actitud. La seriedad y la exactitud pueden incorporarse o no incorporarse en el sistema de servicio como parte del diseño. No todas las fallas de servicio se deben a la negligencia. Muchas veces, el verdadero culpable es un sistema de servicio innecesariamente complicado y propenso a las fallas. En esos casos, el error es de diseño.

La figura 5-1 ilustra un proceso de cinco pasos para mejorar la confiabilidad del servicio. Lo ideal es aplicar los cinco pasos, lo cual implica utilizar un esquema para diseñar los nuevos servicios (primer paso) y mejorar los servicios maduros (cuarto paso). El proceso puede comenzar en cualquiera de las etapas; sin embargo, cuanto más pronto se ponga énfasis en la confiabilidad del servicio dentro del diseño, tanto mejor.

Figura 5-1
CÓMO MEJORAR EL DISEÑO DEL SERVICIO

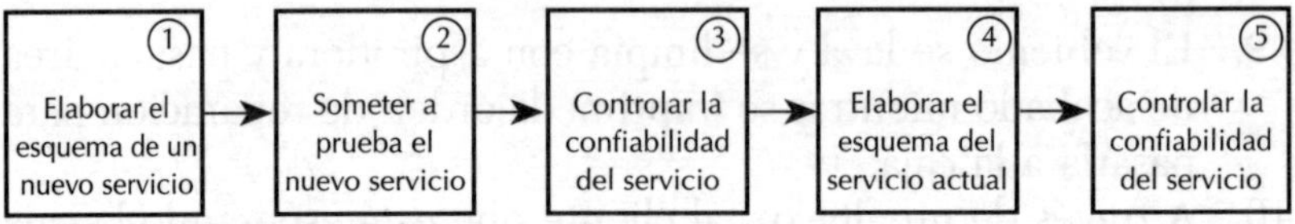

El esquema de servicio define visualmente un sistema de servicio, presentando cada subproceso de la secuencia. El esquema debe girar alrededor de las acciones explícitas del cliente para que le presten el servicio. En el esquema figuran los contactos específicos del cliente con el personal de servicio directo, y también los servicios internos (invisibles para el cliente), los cuales dan apoyo a los servicios directos. El esquema de servicio también presenta la evidencia física del ambiente de servicio que forma parte de la experiencia del cliente.

Cuando se traza de manera explícita, el esquema de servicio contesta dos preguntas: "¿Cuál es el servicio?" y "¿Cómo funciona?"[6] En realidad, el esquema ilustra la cronología del desempeño que forma el servicio, y lo muestra desde el punto de vista del cliente. El esquema de servicio transforma una serie de procesos intangibles en un cuadro tangible. Este cuadro, a la vez, les permite a los diseñadores de un nuevo sistema de servicio responder mejor a preguntas como:

- ¿Puede simplificarse el sistema de servicio sin perjudicar el valor para los clientes?
- ¿Qué puede hacerse para ayudar a los clientes a utilizar correctamente el servicio?
- ¿Cuáles son los procesos más susceptibles de fallar dentro del sistema de servicio (los "puntos de falla") y qué puede hacerse para evitar las fallas?
- ¿Qué conocimientos y qué destrezas deben tener las personas responsables del servicio para prestarlo con exactitud y seriedad?

La simplicidad es uno de los componentes esenciales de la confiabilidad, y el esquema de servicio es una herramienta poderosa para identificar la complejidad innecesaria. Mejorar la calidad del servicio no sólo implica comprender al cliente sino también comprender el servicio. El esquema les ayuda a quienes toman las decisiones a comprender mejor el servicio proporcionándoles una visión completa de él y a la vez una idea de los detalles.

Un nuevo servicio debe someterse a prueba rigurosa una vez diseñado. No hay una razón legítima para no realizar pruebas exhaustivas antes de distribuir el servicio a escala total. El esquema de un nuevo servicio podría parecer muy prometedor, pero al transformar ese cuadro en un servicio real se producen fallas y problemas imprevistos. Un nuevo servicio es una combinación de actuaciones del empleado que presta el servicio y del cliente, y de equipos, materiales e instalaciones físicas. Son muchas las oportunidades de fallar que esa situación presenta.

Un banco que desee comercializar un servicio sistematizado de planeación financiera para los hogares debe someter el servicio a prueba rigurosa con un grupo de clientes que tengan el perfil del mercado objetivo. El banco podría incluso pensar en una prueba de dos fases, primero con una muestra de empleados del banco para corregir las fallas mayores, y después con una muestra de clientes. A cambio de recibir gratuitamente el servicio en prueba, los miembros de la muestra podrían proporcionar información específica sobre sus experiencias y su satisfacción con el servicio. Esa retroalimentación puede originar cambios de diseño antes de llevar el servicio al mercado. Como dice el autor G. Lynn Shostack: "Sencillamente no hay nada como un ensayo bien realizado".[7]

Probar y perfeccionar los nuevos servicios antes de salir al mercado es importante puesto que las primeras impresiones del cliente son determinantes. Las referencias que van de boca en boca son comunes en el campo de los servicios por el riesgo intrínseco que hay en la compra de un producto intangible. Los clientes que han probado un nuevo servicio llevan información probablemente valiosa para quienes están interesados en el servicio pero todavía no lo han probado. Un nuevo hotel de la ciudad, un nuevo servicio de telefonía celular, una cadena de restaurantes con un menú renovado, el banco que ofrece un nuevo servicio de planeación financiera — estas empresas deben ofrecer un servicio sólido y confiable desde el principio porque las primeras personas que lo prueban se forman un concepto y deciden si vale la pena utilizarlo de nuevo y contarles a los demás al respecto. Las primeras impresiones de estas personas son cruciales.

Una vez lanzado el nuevo servicio, es preciso controlar su desempeño. Los gerentes deben estar informados acerca de la clase de problemas de confiabilidad, de su frecuencia y de las causas. Sin un control, los problemas incipientes de confiabilidad pueden pasar inadvertidos y sin resolver durante un tiempo, lo cual debilita la confianza del cliente en el servicio. La forma en que los clientes definen la confiabilidad constituye la base de los indicadores que los gerentes utilizan para llevar el control. En el caso de un restaurante, estos indicadores podrían ser las percepciones de los clientes de haber recibido comidas bien preparadas y también todo lo solicitado. Las encuestas transaccionales, como se explicó en el capítulo 3, se pueden utilizar para controlar los indicadores de confiabilidad. Analizar las quejas de los clientes también puede ser útil, aunque no es suficiente porque muchos clientes insatisfechos no se quejan directamente ante la empresa.

Incluso cuando se hace un esquema para el servicio durante el desarrollo inicial, es conveniente revisarlo durante la madurez del servicio. Las tecnologías o los conocimientos que no existían en el momento de diseñar el servicio, o el simple peso de la experiencia acumulada con la prestación del servicio, pueden servir para mejorar el diseño. Por tanto, elaborar un esquema del servicio se recomienda como cuarto paso del proceso de mejoramiento, así como se recomienda en el primer paso. Y puesto que controlar el servicio es esencial independientemente de la etapa de su ciclo de vida, el control se incluye también como quinto paso y como tercer paso.

La confiabilidad es un principio central del servicio de calidad. Un servicio poco confiable es un mal servicio, independientemente de sus otros atributos. La amabilidad del personal de contacto con los clientes de nada sirve cuando el servicio no es confiable. Los clientes sencillamente llegan a la conclusión de que la compañía es amable pero incompetente. La confiabilidad debe ser una de las piedras angulares de toda estrategia eficaz de servicio. La clave está en la actitud y en el diseño del servicio.

SORPRESA DEL SERVICIO

Los clientes juzgan la confiabilidad del servicio después de experimentarlo. El servicio prometido se prestó o no se prestó. Por tanto, podría decirse que la confiabilidad es una dimensión "resultante" del servicio. En contraste, los clientes juzgan las dimensiones de las cosas tangibles, la prontitud de respuesta, la seguridad y la empatía durante el proceso de servicio; éstas son dimensiones "del proceso".

Aunque la confiabilidad es la dimensión más importante en lo que se refiere a satisfacer las expectativas de los clientes, las dimensiones del proceso son esenciales para superar esas expectativas. Es difícil para una compañía superar las expectativas de sus clientes con sólo prestar el servicio prometido de manera confiable. Se da por sentado que los bancos deben llevar registros exactos de las cuentas de sus clientes. Se da por sentado que las compañías de reparación deben cumplir sus citas de servicio. Se da por sentado que los comerciantes deben mantener existencias en la bodega y en los anaqueles de los productos que anuncian. Los clientes no suelen darles reconocimiento adicional a las empresas por hacer lo que supuestamente deben hacer. Las empresas que sorprenden a los clientes con atención esmerada, compromiso o ingenio durante el proceso de servicio, reciben reconocimiento adicional. Para superar las expectativas de los clientes se necesita el elemento sorpresa, y la mejor oportunidad para asombrar es durante el proceso del servicio, cuando los clientes están en contacto con los servidores y experimentan el ambiente del servicio.

Una compañía de servicio extraordinario sobresale tanto en las dimensiones resultantes como en las del proceso del servicio. La confiabilidad del servicio le permite a la empresa competir, pero la sola confiabilidad no es suficiente para crear una reputación de servicio extraordinario. Las compañías de servicio extraordinario van más allá de prestar un servicio competente;

crean lazos emocionales con sus clientes. Hacen algo más que satisfacer a sus clientes; los asombran, y construyen lealtades arraigadas. Esto lo logran aprovechando todas las oportunidades para impresionar durante el proceso del servicio.

Infortunadamente, la mayoría de las compañías de servicio no aprovechan plenamente el potencial del servicio interactivo. De hecho, muchas empresas funcionan en el otro extremo del espectro. Operan a la defensiva para proteger sus activos y maximizar las utilidades a corto plazo. Los altos gerentes controlan rígidamente el negocio. Las personas que tienen contacto directo con los clientes no tienen autorización para actuar como "dueños"; no se les estimula a utilizar su propio criterio, a ser creativos, a correr riesgos. El efecto resultante es que los empleados que pasan la mayor parte de su tiempo con los clientes son los que tienen el menor grado de autoridad, incentivos o confianza para actuar en beneficio de los clientes. Trabajan para la compañía, pero ésta no es su compañía.

A las compañías que encajan en la descripción anterior les espera un largo camino hacia el liderazgo en servicio y el cambio de actitudes. No hay fórmulas mágicas; el servicio de calidad no viene en píldoras. A los clientes no los asombran con obsequios sino con la inspiración y el esfuerzo en la fábrica de servicios, donde los clientes entran en contacto con los colaboradores que los atienden. El verdadero interés por los clientes y por la excelencia — y la autoridad y la confianza para manifestarlo — crea lazos emocionales con los clientes. Una compañía de servicio que "enseña a sonreír" no tiene ninguna oportunidad de llegar a ser grande. Solamente pueden llegar a ser grandes las empresas en las cuales los empleados desean sonreír.

Sorprender a los clientes con detalles

Las compañías de servicio extraordinario son "expertas en detalles". Se valen de las cosas pequeñas para ser diferentes y hacerles saber a los clientes que ellas son especiales. Muchas veces, el asombro no es producto de un solo factor. Por el contrario, en cada faceta del sistema de servicio florecen las iniciativas para complacer al cliente. El "asombro" es la experiencia total del servicio; son 101 cosas pequeñas hechas pensando ante todo en los intereses del cliente.

No hay otra compañía con la capacidad de West Point Market, de Akron, para sorprender a los clientes con detalles, como ya se mencionó en el capítulo 2. Fundada en 1936, West Point Market había pasado por seis ampliaciones y veintiuna remodelaciones hasta el otoño de 1993, 57 años después. En el momento de escribir este capítulo, está ampliando su estacionamiento. El propietario, Russ Vernon, comenta:

> Estamos pasando por un momento maravilloso. Con todas las alternativas de alimentos que llegan a nuestro mercado, nuestro crecimiento es de dos dígitos. Son tantos los clientes que llegan descontentos con las ofertas de descuento, que estamos ampliando de nuevo. Debemos proporcionarles facilidad de estacionamiento a esos compradores desilusionados que buscan a alguien que se interese por ellos. ¡Es emocionante!

En West Point Market, hay flores por todas partes: al frente del supermercado complementando el estacionamiento, a la entrada del almacén, en los pasillos, en las estanterías. En la propiedad hay más de ochenta árboles. El camión de reparto tiene dibujos de hortalizas danzantes. "Nuestro camión no es sólo un vehículo", dice Russ Vernon. Los avisos de promoción de los productos los pinta a mano, en colores suaves, el mismo artista para que haya coordinación. Los avisos de la salida del almacén son tallados a mano en madera, y el interior está decorado con globos de colores. Las recetas y los boletines colocados en los anaqueles informan a los clientes sobre la manera de utilizar los productos: "Este queso cremoso y suave, con semillas de alcaravea, se deja tajar bien para emparedados con jamón y pan de centeno". Debajo de los mostradores de madera donde están las carnes también están los vinos, aunque en otra parte de la tienda está el departamento de vinos más grande que el de cualquier otro almacén de comestibles de Ohio. Esta "segunda oportunidad para comprar el vino" aumenta las ventas anuales en 350 a 380 cajas. El programa para "los clientes del mañana" incluye carritos para los niños y tarjetas de crédito para galletas (las cuales les dan a los niños el derecho de recibir una galleta gratis cada vez que visitan el almacén). En los baños hay música clásica, jabón de almendra, iluminación indirecta y, por supuesto, flores frescas.

Las degustaciones y las demostraciones en el almacén son comunes. Un sábado pueden ocurrir simultáneamente hasta cuatro sucesos: un chef preparando pasta, otro preparando recetas de salsas y otro preparando una pasta fría con una nueva salsa de aguacate. Y puede haber una mesa con panes de degustación. Kaye Lowe, directora de relaciones públicas, afirma: "Uno de nuestros servicios es educar a los clientes. No dudamos en permitir que los clientes degusten un producto. Algunas personas llegan los sábados a comer en el almacén. El dicho favorito de Russ es: 'Venga a deleitar la vista, a oler las delicias y a saborear las maravillas de West Point Market'".

Los clientes que visitan el almacén por primera vez reciben una carta de agradecimiento firmada personalmente por Russ Vernon y un bono de US$2 para utilizar en su próxima visita. Todos los meses hay una reunión, durante la cual cada uno de los cajeros debe analizar con sus compañeros a diez clientes, dando el nombre de ellos: "La señorita O'Neil viene todas las noches y siempre pide croissants. A veces no se siente bien, de manera que nosotros mismos vamos a la panadería a traerlos". Al propio Russ Vernon le encanta estar cerca de la entrada para saludar a los clientes o ayudarles con las bolsas, a fin de fortalecer el vínculo. Cindy Yost, encargada de comprar los productos especiales, goza enseñándoles a los clientes los productos desconocidos y haciendo el seguimiento: "Si un cliente compra una salsa que yo le recomendé, la próxima vez que lo veo le pregunto cómo le fue con ella. No siempre recuerdo el nombre del cliente, pero sí los productos que le vendí".

West Point Market no es para los clientes que desean pasar inadvertidos en un ambiente utilitario. Sin embargo, para los clientes a quienes les agrada cocinar, que buscan productos raros y de alta calidad, y que disfrutan verdaderamente del servicio personalizado, West Point Market es un sitio especial. Russ Vernon comenta:

> Desde el primer día, mi padre y sus socios concentraron sus energías en los clientes. Dedicaron su vida de negocios a

explorar y a buscar formas nuevas e interesantes de agradar a los clientes. Ésa fue la actitud comercial que yo aprendí. Mis competidores no están dispuestos a invertir en las mejoras; yo sí.

Sorprender a los clientes con un esfuerzo adicional

Las compañías se acreditan más aún con los clientes cuando hacen un esfuerzo adicional. Los clientes recuerdan los casos en que los empleados que los atienden se esmeran por hacer más de la cuenta para ayudarles, cuando se niegan a darse por vencidos hasta solucionar un problema, cuando hacen caso omiso de las reglas, si es necesario.

Los clientes están tan acostumbrados al servicio rutinario, ajustado a las reglas, que se asombran cuando los proveedores hacen esfuerzos extraordinarios por complacerlos. Aunque el servicio que sobrepasa los límites implica un esfuerzo considerable, también produce más alegría al prestarlo. ¿Y por qué no habría de ser así? Ser el héroe del cliente es divertido.

Las entrevistas realizadas como parte de la investigación de este libro están repletas de historias de esfuerzos heroicos. Darryl Wiesenthal, de Harold's, el almacén de ropa de Houston, cuenta la historia de una cliente que necesitaba un traje de karate para su nieto. Harold's no vende trajes de karate, pero Darryl fue a otro almacén, compró el traje y se lo hizo llegar al nieto. Darryl comenta: "Hacemos estas cosas todos los días. Es un motivo de asombro para el cliente, pero para nosotros es el nivel de servicio esperado. Es una manera divertida de hacer negocios. Harold Wiesenthal, padre, agrega: "En la mayoría de los almacenes, si no tienen el artículo, mala suerte. Nosotros conseguimos la mercancía y, si es necesario, pagamos el precio de venta al por menor".

De Mar contrató una vez un helicóptero para instalar una unidad de aire acondicionado en el techo de una casa. El presidente Larry Harmon explica:

> En noviembre nos otorgaron el contrato para instalar un sistema de aire acondicionado residencial, y fijamos en US$100

> el valor de la instalación con grúa. Pero entonces comenzaron unos aguaceros de esos famosos en el sur de California. El día que debíamos realizar la instalación, el suelo estaba demasiado mojado para la grúa y no había asfalto para llevarla hasta la casa. Pero como habíamos prometido al cliente que haríamos el trabajo ese día, contratamos un helicóptero por US$500.
>
> Ese día helaba, había neblina, y después comenzó a llover. Sin embargo, instalamos el aire acondicionado, hicimos una película de la operación y le entregamos una copia de ella al cliente. Éste ofreció pagar la mitad de los US$400 adicionales, pero yo insistí en respetar la cotización. El dinero salió de nuestro bolsillo.
>
> Bueno, ese cliente mostró el vídeo en su fiesta de Año Nuevo, y de allí salieron tres nuevas posibilidades y una venta. La venta fue de una unidad de cinco toneladas que nos dejó una utilidad de US$2 400. Entonces, por una inversión inicial de US$400 en servicio al cliente, el rendimiento obtenido fue del 600%.[8]

Terri Freiman, quien trabaja en la sección de vinos de West Point Market, recuerda a una cliente que deseaba un determinado vino que había descubierto en un restaurante de Cleveland. Terri llamó primero al restaurante y después al distribuidor, en un esfuerzo por conseguir el vino. Ninguno de los dos quiso venderlo. Por último llamó al productor y consiguió el vino para su cliente. Carol Moore, directora de servicio de alimentos de West Point Market, dice: "Nos solicitan muchos productos especiales. Una cliente deseaba servir pato en una fiesta para muchas personas. Le dimos recetas y enviamos a nuestro chef a su casa para que le indicara cómo preparar la comida. Tratamos de superar las expectativas de nuestros clientes".

La sorpresa desempeña un papel diferente del de la confiabilidad del servicio. La confiabilidad le permite a la empresa competir; cuando falta, destruye la confianza de los clientes. El servicio que sorprende a los clientes le ayuda a la empresa a desarrollar una reputación de servicio superlativo. Para superar las expectativas de los clientes se necesita un elemento de sorpresa. Y la mejor ocasión para sorprender es durante el proceso del servicio, cuando los clientes están en contacto con los empleados que los atienden y experimentan el ambiente de servicio. Las compañías pueden sorprender a sus clientes manejando los detalles y haciendo un esfuerzo adicional.

RECUPERACIÓN DEL SERVICIO

Otro principio del servicio extraordinario es la recuperación o respuesta de la compañía a un problema de servicio. Para algunos gerentes, la recuperación del servicio es una molestia costosa. Esta actitud sale cara porque los problemas ponen en peligro la confianza del cliente en la compañía. La empresa puede actuar decididamente y recuperar la confianza de los clientes — por lo menos hasta cierto punto — o puede empeorar las cosas tomando medidas a medias.

Es poco probable que un solo problema de servicio destruya completamente la confianza de un cliente en la empresa, salvo en las siguientes circunstancias:

- Cuando la falla es tan grave que cualquier esfuerzo de recuperación es inútil. Un ejemplo de esto es un error causado por un proceder abiertamente deshonesto.
- Cuando el problema de servicio es parte de un patrón de errores y no un incidente aislado.
- Cuando el servicio de recuperación es débil y agrava el problema original en lugar de corregirlo.

Como lo indican los primeros dos puntos, ni siquiera la estrategia más brillante de recuperación puede rescatar a una compañía de un error grave o de una serie de errores. ¿Cómo se recupera un cirujano que opera la rodilla equivocada? ¿Cómo se recupera el fotógrafo que llega con una hora de retraso al matrimonio? ¿Cómo se recupera una cadena de tiendas de víveres acusada por televisión nacional de vender alimentos perecederos adulterados? En esas circunstancias, por lo general no es posible la recuperación, aunque esto no significa que la compañía no deba hacer el intento. Tampoco puede recuperarse la lavandería que extravía la camisa de un cliente y tres meses después arruina el color de otra prenda de la misma persona. El cliente quizás esté dispuesto a dar una oportunidad después del primer error — especialmente si la lavandería hace un gran esfuerzo de recuperación — pero el segundo incidente es una señal clara de incompetencia. La confianza del cliente en la empresa queda destruida.

Aunque un esfuerzo excelente por recuperar el servicio no siempre impide que los clientes recurran a la competencia, muchas veces sí, y ése es el mensaje del tercer punto. La realidad de un servicio deficiente y de una recuperación débil es un doble fracaso. Es probable que el cliente se quede con la compañía después de un doble fracaso, pero no con la misma confianza ni con el mismo nivel de compromiso.

La investigación que mis colegas y yo hemos adelantado confirma la importancia crucial de recuperar el servicio eficazmente. La recuperación satisfactoria del servicio aumenta considerablemente la voluntad de los clientes de recomendar a la empresa y mejora sustancialmente su percepción acerca de la calidad global del servicio, como se indica en la tabla 5-1. Estos datos indican que los clientes en general se muestran mucho más tolerantes con los errores de servicio cuando la compañía hace un esfuerzo sincero y concertado por remediar el problema.

Los clientes suelen tener mayores expectativas respecto del servicio de recuperación que respecto del servicio original; éste les produjo decepción o frustración, de manera que esperan que la empresa corrija con creces. En un estudio de "incidentes críticos del servicio", en el cual los investigadores les pidieron a los clientes que recordaran las experiencias de servicio especialmente positivas y las especialmente negativas, casi el 43% de las experiencias negativas mencionadas se relacionaban con situaciones de recuperación mal manejadas.[9]

Ron Zemke y Chip Bell son los autores de algunos de los primeros artículos sobre recuperación del servicio. Basándose en su investigación, proponen las siguientes expectativas de los clientes con respecto a la recuperación del servicio:

1. Recibir una disculpa sincera.
2. Recibir el ofrecimiento de una compensación "justa".
3. Ser tratados de una manera que demuestre la preocupación

Tabla 5-1
IMPACTO DE LA FUERZA O LA DEBILIDAD DEL SERVICIO DE RECUPERACIÓN

		Porcentaje de clientes dispuestos a recomendar la compañía cuando los problemas de servicio:		Evaluación global de los clientes sobre la calidad del servicio de una compañía cuando los problemas experimentados**	
Compañía	**Tipo de servicio**	**no fueron resueltos satisfactoriamente***	**fueron resueltos satisfactoriamente**	**no fueron resueltos satisfactoriamente**	**fueron resueltos satisfactoriamente**
1	Reparación telefónica	13%	86%	-1.99	-0.74
2	Seguros	24%	82%	-2.24	-1.36
3	Seguros	31%	85%	-2.26	-1.06
4	Banca	21%	78%	-2.25	-1.33
5	Banca	54%	78%	-1.84	-0.90

*La interpretación del 13% del primer renglón es la siguiente: De los clientes de la compañía 1 que percibieron que sus problemas de servicio no fueron resueltos satisfactoriamente, el 13% de ellos estaban dispuestos a recomendar la compañía a un amigo. La interpretación de otros porcentajes es semejante.

**Las puntuaciones de calidad del servicio miden las percepciones de los clientes acerca de la compañía, en comparación con sus expectativas. Si las percepciones son inferiores a las expectativas, la compañía recibe una puntuación negativa. Cuanto mayor sea el número negativo, peor será la calidad del servicio de la empresa.

Fuente: Leonard L. Berry y A. Parasuraman, *Marketing Services: Competing Through Quality* (Nueva York: Free Press, 1991), pág. 40.

de la empresa por el problema y su interés en ayudar a resolverlo.
4. Recibir el ofrecimiento de una recompensa equivalente a la carga que han soportado.
5. Recibir el servicio de recuperación prometido en lugar de uno que se quede corto.[10]

Estas expectativas abarcan tanto las dimensiones resultantes como las dimensiones del proceso discutidas anteriormente en el capítulo. La recuperación implica a la vez un proceso agradable y un resultado satisfactorio. Lo que la empresa haga para restablecer la confianza del cliente — y la manera de hacerlo — son igualmente importantes.

Tres posibilidades

Cuando un cliente experimenta un problema de servicio surgen tres posibilidades: el cliente se queja y la compañía lo satisface con su servicio de recuperación; el cliente se queja, pero no queda satisfecho con el servicio de recuperación; o el cliente no se queja, y queda insatisfecho. Infortunadamente, las dos últimas posibilidades son muy comunes.

Muchas empresas no instan a sus clientes a quejarse cuando les disgusta el servicio, y les dificultan las cosas a los que tratan de hacerlo. No disponen de personal suficientemente capacitado o de suficiente personal en los cargos de solución de problemas. No autorizan a los empleados de primera línea para que puedan solucionar la mayoría de los problemas de inmediato. Y no invierten en la tecnología ni en los sistemas necesarios para respaldar el servicio de recuperación.

Sin duda, el servicio de recuperación plantea un reto especial. Un cliente que se queja puede mostrarse agresivo y desagradable. Algunos problemas de servicio están más allá del control de la compañía o se deben a errores del cliente. Algunas quejas son absolutamente infundadas. La gama de los problemas de servicio varía tanto que es difícil prepararse para todos. Aun así, hay muchas compañías que no dan la talla en su servicio de recuperación. Desperdician fondos invertidos en atraer nuevos clientes, que luego desertan antes de producir una rentabilidad, por culpa de problemas de servicio no resueltos. Estas empresas también pierden los flujos futuros de ingresos procedentes de los clientes que no habrían desertado si hubieran quedado satisfechos con el servicio de recuperación.

Las causas de un mal desempeño en el servicio de recuperación son tres. La primera: Los costos del servicio de recuperación son visibles e inmediatos, mientras que los beneficios son a largo plazo e indirectos. Los gerentes que son evaluados y recompensados sobre la base del desempeño financiero a corto plazo quizás no se sientan lo suficientemente motivados para invertir la energía mental y los recursos necesarios en recuperar el servicio. Sus prioridades son otras.

La segunda: Muchos ejecutivos dudan de la honradez de los motivos de los clientes, y establecen un enfoque de recuperación basado en la demostración del perjuicio. El resultado neto es un sistema de servicio difícil de utilizar tanto para los clientes sinceros como para los tramposos. John Goodman, presidente de Technical Assistance Research Programs (TARP), firma de investigación renombrada por su trabajo en recuperación del servicio, afirma:

> Nuestra investigación ha demostrado que los engaños premeditados [de los clientes que se quejan] representan un 1 a 2% de la base de clientes en la mayoría de las organizaciones. Sin embargo, la mayoría de las empresas se protegen contra los clientes inescrupulosos... tratando al 98% de clientes honestos como si fueran bandidos, con el propósito de atrapar al 2% que *sí* lo son.[11]

La tercera: Muchos clientes insatisfechos no se quejan. Consideran las quejas como una carga psicológica por la posibilidad de generar malestar, como una carga de logística porque no saben a quién contactar o cómo, o sencillamente como una pérdida de tiempo porque no creen que a la compañía le interese la calidad del servicio.[12] Además, muchas de las quejas manifestadas llegan al personal de contacto con los clientes, que no le comunican los comentarios a la gerencia por algunas de las mismas razones básicas por las cuales los clientes no se quejan en primer lugar, como la idea de que a la gerencia no le interesa eso. Por tanto, incluso cuando los clientes se quejan, los gerentes que están en condiciones de poner en marcha un servicio de recuperación quizás ni siquiera se enteran.

Invertir en servicio de recuperación

Las empresas que no prestan correctamente el servicio la primera vez deben estar preparadas para prestarlo muy bien la segunda vez. El servicio de recuperación no es "el mismo negocio de todos los días". El cliente está descontento y debe prevalecer un sentido de urgencia. En el desarrollo de la estrategia de recuperación deben tenerse presentes dos propósitos generales: resolver el problema y restablecer la confianza del cliente en la compañía; mejorar el sistema de servicio para que el problema se presente con menos frecuencia en el futuro.

La figura 5-2 es un enfoque de cuatro pasos para diseñar la estrategia de servicio de recuperación. Aunque las circunstancias varían de una empresa a otra, los cuatro pasos son esenciales. Los gerentes deben esforzarse por construir el apoyo cultural necesario para la recuperación, identificar fallas de servicio y resolverlas y utilizar las experiencias para mejorar el servicio futuro.

Enseñar la importancia del servicio de recuperación. Al igual que la confiabilidad y la sorpresa del servicio, la recuperación es cuestión de actitud. No es tarea fácil crear en la organización la actitud de que un cliente descontento es un mal negocio. Tampoco es labor de un solo día. Enseñar las virtudes del servicio de recuperación como una estrategia rentable para conservar los clientes es un desafío continuo. La tentación natural es evitar a los clientes portadores de malas noticias; la oportunidad, que tantas compañías pasan por alto, está en abrazar a esos clientes.

El lenguaje es un factor fundamental para lograr que el servicio de recuperación se convierta en un imperativo cultural. Garrett Jamison, vicepresidente ejecutivo de Bank One Texas Trust Division, les enseña a sus empleados a "correr hacia el problema". Jamison explica:

Figura 5-2
PASOS ESENCIALES PARA RECUPERAR EL SERVICIO

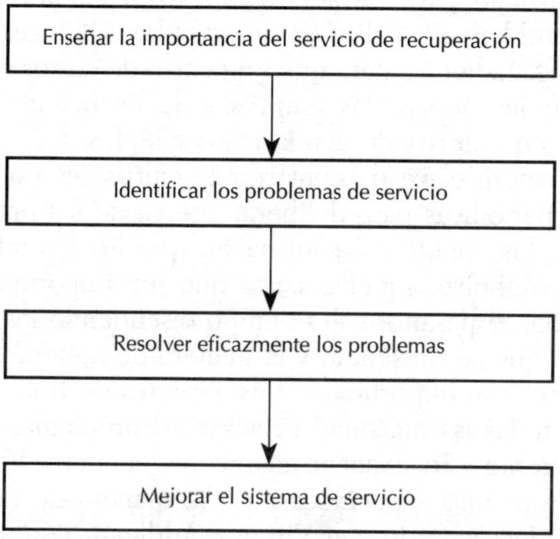

> Si usted se enseña a llamar por teléfono al cliente agresivo, a correr hacia el problema, no solamente le será posible hacer sentir mejor al cliente sino que usted mismo se sentirá mejor. Durante la capacitación de los nuevos empleados yo les explico la filosofía de correr hacia el problema. Después, siempre que tenemos algún problema, recurro a la frase. A los empleados también les gusta utilizarla. Dicen: "Corrí hacia el problema". Ha demostrado ser una frase útil, orientadora para nuestra gente.

Parte de la cultura central de Harold's es hacer que el cambio de mercancía sea todavía más agradable que la compra inicial. Todos los vendedores están autorizados para hacer cambios. No hay necesidad de pedir la aprobación de la gerencia, y los trámites son mínimos. Darryl Wiesenthal dice: "Por medio del ejemplo le enseñamos a nuestro personal de ventas que cuando un cliente entra en el almacén con una caja en la mano, debemos acercarnos a él más rápido que cuando no trae nada".

Linda Lash, directora de satisfacción de los clientes de Avis Europe, explica que la función de recuperación del servicio debe verse como algo para "atraer de nuevo al cliente" y no para "resolver problemas". Y dice en un artículo: "En lugar de asignar fondos a regañadientes para que un centro de costos se encargue de manejar las quejas, las empresas de éxito... invierten gustosamente en centros de ayuda a los clientes".[13]

Otra manera clave de construir la cultura es por medio de reuniones periódicas para deliberar acerca de los problemas de servicio de los clientes. La forma en que los gerentes utilizan su tiempo simboliza aquellas cosas que son importantes para la organización. Si pasan mucho tiempo discutiendo los problemas de servicio que se presentan y la manera de mejorar, es porque esos aspectos son importantes. Los gerentes de Roberts Express se reúnen todas las mañanas a revisar los problemas de servicio del día anterior. Se concentran en lo que debe hacerse para resolver problemas específicos y en la manera de impedir que se repitan. De acuerdo con Virginia Addicott, gerente regional de servicio, es "una reunión de «por qué» y «cómo»".

En Dell Computers se hacen reuniones semanales en pro de los clientes. Docenas de empleados de ventas, comercialización, finanzas y producción se reúnen con los altos ejecutivos a discutir las quejas de los clientes y las sugerencias del personal. Se encuentran soluciones para los problemas pendientes. Durante la reunión hay espacio abierto para que los empleados planteen otros aspectos relacionados con la satisfacción de los clientes.[14]

Otro factor cultural clave es documentar las implicaciones financieras de un servicio eficaz de recuperación. Roland Rust, Bala Subramanian y Mark Wells sugieren que las organizaciones utilicen un "árbol de impacto de los problemas", el cual ilustra gráficamente las implicaciones de un servicio eficaz de recuperación en comparación con un servicio débil. El árbol de impacto de los problemas, representado en la figura 5-3, ha sido utilizado con éxito en Hampton Inns, donde los gerentes pueden obtener a primera vista información a la cual sólo podían tener acceso a través de análisis detallados de los listados de computador.

La figura separa la relación que hay entre el servicio de recuperación y la calificación de la calidad del servicio hecha por

Figura 5-3
USO DEL ÁRBOL DE IMPACTO DE LOS PROBLEMAS PARA MEJORAR EL SERVICIO DE RECUPERACIÓN

Servicio de recuperación y calificaciones de los clientes a la calidad del servicio

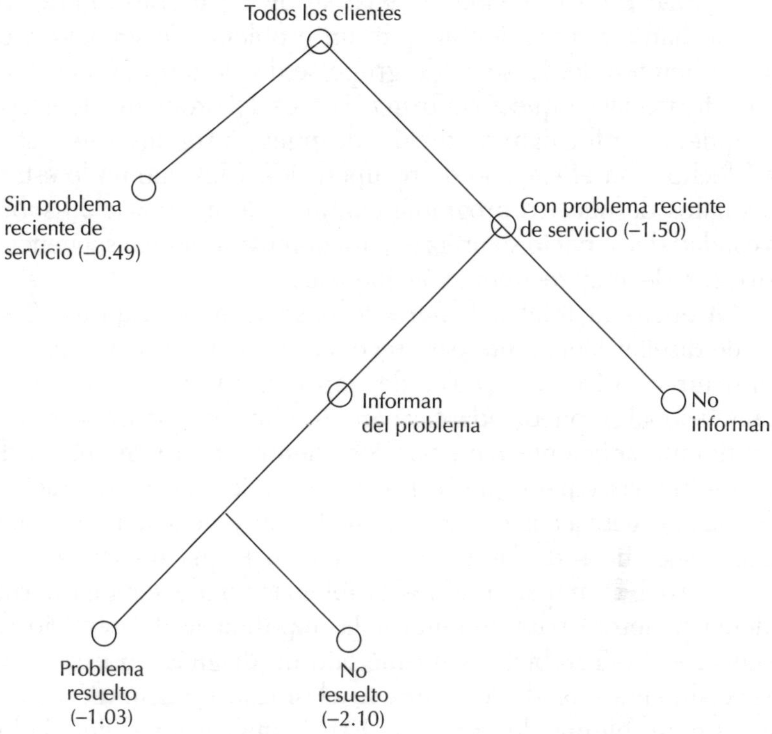

La calificación de la calidad del servicio se determina midiendo las expectativas y las percepciones de los clientes con respecto al servicio. Si las percepciones no alcanzan el nivel de las expectativas, la compañía recibe una puntuación negativa. Cuanto más grande es la cifra negativa, peor es la calidad del servicio de la compañía. Los datos presentados en esta figura son promedios tomados de muestras de clientes de cinco compañías de servicio importantes. Utilizando escalas de siete puntos, la diferencia entre la puntuación de -0.49 para "sin problema" y de -2.10 para los problemas "no resueltos" es alarmante. Los clientes cuyas percepciones no alcanzan el nivel de sus expectativas por dos puntos en una escala de siete puntos tienen poca o ninguna confianza en la empresa.

El diagrama del árbol de impacto es tomado del trabajo conjunto de Roland T. Rust, Bala Subramanian y Mark Wells, "Making Complaints a Management Tool", *Marketing Management,* Vol. 1, No. 3, 1992, págs. 41-45. Los datos provienen de la investigación presentada en la obra de Valarie A. Zeithaml, A. Parasuraman y Leonard L. Berry, *Delivering Quality Service* (Nueva York: Free Press, 1990).

los clientes. Este mismo marco básico de referencia podría utilizarse para llevar el control de otras relaciones, por ejemplo, entre el servicio de recuperación y la intención de los clientes de comprar nuevamente. La parte superior del árbol representa la totalidad de los clientes, la cual se divide después entre los que no han tenido recientemente un problema de servicio y los que lo han tenido. El segundo grupo se divide después entre los que informan y los que no informan acerca del problema. El grupo de quienes informan se divide después entre los que están satisfechos con el servicio de recuperación y los que no lo están. Los datos de nuestro programa continuo de investigación sobre la calidad del servicio se utilizan para demostrar las consecuencias adversas de una recuperación ineficaz.[15]

La encuesta total del mercado descrita en el capítulo 3 se puede diseñar fácilmente para recopilar los datos necesarios para construir los diversos árboles de impacto. También la encuesta transaccional se puede adaptar para este fin, aunque es necesario dar tiempo suficiente para que los clientes informen acerca de sus problemas y para que se preste el servicio de recuperación. Es una alternativa cuando no se tiene la conveniencia de recopilar datos específicos de las transacciones en forma oportuna.

El árbol de impacto de los problemas puede ser una herramienta poderosa para comunicar la importancia del servicio de recuperación. También es un método de diagnóstico excelente, especialmente cuando los datos se clasifican de acuerdo con el tipo de problema de servicio. Estos análisis más detallados muestran la diferencia del impacto de una mala recuperación para los diversos tipos de problemas de servicio.

Otro medio para enseñar la importancia del servicio de recuperación es el sistema de evaluación y retribución del desempeño. Si la calificación de la calidad hecha por los clientes y las tasas de conservación de la clientela figuran en el sistema de evaluación y retribución, el servicio de recuperación será mejor — quizás mucho mejor — que si se dejan por fuera esos criterios. Este concepto se desarrolla en el capítulo 12.

Identificar los problemas de servicio. Un elemento esencial del servicio de recuperación es alentar a los clientes a quejarse, facilitándoles las cosas. Los gerentes no pueden darse el lujo de esperar tranquilamente a que los clientes descontentos informen a la compañía. Son muchos los clientes que sencillamente no lo hacen por las razones antes enumeradas. Un par de estrategias útiles consisten en dejar tarjetas de comentarios a la mano en el establecimiento y contar con líneas telefónicas gratuitas. Sin embargo, esto no basta porque deja por fuera a los clientes insatisfechos que no están dispuestos a iniciar el contacto con la empresa para quejarse.

Se necesitan además métodos proactivos para descubrir los problemas de servicio. Los métodos reactivos se basan en la iniciativa del cliente para hacer el contacto (al cual la empresa reacciona), mientras que los métodos proactivos implican que es la compañía la que inicia el contacto. Es probable que los clientes que salen del hotel Harvey, de Plano, Texas, a la hora de mayor actividad por la mañana, se encuentren con un "lagarto del vestíbulo", miembro del grupo de gerencia, en busca de retroalimentación. Este enfoque proactivo induce a muchos más clientes a manifestar lo que les molesta o a hacer sugerencias. El gerente general John Longstreet explica: "Cuando les preguntamos a los clientes cómo fue su estancia en el hotel, siempre contestan que fue buena. Pero cuando preguntamos, «¿Cree usted que hay algo que podamos mejorar?» la respuesta suele ser, «Bueno, ahora que lo pregunta ...»" Si la situación lo justifica, el "lagarto del vestíbulo" puede poner en marcha un servicio inmediato de recuperación. Gracias a la retroalimentación de los clientes el hotel ha mejorado notablemente muchos aspectos de su servicio.

Como se mencionó en el capítulo 3, Longo Toyota and Lexus hace al año más de 40 000 llamadas telefónicas a los clientes a manera de seguimiento de las compras de vehículos y de las transacciones de servicio. Tres días después de vender un vehículo nuevo, el vendedor llama por teléfono a su cliente. Tres días más tarde, lo llama un gerente de relaciones con los clientes. El propósito de las llamadas es cerciorarse de que el comprador esté satisfecho y no tenga problemas con el vehículo. Si no es así, se invita al cliente a llevar el vehículo a la compañía, y se le envía un informe al gerente de servicio haciéndole saber la visita inminente del cliente. Si el cliente está satisfecho con el vehículo pero no con el servicio de ventas, tiene la oportunidad de comentar al respecto durante la segunda entrevista. Cuando eso sucede, el personal se pone en contacto con el vendedor para conocer su versión, y luego se comunica nuevamente con el cliente para tratar de resolver el problema.

Longo va mucho más allá de lo que están dispuestos a hacer los concesionarios de vehículos para complacer a los clientes. Un cliente opinó que el olor del cuero de su Lexus no le convenía; le producía urticaria. Longo cambió el cuero. El presidente Greg Penske afirma: "Si no se tienen clientes, no se tiene nada. No hay manera de reemplazar a los clientes. Nosotros nos aseguramos de que los clientes nos adoren".

Los métodos de recuperación proactiva ayudan a vencer la idea común entre los clientes de que a las compañías no les interesan sus problemas y que no sirve de nada quejarse. Las empresas abren el camino hacia una retroalimentación positiva cuando dan el primer paso y solicitan la información.

Resolver los problemas con eficacia. La ventana de oportunidad para enderezar las cosas puede permanecer abierta quizás durante poco tiempo. El cliente siente la carga, y la compañía está a la defensiva. La queja puede llegar a la organización por distintos conductos. El pasajero de una aerolínea, por ejemplo, puede quejarse ante el agente del mostrador, el agente de la puerta de salida, el personal de a bordo, el agente de reservas, un ejecutivo de las oficinas principales, u otros empleados de la organización.

Un cúmulo de reglas detalladas para guiar a las personas que prestan servicios no es, obviamente, la manera apropiada de manejar la complejidad de la recuperación. Tampoco es la solución adecuada para muchas empresas quitar completamente de las manos del personal de contacto con el cliente la responsabilidad de la recuperación para centralizarla a nivel de un grupo de expertos. La centralización tiene ciertas ventajas, como la experiencia del personal, pero la recuperación sobre el terreno también tiene sus ventajas, como la posibilidad de resolver el problema del cliente mientras todavía se está prestando el servicio. Para la mayoría de las compañías, lo más lógico es adoptar un sistema de recuperación consecutivo: solucionar el problema sobre el terreno, si es posible, y resolverlo en las oficinas principales, si es necesario.

Para sobresalir en el servicio de recuperación, las compañías necesitan una serie de principios rectores que les comuniquen a *todos* los empleados, de manera sencilla y firme, la importancia y la filosofía de la recuperación. Este "manifiesto de recuperación del servicio", conformado en parte por los valores de la empresa y en parte por unas pautas estratégicas, es la guía y la fuente de inspiración de los empleados que están en contacto con los clientes descontentos y que deben responder con prudencia, pese al poco tiempo disponible para pensar.

Smith & Hawken es una exitosa compañía de pedidos por correo de California que estableció su propio manifiesto de recuperación del servicio. La compañía orienta a sus empleados sobre la base de estos diez principios:

1. Nuestra meta como compañía es ofrecerles a nuestros clientes no solamente el mejor servicio sino un servicio de leyenda.
2. Usted es el cliente. Si el cliente está molesto, usted está molesto. Si el cliente está satisfecho, usted está satisfecho.
3. En las relaciones con los clientes, actúe como si usted fuera el propietario de la empresa.
4. Jamás se gasta demasiado tiempo con un cliente.
5. El teléfono es más poderoso que la pluma.
6. Si no siente que las cosas está bien, corríjalas.
7. El trabajo no se ha realizado mientras no se haya verificado dos veces.
8. Hágalo una vez, y hágalo usted mismo.
9. Cuando tenga dudas, pregunte.
10. Un error no es un error. Es una oportunidad para mejorar la compañía.

¿Son apropiados estos diez principios para todas las compañías de servicio? La respuesta es "no". Cada empresa debe desarrollar su propio conjunto de principios rectores que concuerden con sus valores, su estrategia global de servicio y la manera de manejar a su gente. Sin embargo, la investigación y la experiencia han permitido identificar varias pautas esenciales. De una manera o de otra, estas pautas deben reflejarse en el manifiesto de recuperación del servicio de la empresa.

En primer lugar, *la recuperación debe ser personalizada.* Una carta impersonal quizás no sirva para restablecer la confianza de un cliente descontento. Al responderle personalmente al cliente, mientras éste se encuentra todavía en el establecimiento, o por medio de una visita o una llamada telefónica, la compañía crea una oportunidad para el diálogo — una oportunidad para escuchar, descubrir información adicional, explicar, proporcionar el remedio adecuado, y presentar disculpas. Como dice Ron Zemke en un artículo: "Jamás se debe subestimar el poder de una disculpa. No hay palabras para poner de relieve la importancia de presentar disculpas por no haber cumplido las expectativas".[16]

Kaye Lowe, de West Point Market, ilustra el significado de la recuperación personalizada con esta historia:

> Una cliente pidió doce almuerzos empacados para recoger a las 2:00 P.M. Llegó a la 1:30 P.M., y no estaban listos. Regresó 15 minutos después, y todavía no estaban listos. En realidad, los almuerzos ya estaban listos cuando la cliente regresó la primera vez, pero el personal del mostrador no informó del regreso de ella al personal de atrás. Fue todo un error de comunicación. El incidente ocurrió un sábado. El lunes, Russ Vernon envió a esta cliente un ramo de flores acompañado de una nota personal en que le presentó disculpas. En la nota indicó que el almacén iba a discutir lo ocurrido durante una reunión de capacitación.

Esta historia ilustra una segunda pauta: *La recuperación debe ser rápida.* Al responder prontamente a un problema de servicio se comunica un sentido de urgencia. La compañía demuestra que lo que molesta al cliente es también motivo de preocupación para ella. Algunas compañías siguen la política del "atardecer", según la cual se debe establecer contacto con el cliente molesto antes de caer la tarde del día de la queja. La política de responder en 24 o 48 horas es una variación de ese mismo tema.

Cuando se demoró un vuelo de Virgin Atlantic Airways entre Newark y Londres, los pasajeros recibieron la mala noticia por medio de una carta del presidente de la aerolínea, Richard Branson; él dictó la carta por teléfono, la transcribieron y la entregaron prontamente a los pasajeros sometidos al inconveniente. En la carta, el presidente presentó disculpas por el retraso, explicó la causa, dio una nueva hora de salida, y ofreció hacer llegar mensajes a los amigos y parientes de los pasajeros.[17]

La recuperación rápida refuerza la tercera pauta: *La recuperación debe hacerse en el primer punto de contacto siempre que sea posible.* La recuperación debe ser lo más simple posible desde el punto de vista del cliente. El cliente no debe tener que hablar con toda una serie de empleados o contar su historia varias veces antes de que le solucionen el problema. La investigación de Federal Express reveló que el 77% de los clientes que manifiestan sus quejas quedan satisfechos con el servicio de recuperación si solamente deben hablar con un empleado, pero solamente el 61% de ellos se sienten satisfechos cuando deben ver a un segundo representante de la empresa. Estos resultados llevaron a Federal Express a aumentar el nivel de remuneración a los representantes de servicio que pudieran ofrecer solucionar una queja sin solicitar la aprobación de una segunda persona.[18]

La gerencia y los empleados deben colaborar para desarrollar las alternativas de recuperación que el personal de contacto con el cliente pueda utilizar sin solicitar aprobación. Así, los colaboradores que prestan el servicio pueden juzgar cuál de las medidas de recuperación se adapta mejor a una situación específica para ejecutarla en el acto.[19] Al llegar a Washington, D.C. para asistir a una conferencia, Evelyn Capel, ejecutiva de marketing, y una colega le pidieron al taxista que las llevara "al Marriott". Cuando llegaron, la recepcionista no encontró la reservación, lo cual le llevó a descubrir que las viajeras habían llegado al Marriott equivocado. La recepcionista le preguntó a Capel cuánto le habían pagado al taxista, les hizo firmar un recibo, les reembolsó el dinero y le pidió al portero que les llamara un taxi. A los diez minutos, las viajeras se encontraban en el hotel correcto. Dice Capel: "La recepcionista no dudó ni un segundo. Sencillamente se ocupó de nosotras".[20]

Un cuarto concepto de recuperación es: *Mantener informado al cliente.* El silencio deja de ser oro cuando hay un problema y el cliente aguarda una solución. La empresa debe mantenerse en contacto. Un informe sobre el avance del servicio de recuperación le hace saber al cliente que la compañía está haciendo algo aunque el problema no haya sido resuelto todavía.

El First National Bank de Chicago descubrió por medio de la investigación los atributos más importantes para los clientes cuando se trata de evaluar los servicios bancarios. Varios de los atributos primordiales se relacionan directamente con *la comunicación durante el servicio de recuperación;* el cliente desea saber:

- Por qué sucedió el problema.
- El momento en que es solucionado.
- Cuánto tiempo tardarán en resolver el problema.
- Alternativas útiles en caso de no poder solucionar el problema.
- Las formas de prevenir un problema futuro.
- Lo que se está haciendo en caso de que el problema no pueda resolverse inmediatamente.[21]

Una quinta pauta es: *Poner énfasis en una solución justa.* El juego limpio, tema de la siguiente sección de este capítulo, es vital en las situaciones de recuperación. La falla del servicio limita el valor de éste y le genera inconvenientes al cliente. No es necesario invertir grandes sumas para compensar por un problema pequeño. La sinceridad de la respuesta, la comunicación franca sobre lo sucedido y lo que la empresa piensa hacer, y una compensación tangible que refleje la severidad del problema son suficientes para satisfacer las expectativas del cliente acerca de un juego limpio.

Mejorar el sistema de servicio. Un error de servicio no es sólo una oportunidad para ganarse nuevamente la confianza de los clientes sino, además, una oportunidad para mejorar el desempeño. Tanto como sea posible, hay que detectar y clasificar las fallas del servicio para hacer análisis y tomar medidas correctivas. De lo contrario, los mismos problemas continuarán repitiéndose con poca o ninguna mejora.

La gerencia debe saber en qué punto falla el sistema de servicio con más frecuencia. De esa manera podrá realizar análisis de las causas primordiales de los problemas específicos e implantar las medidas correctivas. En el capítulo siguiente se examina el concepto de los equipos de proyecto, un enfoque organizacional para analizar y resolver problemas específicos de servicio.

Roberts Express codifica las causas de todas las fallas de servicio y crea un informe diario. Una carga que no es recogida o entregada 15 minutos antes de la hora prometida es considerada una falla de servicio. Los ejecutivos de la empresa examinan y discuten los informes de fallas en su reunión diaria. Los gerentes buscan las tendencias o patrones en los datos. Por ejemplo, si el mismo conductor aparece varias veces en la categoría de "conductor perdido", podría significar que el conductor no sabe interpretar un mapa, y podría beneficiarse de unos cursos remediales.

Una estrategia de recuperación del servicio dirigida a resolver el problema del cliente individual pero que pasa por alto la oportunidad de mejorar el sistema no es completa. Una excelente estrategia de recuperación del servicio es la que produce beneficios tanto inmediatos como a largo plazo.

EQUIDAD DEL SERVICIO

La promesa de servicio incluida en la venta incluye la promesa implícita del juego limpio. Los clientes esperan que las compañías de servicio los traten justamente; ellos se enojan y pierden la confianza cuando perciben que no es así. La equidad no es una dimensión separada del servicio sino que, por el contrario, toca todas las expectativas de los clientes. Los clientes esperan que las compañías de servicio cumplan sus promesas (confiabilidad), ofrezcan instalaciones aseadas y cómodas (cosas tangibles), presten el servicio oportunamente (prontitud de respuesta), sean competentes y corteses (tranquilidad) y atiendan con interés y de manera individualizada (empatía).

En las entrevistas con los clientes acerca de sus experiencias negativas con el *servicio* suelen salir a flote comentarios sobre una impresión de *inequidad*.

- "Dicen en la publicidad que son la empresa del «buen conductor», y, aunque no he tenido accidentes, mis primas continúan subiendo. Cuando pregunté al respecto, me dijeron que se debía al promedio de accidentes de mi grupo" (un cliente de una compañía de seguros para automóviles).
- "Cobran si uno no aparece, pero no ofrecen compensación alguna cuando no garantizan la reservación" (el cliente de un hotel).

- "Cuando se tiene un contrato de mantenimiento, por lo general envían a un aprendiz. Entrenan a la gente con el equipo de uno. Una reparación que debiera tardar dos horas tarda hasta seis u ocho" (un cliente de un servicio de reparación de equipos de oficina).
- "A los departamentos de mantenimiento les interesa más ganar dinero que descubrir por qué falla el vehículo" (un cliente de un taller para automotores).

Para los clientes, la equidad y la calidad del servicio son aspectos inseparables. Una empresa con baja calificación en equidad tendrá también baja calificación en calidad del servicio. La intangibilidad de los servicios intensifica la sensibilidad de los clientes a la equidad. Por tratarse de un desempeño, a los clientes les es difícil evaluar el servicio antes de la compra. Los clientes no pueden probar el servicio para saber cómo se siente y se ve; no hay ruedas de automóvil para patear, ni salidas de prueba con el automóvil. Por lo general, los clientes deben comprar el servicio para poder experimentarlo. Por tanto, deben confiar en que la empresa de servicio cumpla su promesa y responda honorablemente.

En el caso de ciertos servicios, es difícil para el cliente juzgarlos plenamente, incluso después de haberlos recibido, razón por la cual la confianza adquiere todavía más importancia. Estas "cajas negras" de servicio suelen ser servicios técnicos (como la reparación de un vehículo) o servicios que se llevan a cabo lejos de la presencia del cliente (como la preparación de la comida en la cocina de un restaurante). Siendo tan importante la equidad para los servicios en general, lo es más aún para las cajas negras, porque los clientes son más vulnerables a esos servicios.

Los clientes recuerdan a las compañías que infringen la promesa del juego limpio. Recuerdan durante mucho tiempo. El ejemplo de Food Lion viene al caso. De 1983 a 1992, Food Lion fue uno de los vendedores de alimentos más exitosos de los Estados Unidos, con un crecimiento promedio de más del 20% en ventas y utilidades. Fue entonces cuando, en noviembre de 1992, apareció por la televisión nacional un informe en el sentido de que Food Lion estaba manipulando y reempacando carne de fecha vencida para la venta. Los reporteros de "Prime Time Live", por medio de cámaras ocultas, filmaron al personal de Food Lion "con las manos en la masa" en diversos puntos de venta. Fue un reportaje contundente, y la cadena Food Lion no se ha recuperado aún — y quizás nunca se recupere. Food Lion ganó US$178 millones en 1992 y US$3.85 millones en 1993. Los planes de expansión se congelaron. Se redujo la calificación de la deuda de la compañía. Los accionistas demandaron a la compañía. Food Lion fue sorprendida ofreciendo un servicio de caja negra de manera inequitativa, socavando de paso la confianza de los accionistas en la compañía.

Los clientes también recuerdan a las compañías que operan con integridad cuando otras no lo hacen. En los días que siguieron al huracán Andrew en el sudeste de los Estados Unidos en 1992, muchos comerciantes minoristas subieron los precios de los materiales de construcción de más urgente necesidad como la madera contrachapada y las tejas. Sin embargo, la cadena Home Depot, de almacenes de materiales para construcción y remodelación, adoptó la política opuesta, sacrificando hasta sus utilidades normales. La gente tenía dificultades, y Home Depot respondió ayudando, no aprovechándose. Al sacrificar sus utilidades a corto plazo después del desastre, Home Depot fortaleció su vínculo con los clientes en el largo plazo. Como informó uno de los clientes de Home Depot al *New York times*, "si hubieran gastado US$50 millones en publicidad no habrían logrado el prestigio que alcanzaron con ese gesto".

El juego limpio de la empresa es una pieza fundamental de la confianza de los clientes. Y la confianza es la base de la lealtad. Lo más probable es que los clientes establezcan relaciones duraderas con las empresas de comportamiento irreprochable. Yankelovich Partners, la empresa de investigación de mercados, ha documentado la erosión de la confianza entre los consumidores estadounidenses en su informe Monitor, un estudio anual de actitudes y estilos de vida de los consumidores. Barbara Caplan, investigadora senior de Yankelovich Partners, escribe:

> Lo que siente y piensa la gente refleja un tono de escepticismo a nivel nacional. La desconfianza está presente en el tejido mismo de la vida estadounidense... Existe la impresión de que no hay integridad, credibilidad o idoneidad. Los consumido-

res sospechan de la ambigüedad y la exageración, y se disponen a aniquilar el engaño.[22]

Caplan cree que las compañías que les ofrecen verdadero valor a los clientes de manera clara y verosímil se están beneficiando de este escepticismo. En efecto, la desconfianza representa una oportunidad para la empresas que pueden demostrar que son dignas de confianza.

La legalidad no es la norma

Por lo general, los clientes no piensan en la equidad del servicio, a menos que les den motivos para verla como un problema. La equidad se convierte en problema cuando los clientes perciben que la empresa es injusta. También puede llegar a ser un aspecto positivo cuando la empresa sorprende a sus clientes con su equidad. El caso de Home Depot es un ejemplo de lo segundo, mientras que el de Food Lion ilustra lo primero.

Muchos gerentes le prestan poca atención al aspecto de la equidad del servicio. Con ello cometen un grave error puesto que la impresión de equidad o de injusticia produce un efecto notable en el estado emocional de los clientes. Es probable que un cliente pase años sin pensar si una compañía es justa o injusta; pero un solo acto considerado inequitativo puede destruir para siempre la relación entre el cliente y la compañía. Y estas impresiones no son producto únicamente del engaño flagrante. Como ya se dijo, la equidad está incorporada en las expectativas del cliente frente al servicio.

Los episodios siguientes — tomados de diarios personales en los que mis estudiantes anotan sus experiencias de servicio — ilustran la forma en que los clientes pueden percibir la grosería, la falta de atención o la falta de respeto como comportamientos injustos:

> Bien, tengo prisa. Necesito un artículo del "almacén XYZ", y creo que puedo entrar, comprarlo y salir en menos que canta un gallo. Entré en el almacén y me dirigí al área general, donde creía que estaba el artículo. Busqué durante unos minutos,

pero no lo encontré. Entonces comencé a buscar a un empleado que pudiera ayudarme. No vi a nadie, de manera que me dispuse a explorar todo el almacén en busca de ayuda. Después de unos cuantos minutos, encontré a las que parecían ser todas las vendedoras conversando en la parte de atrás. Tuve que esperar hasta que terminaran de conversar para que una de ellas se diera cuenta de que estaba esperando.

Cualquiera creería que la vendedora trataría de reparar su falta con toda amabilidad, pero la verdad es que se comportó como si yo hubiera cometido la impertinencia de interrumpir la conversación. Me preguntó si podía ayudarme, pero en tono poco convincente, mientras las demás miraban como si esperaran que terminara pronto para poder reanudar la charla. Cuando le dije lo que estaba buscando, se dibujó en su rostro una expresión de perplejidad total. En ese momento, otra de las vendedoras dijo: "Ah, eso está en la sección de mercería, en esa pared", señalando hacia la dirección general en donde debía estar el artículo.

Di las gracias (sin saber exactamente por qué) y me dirigí hacia el sitio señalado. Llegué a la sección de mercería, y estuve allí cinco o seis minutos sin encontrar nada. Finalmente vi el artículo, lo tomé y corrí hacia la caja registradora a pagar.

Entré en "CDF" a comprar cable para asegurar mi bicicleta. En el estante estaba todo el surtido de cables empacados, junto con sus respectivos candados de clave. Yo tengo un candado cuya clave memoricé cuando era estudiante, entonces ¿para qué cambiar? Necesitaba solamente el cable. Luego, qué suerte, encontré un paquete del que alguien había tomado el candado y tenía únicamente el cable. Llevé el artículo a un vendedor y le pregunté: "¿Puedo comprar este cable sin el candado, y, si es así, cuál sería el precio?" Las dos cosas costaban US$6.99. El vendedor tuvo que consultar a un colega, quien se negó a tomar una "decisión ejecutiva". Sugirió que llamaran a un gerente. Después de tres llamadas telefónicas y una por el altavoz, no había gerente. En ese momento regresó de almorzar un vendedor de más edad, quien fue informado de mi deseo. Inmediatamente, el vendedor mayor preguntó si habían buscado el candado faltante en el estante. ¡Inmediatamente me sentí acusado de haber quitado el candado para mi propio beneficio! La sangre comenzó a subírseme a la cabeza cuando los dos vendedores procedieron a desmantelar el estante buscando un candado que, de todas maneras, no quería comprar. Dije: "Si para hacer la venta es necesario encontrar el candado, no puedo esperar". Esperaba que con eso se dieran cuenta de que no pensaba permanecer ahí mucho tiempo. "Debo encontrar el candado para saber cuánto cobrar", dijo el vendedor de más edad. El precio estaba en el empaque, y ambos lo sabíamos. Ésa fue la segunda ofensa. Dije: "¡Gracias por no ayudar!" y salí del almacén. ¡US$6.99 menos el valor del candado es una suma demasiado pequeña para perder un cliente por ella!

El 26 de marzo de 1992, mi novio me regaló una agenda de cuero para mi cumpleaños. Cuando comencé a llenar el calendario con mis citas, me di cuenta de que era de 1991 y no de 1992. Yo sabía que mi novio la había comprado en el almacén de departamentos LMN, de Waco, pero como vivo en College Station, decidí ir al almacén de allí para consultar mi problema. Me enteré de que todas las agendas tenían el calendario de 1991. Vale la pena anotar que este artículo vale US$150, de modo que supuestamente es un producto de muy alta calidad. La vendedora de LMN no me ofreció solicitar un calendario para mí, sino que me dio un número 800 para que yo llamara directamente al fabricante.

Antes de marcar al número 800, llamé al LMN de Waco, sólo para enterarme de que todas las agendas que tenían allá tenían también el calendario de 1991. Mencionaron que el artículo debía estar rebajado US$8 puesto que el calendario era del año pasado, pero que seguramente el vendedor debió olvidarlo. Ofrecieron darme los US$8 si presentaba el recibo. Expliqué que me habían regalado la agenda, y no tenía el recibo. La vendedora replicó que, considerando el alto precio del artículo, era preciso presentar el recibo. "Tendrá que pedírselo a la persona que se la regaló". Por nada del mundo le pediría a mi novio el recibo de un regalo, de modo que olvidé los US$8.

Después decidí llamar a la línea gratuita del fabricante. No fue fácil. La línea estuvo ocupada durante toda una hora. Pensé que quizás había un problema con el número, de manera que llamé de nuevo a LMN de College Station y expliqué mi problema. La contestación bastante escueta fue: "Ésa es una compañía muy ocupada, continúe insistiendo". Así lo hice, hasta que logré comunicarme. Después de contar toda la historia, la señora respondió que no podía hacer nada y que debía consultar con su supervisora, quien había salido y regresaría al día siguiente, y entonces me llamarían. El día siguiente pasó sin que me devolvieran la llamada, de manera que llamé de nuevo. Volví a relatar toda la historia, y me dijeron que mi única alternativa era solicitarles un calendario de 1992 por US$8. No me sentí satisfecha con esa solución, pero había perdido tanto tiempo y era tal el grado de frustración, que acepté comprar mi calendario y continuar con mi vida.

Los clientes que se vieron involucrados en estos encuentros de servicio no recibieron compensación alguna por los recursos personales invertidos ni por la frustración soportada al tratar de hacer negocios con esas compañías. Ni los resultados (denominados "justicia distributiva" en la literatura académica), ni los procesos para llegar a esos resultados (denominados "justicia procesal") pasan la prueba de la equidad, la del sentido común, o cualquiera otra. En los tres episodios, tanto el cliente como la compañía perdieron. Ésa es la realidad de la inequidad del servicio: el cliente pierde en el corto plazo, la compañía pierde en el largo plazo.

Los episodios también ilustran las diferencias que hay entre la legalidad y la equidad. Suponer que un cliente abrió un paquete para comprar un cable con candado para bicicleta no es ilegal. Tampoco lo es hacer caso omiso de un cliente por estar conversando con los compañeros de trabajo. Pero ambos actos denotan falta de respeto y de elemental cortesía y les roban a los clientes amor propio y justicia. Los actos fueron legales, pero para el cliente fueron injustos. Una razón por la cual se abre la brecha de confianza entre los clientes y las empresas es que muchos gerentes, al tomar sus decisiones, se preguntan si es legal, pero no se preguntan si es justo.

Efectos indirectos de la inequidad

La percepción de inequidad afecta a la calidad del servicio tanto indirecta como directamente. El efecto indirecto es la desmotivación de los empleados en su papel de servicio por trabajar en una compañía que trata mal a los clientes o a su propio personal. El orgullo de los empleados por su compañía es un requisito indispensable para el servicio extraordinario. Un servicio excelente exige mucho trabajo; exige un gran esfuerzo personal de los empleados; exige una mentalidad de servicio. Nada de esto es posible si los empleados no se sienten orgullosos de su compañía ni de sus gerentes. El orgullo es una de las víctimas cuando la empresa trata injustamente a sus interesados. Los empleados se preguntan: "¿Por qué darle todo a una empresa sin integridad?" "¿Por qué hacer esfuerzos adicionales por una empresa en la cual no tengo fe?"

La compañía que engaña sistemáticamente a sus clientes con sus presentaciones de venta, que se embarca en esquemas dudosos de precios, o que se niega a proporcionarles alivio a los clientes y comete injusticias legítimas después de la venta, no puede construir una cultura orientada fuertemente hacia el servicio. Las piezas del rompecabezas sencillamente no encajan. La retórica de la gerencia acerca de la necesidad de servir a los clientes — si es que existe — suena hueca. Tampoco es posible desarrollar y sostener el orgullo de los empleados en una organización que liquida al personal sin causa justa, en donde los ascensos se hacen independientemente de los méritos, o en donde se espera que los empleados defiendan unas prácticas indefensibles ante los clientes.

La justicia es una necesidad esencial del ser humano.[23] Su ausencia mina los elementos fundamentales de la lealtad: el orgullo, la confianza, el respeto y el valor.

La equidad es una actitud

Al igual que los demás principios del servicio examinados en este capítulo, la equidad también es cuestión de actitud. Los comunicados de la gerencia no sirven para generar un tratamiento justo para con los empleados o los clientes. Los ejecutivos deben ser un modelo de equidad, no escribir sobre ella.

La equidad del servicio está presente en el sistema de creencias y en las operaciones de Tattered Cover Book Store. Es un estado mental; es parte de la cultura central de la empresa, parte de su razón de ser. Los empleados de Tattered Cover son entrenados para no juzgar las compras de sus clientes. "La gente compra los libros que tocan sus sentimientos, y el cliente tiene derecho a comprar lo que desea", afirma la gerente de ventas Sidney Jackson. Esta actitud de respeto se confirma a través de la amplia gama de publicaciones que la librería mantiene en existencia — aproximadamente 150 000 libros diferentes y 1 300 periódicos y revistas. En Tattered Cover hay material sobre todos los temas imaginables.

Muchos clientes sienten un estrecho vínculo emocional con Tattered Cover. No es absolutamente necesario hacer negocios de manera indiferente o distante, y cuando a los clientes los invitan a convertirse en "miembros de la familia", como sucede en Tattered Cover — cuando se sienten respetados, valorados y dignos de confianza —, algunos deciden aceptar la invitación. Cuando Tattered Cover se trasladó a un local nuevo en 1986, más de 200 clientes voluntarios se presentaron a las 8:00 A.M. para ayudar con la mudanza. Ayudaron a trasladar más de 200 000 volúmenes en un solo día, a fin de que la librería pudiera abrir al día siguiente. En 1992, *Denver Post* hizo una encuesta en que les preguntó a los compradores qué era lo que más les agradaba del distrito comercial donde está situada Tattered Cover. El 30% de los consultados mencionaron el nombre de Tattered Cover Book Store. El siguiente establecimiento más favorecido fue mencionado por el 3.5%.[24]

El juego limpio está presente en la cultura de Harold's, así como está en la de Tattered Cover, gracias a eso, la lealtad de los clientes es profunda. Harold's hace solamente dos grandes ventas de promoción al año. Los primeros en enterarse son los clientes frecuentes y, después de tener éstos cuatro días de ventaja para comprar, salen los anuncios publicitarios para el resto del público. Todos los artículos en existencia entran en promoción. Harold's no compra mercancía de menor calidad a precios especiales para sus promociones. Michael Wiesenthal afirma: "Tenemos una regla inmodificable en nuestro almacén: «Póngase en el lugar del cliente». El factor más importante de nuestro éxito es la integridad".

La mayoría de los clientes hacen el esfuerzo deliberado de ir hasta Harold's. Localizado en la misma esquina de Houston donde comenzó hace cuarenta y cinco años, el almacén ya no está en un sitio conveniente. Tampoco vende mercancía exclusiva. Buena parte de las prendas que vende Harold's se encuentran en otras tiendas, y muchas veces a menor precio. Lo que diferencia a Harold's — y la razón por la cual crece más del 10% al año — es la calidad superior de su servicio. Harold's tiene éxito por su desempeño excepcional en los cuatro principios de calidad del servicio: confiabilidad, sorpresa, recuperación y equidad. Harold's investiga por qué se presentan nuevos clientes en su tienda. Hace diez años, la principal razón era la recomendación de otros clientes; y hoy es lo mismo. La publicidad televisada, en la cual trabaja activamente la compañía, es la segunda razón.

La equidad es planeada

La equidad es sumamente importante para dejarla al azar. Los gerentes deben considerar cuáles son las prácticas comerciales que podrían crear la impresión de inequidad y tratar de diseñar el sistema de servicio para evitar que se presenten los problemas. Las posibilidades de abuso se pueden limitar mediante el diseño del sistema de servicio. Pocos negocios, si los hay, ilustran mejor el potencial de comisión de abusos que el de los vehículos usados. Los clientes le compran una "caja negra" de segunda mano a un vendedor cuya remuneración quizás dependa de que pueda hacer la venta por el mayor precio posible. El precio del vehículo se negocia, práctica en la cual el vendedor es un experto y el cliente un ignorante. Puede haber de por medio la entrega de un vehículo como parte de pago, con lo cual se complica todavía más el problema del precio.

Veamos el caso de CarMax, una forma de venta de vehículos usados que está ensayando Circuit City Stores, la cadena estadounidense más grande de equipos electrónicos. Enfrentados a un mercado maduro de productos electrónicos y a una competencia feroz, los gerentes de Circuit City buscaron otro negocio que les produjera un crecimiento adicional. Deseaban aplicar las capacidades centrales de la empresa en la venta a crédito de bienes duraderos costosos. Se decidieron por el negocio de los vehículos usados con un potencial de ventas de US$150 a US$175 mil millones, con una competencia fragmentada y una reputación de prácticas de venta dudosas.

CarMax se diseñó para demostrarles tangiblemente a los clientes y a los empleados un compromiso con el juego limpio. El primer punto de venta, en Richmond, Virginia, ocupa 5 hectáreas. El inventario asciende a cerca de 500 vehículos con más o menos cinco años de uso y sometidos a revisión antes de salir a la venta. Las instalaciones de 3 000 metros cuadrados comprenden una sala de exhibición maravillosamente iluminada y un taller de servicio. En la sala de exhibición hay solamente un vehículo, y no está a la venta. Está sobre un pedestal, limpio y brillante, para escenificar el atractivo de un vehículo usado bien mantenido.

El vendedor invita al cliente a sentarse frente a una pantalla de computador que responde al tacto y le pide que especifique lo que desea, por ejemplo, tipo de vehículo y escala de precios. El computador presenta imágenes en colores de los vehículos disponibles que responden a las especificaciones. También aparecen los kilómetros recorridos, las características, el precio y su ubicación en el estacionamiento. El cliente puede imprimir las hojas de los vehículos que le interesan. Los precios no son negociables y los vehículos que se entregan como parte de pago se negocian por separado. El cliente puede venderle su vehículo a CarMax, pero la transacción se maneja independientemente de la compra. Los vehículos usados de CarMax tienen 30 días de garantía. Los vendedores reciben comisiones de acuerdo con el número de transacciones realizadas, no con el precio de venta.

¿Llegará CarMax a convertirse en una cadena de éxito y a

revolucionar la forma en que se venden los vehículos usados en los Estados Unidos? Aún es demasiado temprano para decirlo. Sin embargo, CarMax ilustra el concepto de la "equidad planeada". Circuit City estudió las causas fundamentales de las prácticas injustas prevalecientes en el negocio de los vehículos usados y diseñó un sistema de servicio especialmente para evitar esas causas.

Equidad es respaldar el servicio

La impresión de inequidad suele crearse cuando el servicio primario sale mal y la compañía no responde como debiera. La equidad implica respaldar el servicio. Una manera muy eficaz de lograr ese respaldo es mediante la estrategia de garantía. Los clientes descontentos con el servicio pueden apelar a la garantía y recibir compensación por la carga que les ha sido impuesta. Bien ejecutadas, las garantías de servicio pueden simbolizar el compromiso de la compañía para con el juego limpio y facilitar la diferenciación con respecto a la competencia. Las garantías también obligan a la organización a mejorar la calidad del servicio para evitar el costo y la vergüenza de tener que pagar con frecuencia. En la tabla 5-2 aparecen las características de una garantía eficaz.

Tabla 5-2
Una garantía de servicio eficaz

- Se concentra en los elementos de servicio que están bajo el control de la empresa
- Es específica y simple
- Es fácil de invocar
- Se concentra en lo que es importante para el cliente
- Vale la pena invocarla
- Proporciona pago oportuno

Nota: Este cuadro se basa en las ideas publicadas por primera vez en el artículo de Christopher W. L. Hart, "The Power of Unconditional Guarantees", *Harvard Business Review,* julio-agosto de 1988, págs. 54-62.

Otorgar una garantía de servicio es una medida audaz. Ninguna empresa debe dar este paso sin analizar a fondo sus razones para hacerlo y los riesgos implícitos. Garantizar un mal servicio es siempre un error. Las empresas cuyo servicio es deficiente primero deben mejorar notablemente la calidad de su servicio. Después pueden considerar unas garantías que les ayuden a mejorar su servicio todavía más.

Cuando Bank One adquirió un banco fracasado de Texas en 1989, se encontró en la extraña situación de tener que crear una división fiduciaria porque el departamento correspondiente del banco fracasado había sido vendido. Bank One contrató a un veterano de Dallas llamado Richard Hart, quien se había retirado de la banca fiduciaria, para que dirigiera la nueva compañía. Hart contrató a la vez a otro banquero de Texas, Garrett Jamison, como segundo directivo. Los dos hombres creían que la única oportunidad que la recién creada empresa tendría de sobrevivir era prestando un servicio de calidad superior, y procedieron a contratar personal idóneo. Optaron por otorgar garantía incondicional sobre su servicio — y, al parecer, se convirtió en el primer banco fiduciario de los Estados Unidos en dar ese paso.

La garantía es simple. Los clientes descontentos con el servicio no pagan la comisión. Todos los nuevos clientes reciben la garantía por escrito, la cual dice lo siguiente: "Si usted no está satisfecho con la calidad de nuestro servicio en un determinado año, le reembolsaremos las cuotas pagadas, o cualquier parte de ellas que usted considere justa". Los clientes que deseen invocar la garantía deben informar por escrito al banco 90 días antes de terminar el año contable.

Cuatro clientes invocaron la garantía durante los primeros cuatro años de operación. Según Garrett Jamison, todas las reclamaciones fueron justificadas y obedecieron a la misma razón: promesas exageradas. Jamison afirma: "Muchas empresas no garantizan su servicio porque no confían en los clientes. Hasta ahora, ninguno de nuestros 4 500 clientes ha tratado de aprovecharse de nosotros. De hecho, me da vergüenza que el número de reclamaciones sea tan bajo. Debemos comunicar mejor a los clientes el hecho de que tenemos una garantía". Jamison agrega: "Nuestra garantía ha producido un impacto mínimo en las ventas. Ha producido un impacto notable, positivo, en la calidad del servicio interno. Nuestros empleados hablan de ella constantemente. Están orgullosos de ella".

Cuando los clientes compran un servicio, adquieren una promesa. Esperan que la empresa cumpla su promesa con honorabilidad. La equidad está estrechamente relacionada con las expectativas de los clientes respecto del servicio. Los ejecutivos interesados en la calidad del servicio deben ir más allá de lo legal al tomar sus decisiones y preguntarse si su decisión es justa. Deben pensar en maneras de reforzar la equidad en la filosofía de la compañía e incorporarla en el diseño del sistema de servicio, y deben también respaldar su servicio después de la venta.

RESUMEN

Los clientes seguramente tenderán a hacer negocios con las compañías confiables, cuyo servicio interactivo sea excelente, que estén dispuestas a responder cuando el servicio falle y que sean eminentemente equitativas. Estos principios son la esencia de la excelencia del servicio. La confiabilidad, la recuperación y la equidad son los pilares del servicio; el servicio sorprendente produce admiración. La calidad del servicio es parte integral del valor y, por tanto, hay que poner énfasis en la estrategia de servicio.

El estudio de los principios de la calidad del servicio recomienda que los gerentes tengan en cuenta la siguiente lista de verificación en sus discusiones:

1. *¿Hacemos esfuerzos especiales por cultivar la actitud de prestar un servicio confiable en esta organización?* ¿Ponemos énfasis en la exactitud y en la seriedad en nuestro programa de capacitación? ¿En las evaluaciones y en las revisiones del desempeño? ¿En nuestro sistema de retribución?
2. *¿Hacemos esfuerzos especiales para incorporar la confiabilidad en el diseño del sistema de servicio?* ¿Hacemos pruebas exhaustivas de los nuevos servicios antes de llevarlos al mercado? ¿Controlamos el desempeño de nuestros servicios? ¿Tenemos un sentimiento de urgencia en cuanto a la necesidad de resolver los problemas de confiabilidad?

3. *¿Alguna vez provocamos la admiración de los clientes con nuestros servicios?* ¿Tratamos de crear vínculos emocionales con nuestros clientes a través de un servicio superlativo?
4. *¿Somos expertos en los detalles en esta empresa?* ¿Utilizamos deliberadamente las cosas pequeñas para diferenciarnos de nuestros competidores?
5. *¿Tiene nuestro personal de servicio la iniciativa, la autoridad y la confianza para hacer un esfuerzo adicional al servir a los clientes?* ¿Comprende la oportunidad para superar las expectativas de los clientes cuando está en contacto con ellos? ¿Comprende la gerencia esa oportunidad?
6. *¿Vemos el servicio de recuperación como una oportunidad estratégica?* ¿Lo vemos como una inversión para el futuro de nuestra empresa? ¿Lo vemos como una manera de conservar a los clientes?
7. *¿Somos proactivos en nuestro servicio de recuperación?* ¿Tomamos la iniciativa de contactar a los clientes o son ellos quienes deben dar siempre el primer paso?
8. *¿Estamos utilizando nuestro sistema de recuperación para mejorar el servicio?* ¿Buscamos soluciones duraderas para los problemas que surgen con frecuencia?
9. *¿Hacemos esfuerzos especiales por demostrarles a los clientes nuestro compromiso con el juego limpio?* ¿Hacemos esfuerzos especiales por demostrarles ese compromiso a los empleados? ¿El juego limpio es parte de la filosofía de nuestra compañía?
10. *¿Sabemos cuáles prácticas de nuestra industria presentan la mayor probabilidad de crear la impresión de inequidad?* ¿Hemos enfrentado esos problemas a fondo y sistemáticamente? ¿Hemos sido audaces?

CAPÍTULO 6

ORGANIZARSE PARA PRESTAR UN SERVICIO EXTRAORDINARIO

La manera de organizarse para implantar la estrategia de servicio es una de las decisiones más cruciales. Una decisión desacertada a este respecto puede acabar hasta con la más brillante estrategia de servicio. Muchas compañías de servicio están organizadas de tal manera que obstaculizan la ejecución de la estrategia. Su estrategia exige agilidad, pero su estructura garantiza lentitud. La estrategia exige que el personal de las distintas funciones trabaje en equipo, pero la estructura fomenta la especialización aislada. La estrategia exige un servicio flexible, pero la estructura se presenta inflexible.

La estrategia debe determinar la estructura. No existe una única estructura correcta para todas las empresas. Nuevamente, la pregunta correcta no es "¿Cuál es la mejor estructura?" sino "¿Cuál es la mejor estructura para nuestra estrategia?" En este capítulo examinaremos las formas estructurales que están empleando las organizaciones destacadas por su desempeño para mejorar la calidad de sus servicios. Aunque los detalles específicos de estos arreglos estructurales varían de una compañía a otra, los conceptos básicos son aplicables en general, puesto que se relacionan con los requisitos básicos para mejorar el servicio en cualquier organización.

Independientemente de su estrategia de servicio, toda compañía empeñada en prestar un servicio excelente necesita una estructura que facilite lo siguiente:

- Liderazgo cultural para el mejoramiento continuo del servicio.
- Orientación y coordinación de las iniciativas para mejorar el servicio.
- Conocimientos y recursos técnicos para respaldar el esfuerzo de mejoramiento del servicio.
- Soluciones o recomendaciones relativas a problemas específicos de la calidad del servicio.
- Prestación del servicio que satisfaga o supere las expectativas de los clientes día tras día.
- Recuperación excelente cuando el servicio original falla.

Una estructura que proporcione estas ventajas y esté sincronizada con la estrategia global de servicio de la empresa es parte de los cimientos sobre los cuales se construye el servicio extraordinario. Una estructura de esa clase probablemente comprenderá uno o más de los siguientes elementos: grupo orientador, departamento de apoyo, equipos de proyecto y equipos encargados de prestar el servicio. Cada una de estas formas estructurales cumple un propósito diferente y, por ende, son independientes las unas de las otras. Sin embargo, cada vez son más las empresas que las utilizan en forma combinada a fin de proporcionar la energía requerida para mejorar el servicio. Aunque estas cuatro formas no se prestan para todas las empresas, en el análisis siguiente hay algo para todos y cada uno de los lectores.

GRUPO ORIENTADOR DE LA CALIDAD DEL SERVICIO

Un grupo encargado de orientar la calidad del servicio, si es bien ejecutado, les proporciona a las organizaciones, grandes o pequeñas, un punto focal para mejorar el servicio y una fuerza de cambio cultural. Muchas organizaciones dejan de convertir en realidad sus ambiciones en el campo del servicio por falta de un proceso formal de mejoramiento; carecen de un mecanismo creíble para mantener la calidad del servicio a la orden del día, generalizar el sentido de pertenencia en la travesía de la calidad y hacer que las cosas se realicen.

El grupo orientador de la calidad del servicio puede ser ese mecanismo, especialmente cuando se combina con un departamento eficiente de calidad del servicio (el cual se analiza en la siguiente sección). La misión del grupo orientador es proporcionar el rumbo estratégico, la coordinación y el impulso para mejorar el servicio. Construye un plan general de acción y establece las prioridades para los recursos económicos. Orienta el desarrollo de iniciativas de servicio para toda la compañía, como el diseño de un sistema de información sobre la calidad del servicio. Fomenta o patrocina esfuerzos más concretos para mejorar el servicio, como formar equipos de proyecto para rediseñar los servicios vulnerables a las fallas. Sirve de centro de acopio de las ideas que se generan en la organización, y busca la coherencia y la concordancia de las iniciativas propuestas para mejorar el servicio. Controla el desempeño general de la empresa en el campo del servicio, rastrea los efectos de las diversas iniciativas y toma las medidas del caso. Genera informes internos acerca del desempeño de la empresa en el campo del servicio, incluyendo informes parciales, listas de prioridades, resúmenes de las actividades y de los planes. Otorga reconocimiento a los logros de servicio dentro de la organización, aplaudiendo la excelencia y estimulando el mejoramiento continuo.

Desde luego, son pocos los grupos orientadores que funcionan tan perfectamente como para cumplir todo lo anterior. Pero la anterior lista de funciones refleja su misión; representa lo que es posible hacer. Es crucial escoger a las personas apropiadas para integrar el grupo. En él deben participar, ante todo, los altos ejecutivos de actitud proactiva, que tengan diversas destrezas y experiencias y que sean muy respetados en la organización a fin de aportarle al grupo credibilidad e influencia. Aunque es conveniente una "mentalidad de servicio" (como se describió en el capítulo 2), el hecho mismo de vincularse al grupo orientador de la calidad del servicio puede representar para un ejecutivo clave la oportunidad de desarrollar esa mentalidad.

Los principales ejecutivos (por ejemplo, los directores de los departamentos de marketing, recursos humanos y calidad del servicio) normalmente deben formar parte del grupo orientador, pero éste debe girar principalmente alrededor de los gerentes de línea. Las unidades operativas de la organización suelen ser centros de influencia. La probabilidad de que la mejora del servicio se convierta en realidad es mayor cuando los gerentes de línea participan personalmente y desempeñan un papel protagónico en el esfuerzo. Los altos ejecutivos pueden desempeñar un papel valioso, pero por sí solos no pueden cambiar la cultura de la empresa ni ejecutar la estrategia de servicio. Recordemos el ejemplo del Ritz-Carlton del capítulo 4, en el cual los catorce más altos ejecutivos forman el grupo orientador de la empresa y se reúnen semanalmente para revisar el desempeño, el progreso y los planes de servicio. En la organización del Ritz-Carlton no hay ninguna duda acerca de la importancia de la misión de la calidad del servicio y la determinación de hacerla cumplir. Esa misión no se deja en manos de personal profesional de los niveles intermedios del organigrama; el mejoramiento del servicio es una de las responsabilidades primordiales de quienes dirigen la compañía.

El grupo orientador no es algo temporal, de manera que el apelativo de *grupo especial de trabajo* es inadecuado. La palabra *comité* suena débil. Son mejores los términos *grupo, consejo o junta.* Como decíamos anteriormente, el lenguaje es importante.

Los ejecutivos asignados al grupo orientador no abandonan sus respectivos cargos sino que, por el contrario, incorporan sus deberes de orientadores en su programa de trabajo. Esto es importante por razones distintas de la cuestión de costo. Los miembros del grupo deben seguir experimentando directamente las realidades del sistema de servicio que ellos deben mejorar; si abandonaran sus cargos se convertirían realmente en altos ejecutivos. Toda forma estructural, incluido el grupo orientador, entraña el riesgo de frenar el mejoramiento del servicio a causa de la burocracia o la política. El riesgo es todavía mayor cuando el grupo orientador funciona más como "departamento" que como grupo orientador.

DEPARTAMENTO DE APOYO A LA CALIDAD DEL SERVICIO

Un departamento dedicado exclusivamente a prestarle apoyo a la calidad del servicio puede representar un aporte valioso en una compañía que aspira a la excelencia en servicio. Sin embargo, la posición y el liderazgo del departamento son críticos para su éxito. La posición o el liderazgo equivocados pueden poner en peligro la causa de la mejora del servicio. Por tanto, la decisión de crear un departamento de apoyo debe abordarse con cuidado y estratégicamente.

El departamento de apoyo al servicio no es un substituto del grupo orientador; por el contrario, le presta un apoyo vital al grupo orientador al proporcionarle información, hacer el seguimiento de los problemas y poner en práctica sus iniciativas.

El papel fundamental de un departamento de apoyo es facilitar el proceso de mejoramiento del servicio. Su función directa no es mejorar el servicio de la empresa sino ayudarles a todos los demás integrantes de la compañía a hacerlo. Esta diferencia es crucial, hasta el punto de depender de ella el éxito o el fracaso. La alta gerencia debe comprender esta diferencia, así como también deben comprenderla los miembros del grupo orientador y el director y el personal del departamento de apoyo. Igualmente, el resto de la organización debe comprender la diferencia.

Lynn Shemmer, ejecutiva de mejoramiento de la calidad de Maritz Motivation Company, de St. Louis, de 1990 a 1992, determinó una vez que las tres prioridades de su departamento eran facilitar el sentimiento de propiedad en cuanto al proceso de mejoramiento de la calidad entre los miembros de la organización de línea, eliminar los obstáculos para el progreso, y proporcionar las herramientas necesarias.[1] Shemmer comprendía perfectamente la diferencia entre mejorar la calidad del servicio y ayudarles a todos los demás a comprenderla.

Es importante presentar desde un principio la mejora de la calidad como una "responsabilidad de todos" y la función del departamento de apoyo como facilitadora. Ésta es una de las razones por las cuales el departamento de apoyo debe ser pequeño, incluso en las compañías grandes. El simbolismo de un departamento pequeño comunica mejor el mensaje de ser una "unidad de apoyo" en lugar de un departamento de veinte o treinta personas. Además, un departamento pequeño garantiza (por necesidad) que la mayoría de las labores de mejoramiento de la calidad del servicio se realicen en la organización de línea, pues es allí donde deben hacerse. Un departamento pequeño también hace menos factible que la burocracia acabe por sofocar la iniciativa y la innovación en servicio. El nombre formal del departamento — "departamento de apoyo a la calidad del servicio", o algo semejante — refleja el posicionamiento deseado mucho mejor que los nombres comunes como "departamento de servicio al cliente".

¿Si es mejor pequeño que grande, sería todavía mejor no tener nada? Salvo en el caso de las empresas muy pequeñas, la respuesta es "no". La existencia del departamento de apoyo garantiza el interés constante de la organización por mejorar el servicio. El personal encargado de la calidad del servicio aporta un conjunto de conocimientos en áreas especializadas, como investigación del servicio y capacitación, los cuales no existirían de otra manera. Si el departamento es excelente, debe mejorar la eficacia del grupo orientador, por las razones ya mencionadas.

Además, el departamento puede desempeñar un papel importante en lo que se refiere a educar a los empleados acerca del significado, la importancia y la aplicación de la calidad del servicio en la compañía. Puede proporcionar el apoyo técnico requerido para planear y ejecutar las diversas iniciativas, como el programa de orientación para los nuevos empleados o un programa de garantía del servicio. El departamento puede asesorar a las personas que prestan el servicio en el campo en que requieran ayuda especializada. También puede manejar las quejas de los clientes, aunque esta función se debe repartir con otra unidad en caso de que la carga de trabajo le impida al departamento cumplir su misión central de apoyar la mejora del servicio.

Lo ideal es que el director del departamento de apoyo pertenezca a los niveles altos de la gerencia y tenga amplia experiencia en la compañía, incluida experiencia como gerente de línea, y que sepa cómo lograr que se hagan las cosas. El director del departamento debe tener visión de líder, instintos empresariales y las destrezas organizacionales de un gerente. Son indispensables la credibilidad dentro de la organización y la pasión personal por un servicio de calidad. Es conveniente que tenga experiencia en el campo de la calidad del servicio, aunque no es esencial, pues esa experiencia se puede adquirir con dedicación al estudio y al trabajo práctico. Pero los demás atributos mencionados son esenciales. Para dirigir con éxito un departamento de apoyo al servicio se necesita una persona especial, pues el trabajo no siempre es fácil.

EQUIPOS DE PROYECTO PARA LA CALIDAD DEL SERVICIO

Los grupos orientadores y los departamentos de apoyo suelen desenterrar problemas y dificultades que deben resolverse a fin de mejorar la calidad. Muchas veces, la mejor manera de manejar esos asuntos es mediante equipos de proyecto. Esos equipos están formados por empleados que se agrupan temporalmente para analizar un problema específico y recomendar las medidas que es necesario tomar. El equipo se desintegra una vez cumplida su labor.

Es correcto asignarle a un proyecto un equipo ad hoc en lugar de una unidad de trabajo existente cuando ésta no tiene el tiempo, ni el talento, ni los conocimientos ni la motivación indispensables para emprender con éxito el proyecto. Además, muchos proyectos de mejora del servicio rebasan las fronteras de los departamentos funcionales y necesitan el aporte de empleados de diversas áreas.

Los equipos de proyecto ofrecen la flexibilidad de asignar a los mejores para trabajar en un proyecto específico. Si se escogen personas de toda la organización, el grupo podrá aportar una visión holística a su tarea. Los equipos de proyecto les permiten a los empleados comprometerse personalmente con la mejora de la calidad; participar en el equipo es una manera de aprender y crecer. Los miembros del equipo se benefician de un alto grado de motivación derivado del elíxir que brota del trabajo en equipo, de la presión del grupo y de la misión.

Mary Kay Cosmetics utiliza ampliamente los equipos de

proyecto, a los cuales denomina "equipos de acción creativa". Los propósitos de los equipos en Mary Kay Cosmetics aparecen en la tabla 6-1, la cual resume los principales beneficios de los equipos de proyecto para la calidad del servicio.

Hace varios años, Federal Express formó un equipo de proyecto para desarrollar un nuevo sistema de evaluación del desempeño. Si hubiera utilizado la manera tradicional de desarrollar un nuevo sistema, habría tardado cerca de dos años. El equipo lo hizo en tan sólo seis meses. El equipo entrevistó con grupos focales a mensajeros y a gerentes para determinar lo que les agradaba y les disgustaba del sistema de evaluación existente. Determinó que tanto a los mensajeros como a los gerentes les desagradaba el enfoque de la lista de verificación porque hacía que el proceso fuera demasiado cuantitativo, simplista e impersonal. Armado con la información del personal de campo, el equipo diseñó un nuevo enfoque de evaluación más flexible. Después realizó la prueba piloto del sistema antes de presentarlo a la compañía para su implantación.[2]

Tabla 6-1
PROPÓSITO DE LOS EQUIPOS DE ACCIÓN CREATIVA DE MARY KAY COSMETICS

- Fomentar una mentalidad calidoscópica, "agitar" la savia creativa e incorporar este proceso y la nueva manera de pensar en las labores de todos los días.
- Generar ideas frescas, nuevas perspectivas y entusiasmo.
- Dejar que las personas crucen las fronteras de sus funciones y aprendan más acerca de nuestra compañía, de nuestros colegas y de sus responsabilidades.
- Resolver las crisis en los casos en que se necesite el aporte de las distintas áreas funcionales.
- Permitir que surjan los líderes creando para ello oportunidades de liderazgo.
- Fortalecer el trabajo en equipo entre las distintas funciones.
- Ofrecer oportunidades para comprender mejor las nuevas tecnologías y/o adquirir más conocimientos técnicos.
- Retar a la gente para que no se limite a resolver los problemas de todos los días.

AT&T Credit utilizó un equipo de proyecto para reestructurar toda la organización. En 1985, cuando se creó AT&T Credit, la gerencia formó dos organizaciones: un grupo de cuentas nacionales para manejar las finanzas complejas de las compañías grandes, y otro grupo para atender a las empresas pequeñas por medio de paquetes corrientes de crédito. Esa estructura inicial demostró ser rígida, propensa a los errores e incapaz de reaccionar. Los clientes pequeños deseaban una financiación flexible y un servicio personal; los clientes grandes deseaban transacciones más ágiles.

Para ocuparse del problema, la gerencia escogió a diez empleados entre los sesenta que solicitaron integrar el equipo de proyecto. La gerencia proporcionó la capacitación en las áreas de desarrollo del equipo y diseño organizacional; les pidió a los integrantes que dedicaran el 50% de su tiempo a trabajar en el proyecto. Lo primero que hizo el equipo fue entrevistar a los clientes y a los vendedores para determinar sus necesidades, y después a los empleados de AT&T Credit. Se reunían con los empleados todos los meses para mantener abiertas las líneas de comunicación y recibían los comentarios a través de mensajes grabados. El equipo analizó el flujo de trabajo, rastreando cada paso del sistema, desde el pedido inicial del cliente hasta el pago final del crédito. Por medio de ese proceso, detectaron numerosas oportunidades para reducir los costos y mejorar la productividad y la calidad. Después, los integrantes se reunieron durante cinco días lejos de las oficinas para replantear la estructura de la organización y redefinir los cargos. Una vez terminado el proyecto, la empresa invitó a todos los empleados a presentar solicitudes para los cargos recién diseñados. Acto seguido se formó otro equipo de proyecto para que sirviera de transición durante la selección del personal para los distintos cargos.[3]

Los equipos de proyecto deben utilizarse para resolver problemas importantes, como en los ejemplos de Federal Express y AT&T. El éxito depende de un mandato claro y un cronograma concreto, de la selección cuidadosa de los integrantes, el liderazgo del equipo, la capacitación apropiada y el respaldo visible de los superiores. Tener demasiados equipos en movimiento al mismo tiempo impone una carga sobre los recursos necesarios y distrae la atención de la gerencia, la cual debe estar concentrada en los equipos encargados de proyectos de máxima prioridad. Richard Chang aconseja: "Los equipos de mejora de la calidad se deben utilizar con mesura... Los equipos formados para mejorar los procesos de más alta prioridad ofrecen la mayor probabilidad de echar a andar cambios benéficos para la organización".[4]

EQUIPOS DE PRESTACIÓN DEL SERVICIO

De todas las formas estructurales descritas en este capítulo, los equipos de prestación del servicio tienen el mayor potencial de mejorar el servicio — y entrañan el mayor de los retos en lo que a implementación se refiere. Mientras los grupos orientadores, los departamentos y los equipos de proyecto implican facilitar la mejora del servicio, los equipos de prestación del servicio son un mecanismo alterno para prestar realmente el servicio.

El servicio que le prestan a un cliente suele ser el producto de una cadena de servicios relacionados. Algunos de esos servicios tienen lugar entre bastidores, lejos de la experiencia directa de los clientes. Otros servicios los experimenta directamente el cliente. Las deficiencias en cualquiera de los puntos de la cadena pueden influir en la impresión del cliente respecto de la calidad del servicio.

La manera tradicional organizacional de prestar una cadena de servicios es la estructura funcional. Quienes prestan los servicios están organizados de acuerdo con la función particular que desempeñan dentro de la cadena. La razón fundamental es que la especialización proporciona eficiencia y calidad. Por ejemplo, una compañía administradora de una flota de automóviles organizada funcionalmente tendría departamentos tales como consecución de automóviles, administración de los títulos, facturación y ventas de vehículos usados. Todas esas funciones son complejas, y la estructura funcional parece apropiada.

Pero ¿la estructura funcional es realmente el mejor modelo para prestar un servicio extraordinario? Muchas compañías comienzan a darse cuenta de que la respuesta es cada vez más negativa. Esa estructura puede ser problemática tanto para quienes prestan el servicio como para los clientes.

En el caso de muchos servicios, la estructura funcional no deja ver con claridad el objetivo de satisfacer al cliente final, y restringe el talento y la energía de servicio al cliente, potencialmente asequibles en la organización. Limitando el contacto de los clientes con los empleados al extremo final de la cadena de servicios, el funcionalismo no impulsa a las personas que prestan servicios internos a sentir que los clientes finales les pertenecen. El sistema funcional de "pasar la pelota" de un departamento a otro mengua el compromiso interno para con el cliente final.

Aunque la especialización funcional puede traducirse en mayor eficiencia y calidad *dentro* de una determinada función, también puede socavar el trabajo en equipo, reducir la agilidad del servicio y permitir más errores *entre* funciones. Geary Rummler y Alan Brache analizaron estas desventajas en su artículo titulado "Managing the White Space":

> ...los gerentes de los departamentos tienden a ver a las demás funciones como enemigos y no como aliados en la batalla contra la competencia. Construyen "silos" alrededor de los departamentos; estructuras elevadas, de paredes gruesas sin ventanas, dentro de las cuales se manejan los asuntos del departamento, dejando por fuera los de todos los demás.[5]

Del enfoque interunitario al enfoque intraunitario de prestación de servicios

Cada vez crece más el número de empresas que responden a las vulnerabilidades del funcionalismo colocando a las personas de distintas especialidades en una misma unidad y diciéndoles: "Trabajen en equipo, hagan que el cliente les pertenezca y mejoren la forma en que hacemos las cosas".[6] Lo que hacen en realidad estas empresas es reestructurarse para cambiar el enfoque interunitario de "pasar la pelota" de un departamento a otro por un enfoque intraunitario en el cual esto no es necesario. La totalidad de la cadena de servicio, o buena parte de ella, se reúne en una unidad integrada por todas las funciones, la cual atiende a un grupo específico de clientes (o incluso a un solo cliente, si es una cuenta grande). La responsabilidad de la unidad es convertirse en un *equipo de prestación del servicio.*

Katzenbach y Smith definen el equipo como "un número reducido de personas con destrezas complementarias, comprometidas con un propósito común, unas metas de desempeño y un enfoque del cual se consideran responsables por igual".[7] Estos autores diferencian claramente el equipo del grupo de trabajo. Los departamentos u oficinas regionales son grupos de trabajo, pero no necesariamente equipos. El desempeño de un grupo de trabajo refleja los logros individuales de sus integrantes. El desempeño de un equipo refleja los logros individuales y colectivos. La principal responsabilidad de los miembros de un grupo de trabajo es el producto de su trabajo individual. Los miembros del equipo tienen además la responsabilidad del producto del trabajo colectivo.[8]

Los equipos de prestación del servicio, debidamente puestos en marcha en las condiciones apropiadas, proporcionan numerosos beneficios: continuidad del servicio, claridad estructural y control del servicio, trabajo en equipo y crecimiento de los empleados. Al dedicarse a un grupo designado de clientes — como los pertenecientes a un área geográfica o a una industria específica —, los equipos llegan a conocer a fondo a cada uno de sus clientes y pueden personalizar y adaptar la prestación del servicio. Los clientes tratan básicamente con las mismas personas que prestan el servicio para la totalidad o la mayoría de sus necesidades a lo largo del tiempo. Los equipos de prestación del servicio les permiten a las compañías grandes operar como si fueran pequeñas porque el equipo se convierte, en realidad, en una "empresa".

Aunque es difícil poner en marcha los equipos, el concepto estructural del equipo es más simple que el de la estructura funcional. Lo único que deben hacer los clientes es contactar al equipo, independientemente de su necesidad. Como los gerentes deben autorizar a los equipos para que sirvan a los clientes de manera creativa y responsable a fin de que el sistema funcione, muchas veces es posible reducir los niveles organizacionales. El exceso de supervisión se convierte en un obstáculo. El éxito de Taco Bell en reducir los niveles de gerencia media y ampliar el alcance del control, tal como se discutió en el capítulo 4, ilustra el potencial de los equipos de prestación de servicios en cuanto a comprimir la organización.

Los equipos fomentan la claridad estructural. El equipo hace el trabajo para el cliente o no lo hace. En las estructuras funcionales, el control sobre la calidad del servicio se diluye entre las diversas unidades de la organización; en las estructuras a base de equipos, el control está dentro del equipo, lo cual mejora potencialmente la flexibilidad y la agilidad del servicio y minimiza los problemas de pases de pelota entre funciones. La estructura de equipos prepara a las organizaciones de servicio para jugar rugby. "El rugby es un deporte de flujo", dice el profesor Noel Tichy. "Parece caótico, pero exige gran comunicación, constantes ajustes a un entorno cambiante, y capacidad para resolver problemas sin utilizar la jerarquía".[9]

El trabajo en equipo es posible sin equipos, pero éstos no pueden existir sin el trabajo en equipo. Si las compañías mejoran su trabajo en equipo reestructurándose en equipos de prestación de servicios, podrán mejorar también la calidad de sus servicios. Los miembros de un equipo suelen trabajar en estrecha colaboración y tienen mucho contacto entre sí, lo cual facilita la comunicación y la posibilidad de compartir conocimientos. Los miembros conocen las fortalezas, las limitaciones y los hábitos de sus compañeros y pueden adaptar su comportamiento de conformidad.

El hecho de pertenecer a un equipo es una oportunidad para rejuvenecer, inspirarse y encontrar motivación. Los equipos suelen fijarse unas metas de desempeño superiores a las que fijarían sus superiores. En un verdadero equipo que ofrece más que la simple suma de sus partes, la presión por sobresalir es intensa.

Pertenecer a un equipo promueve el crecimiento personal. Como los equipos de prestación de servicios operan como una empresa pequeña, asumen más responsabilidad, y probablemente con menos supervisión que en una organización funcional. Aunque los integrantes pueden vincularse inicialmente en calidad de especialistas, las exigencias del enfoque intraunitario los obligan a ampliar sus destrezas y capacidades. La capacitación en diversos campos es una realidad constante en los equipos de prestación de servicios. En el caso de los empleados que provienen de departamentos de servicio interno, la estructura de equipo puede ser su primera experiencia de trabajo con clientes externos. Pertenecer al equipo puede brindar la desafiante oportunidad de aprender, descrita en el capítulo 2.

Aid Association for Lutherans (AAL), una de las aseguradoras más grandes de los Estados Unidos, reconoció a tiempo el poder de la reestructuración, y en 1987 reorganizó su grupo de servicios de los productos de seguros (cerca del 30% de los empleados de la casa matriz) en equipos de prestación de servicios. Antes de reestructurar, los más de 2 000 agentes zonales de AAL debían contactar a varias unidades funcionales para recibir servicios de apoyo, proceso engorroso e impersonal. La estructura de equipos le proporcionó a cada agente un punto de contacto para todos los servicios de apoyo requeridos. Los equipos de prestación de servicios pudieron prestar más de 150 servicios anteriormente dispersos en los departamentos funcionales.

El origen de la decisión de AAL de reestructurar fue un estudio interno que reveló serias preocupaciones con la organización existente. Muchos lectores seguramente se sentirán identificados con estas preocupaciones:

- La estructura funcional no estaba verdaderamente orientada en función de los clientes.
- Las decisiones se tomaban en los niveles altos de la organización, muy lejos del punto de prestación del servicio, afectando negativamente a la calidad y a la prontitud de las decisiones.
- Había una subutilización de las destrezas y las habilidades de los empleados, y muchos de los cargos eran aburridores por su corto alcance.
- La productividad era vista desde la perspectiva funcional y no como un todo integrado.
- Los gastos de personal y otros gastos afines estaban aumentando excesivamente.[10]

Una transición nada fácil

Un estudio realizado por la revista *Training* en 1992 revela que por lo menos el 80% de las organizaciones que han utilizado la estructura de equipos informan que mejoraron la calidad, la productividad y la rentabilidad.[11] Estas mejoras no se logran con facilidad.

Para la mayoría de las organizaciones, reestructurar para formar equipos de prestación de servicios implica un cambio cultural significativo con respecto a la antigua manera de operar. Indudablemente, la reestructuración altera considerablemente el flujo de trabajo durante el período de transición. Algunos, o quizás muchos, gerentes medios y supervisores de primera línea se sentirán amenazados — sin querer o poder cambiar de jefe a instructor, y preocupados por el menor número de puestos disponibles. No todos los empleados que no son gerentes recibirán con alborozo las nuevas responsabilidades y las más altas expectativas emanadas de la participación en el equipo. Muchos empleados se sentirán agraviados por la desintegración de las redes sociales, consecuencia natural de la eliminación de los departamentos funcionales. Las compañías que reestructuran solamente parte de la organización crean el potencial de antagonismo entre los grupos viejos y los grupos nuevos. Para organizarse en equipos se necesitan unos cambios sistémicos en la manera de operar, desde el sistema para evaluar y retribuir a los empleados hasta el diseño y la dotación de las instalaciones físicas (los equipos necesitan espacio para trabajar tanto individualmente como en grupo).

Sin el compromiso total de la gerencia para con el potencial a largo plazo de los equipos de prestación del servicio, más vale no proceder. William Byham, consultor de capacitación, afirma:

> Los altos gerentes deben tener una idea clara de las ventajas positivas que aspiran a obtener, porque serán ellos quienes deberán sufragar el cambio. Habrá costos de capacitación. Habrá trastornos de comunicación y de coordinación a medida que el control y el liderazgo migren hacia abajo. Tendrán que enfrentar el problema del exceso de supervisores y gerentes medios. Por tanto, no deben perder de vista los beneficios que tratan de obtener, o, de lo contrario, se darán por vencidos a mitad de camino.[12]

Circunstancias en las cuales es más lógico tener equipos

Es más lógico tener equipos cuando la cadena de servicio es compleja e interdependiente. Se necesitan múltiples destrezas para prestar el servicio, y es grande la necesidad de cooperación entre quienes prestan los servicios. La incertidumbre que hay en el ambiente de servicio también favorece la estructura de equipos. Cuando la naturaleza y el patrón de las exigencias de los clientes se parecen más al departamento de urgencias de un hospital que a una línea de producción, lo más probable es que se requieran equipos que puedan responder con rapidez y flexibilidad.

Los equipos también pueden estar indicados en ambientes más estables si los especialistas se vuelven menos productivos como consecuencia del aburrimiento o de una sensación de aislamiento. CRST, una empresa de transporte por carreteras, utiliza equipos de dos conductores en recorridos largos para combatir la soledad y reducir la rotación de los conductores, problema generalizado en esa industria. Maids International, empresa de servicios de limpieza del hogar, utiliza equipos de cuatro empleadas para reducir el tedio y la fatiga y aumentar la productividad; ellas alternan las labores al pasar de una residencia a otra, y el trabajo en equipo les brinda la oportunidad de tener trato social.[13]

También se debe pensar en una estructura de equipos cuando la empresa le presta varios servicios a un mismo cliente y éste se ve precisado a tratar con muchas unidades si la organización es funcional. En Rank Xerox de Inglaterra se reconoció claramente la necesidad de reorganizar la empresa el día en que un representante de zona estaba esperando en la recepción de las oficinas de un cliente. Para su gran sorpresa, otro de los presentes respondió cuando la recepcionista anunció "Rank Xerox". Los dos representantes no se conocían aunque trabajaban en la misma oficina — uno en servicios al cliente y el otro en ventas. Rank Xerox se organizó en unidades regionales, cada una de ellas integradas por vendedores, técnicos de servicio y personal administrativo.[14]

En la mayoría de las organizaciones, el trabajo en servicio enfrenta *todas* las pruebas enumeradas anteriormente: el servicio es complejo e interdependiente, el ambiente de las actividades es turbulento, el potencial de agotamiento por tedio o soledad es alto, *y* los clientes deben tratar con muchos puntos de contacto. En esas circunstancias, la estructura de equipo casi siempre es más apropiada para una estrategia de servicio de calidad.

Equipos de atención en Lakeland Regional Medical Center

La reestructuración del Lakeland Regional Medical Center, de Lakeland, Florida, es un ejemplo excelente de los beneficios y los desafíos de los equipos de prestación de servicios. Lakeland emprendió un proceso de muchos años para cambiar su estructura funcional tradicional (el modelo "clásico") por una estructura de equipos (el modelo "centrado en el paciente"). Lakeland realizó la primera prueba piloto de su nuevo modelo en 1989. No reorganizó la segunda unidad sin antes obtener buenos resultados con la primera. Avanzando cautelosa y sistemáticamente, en 1994 cerca del 25% de las camas de Lakeland habían pasado a ser parte del ambiente reestructurado. Con parte del hospital organizado por funciones y parte organizado en equipos, Lakeland ha tenido la oportunidad permanente de comparar las dos estructuras, cosa que ha hecho con resultados asombrosos.

La unidad organizacional básica en la estructura de equipos es la "pareja de atención" — una enfermera diplomada y una persona con diversas habilidades de atención. Cada pareja trabaja con muchas otras parejas en los distintos turnos, como parte del equipo de atención. El equipo de atención les proporciona hasta el 90% de los servicios del hospital a cuatro o seis pacientes durante el tiempo que permanecen hospitalizados. Uno de los miembros de cada equipo de atención hace las veces de líder, y actúa esencialmente como "jugador-entrenador".

El equipo de atención no solamente sirve a los mismos pacientes sino también al mismo médico. Más del 90% del tiempo, los médicos trabajan con los equipos de atención primaria o secundaria. Los farmacéuticos, los trabajadores sociales, los expertos en nutrición, los fisioterapeutas y otros especialistas son parte del equipo ampliado. Los integrantes del equipo deben asistir a un curso de seis a ocho semanas en la Patient-Focused University, del Hospital Lakeland. En el curso se enseña la amplia gama de destrezas requeridas para la unidad del hospital que se está reestructurando, además de las destrezas para desarrollar el trabajo en equipo. Entre los servicios que los equipos de atención les prestan a sus pacientes están los exámenes previos a la hospitalización, la historia clínica, radiografías, terapia respiratoria, fisioterapia, exámenes electrocardiográficos, servicios ambientales (cambio de lencería, aseo), transporte dentro del hospital y facturación. Los equipos de atención utilizan un terminal de computador en la habitación del paciente para funciones tales como cargar servicios a la cuenta.

La reestructuración de Lakeland ha sido un proceso difícil. Como comenta el gerente general Jack Stephens: "Es mucho más que un cambio de estructura organizacional; es toda una nueva manera de ver las cosas". Phyllis Watson, vicepresidenta del programa de desarrollo centrado en el paciente y jefe de enfermería, agrega: "Un cambio grande de cultura sencillamente es un proceso largo. Requiere refuerzo y capacitación constantes. Es duro para la gente, y agota muchas energías. Pensábamos que sería más fácil con el tiempo, pero no ha sido así".

Sin embargo, el dolor ha producido beneficios. Para 71 de 72 parámetros de satisfacción, los pacientes del ambiente reestructurado calificaron sus experiencias con un puntaje igual o superior al de los pacientes del ambiente clásico. Para 49 de los 72 parámetros, los resultados fueron estadísticamente significativos.[15]

La encuesta de 44 miembros del personal que participaron en el proyecto piloto original revela que han mejorado el estrés en el trabajo, la calidad de la vida laboral, las percepciones sobre la calidad de la atención y la satisfacción laboral en general. La satisfacción con el trabajo en equipo contribuyó a la impresión de una reducción del estrés laboral.[16]

La clave de estos resultados es la mayor continuidad de la atención. En un ambiente clásico, el paciente promedio del Lakeland ve a 53 personas diferentes durante una hospitalización de cuatro días. Phyllis Watson se refiere a esas 53 personas como "rostros en un desfile". En el ambiente centrado en el paciente, la persona hospitalizada ve a 13 miembros del personal en promedio.

Laticia Baily, tecnóloga de radiología, y Andy Thomas, enfermero diplomado, forman una pareja de atención. Laticia dice: "Uno llega a conocer realmente a los pacientes. Nunca me había sentido tan feliz en el trabajo y nunca había visto tan felices a los pacientes. Podemos pasar más tiempo con ellos que los médicos; éstos no tienen tiempo para explicar las cosas en detalle. Nosotros les dedicamos a los pacientes el tiempo que sea necesario". Andy agrega: "Llegamos a conocer muy bien al médico, y si tenemos alguna complicación con un paciente, sabemos cómo querría el médico que actuáramos".

La estructura centrada en el paciente también le proporciona al equipo de atención más control sobre el servicio. Wanda McManus y Marge Richardson, ambas enfermeras diplomadas que tienen mucha experiencia en el área de la salud, forman otra pareja de atención. Marge no duda de que la nueva estructura favorece el trabajo de enfermería. "Nos ayuda a ser mejores abogadas del paciente. Si la terapia prescrita no es apropiada, nosotras intervenimos". Wanda afirma: "Podemos ser más proactivas y planear el día del paciente; en el sistema clásico, no tenemos control. El laboratorio llama, y uno debe responder". Ted Anderson, técnico en terapia respiratoria y profesional en el área, afirma: "En el sistema antiguo, si un paciente pedía un vaso de agua, yo hacía lo posible por ayudar, pero no había manera de saber si el paciente podía beber agua. Necesitaba hasta 15 minutos para averiguarlo. Ahora sé las cosas. Y mientras doy el vaso de agua, puedo hacer otras seis cosas en la habitación". Ted comenta también otro beneficio del modelo centrado en el paciente: el desarrollo personal de los integrantes del equipo. "Mi especialidad es la terapia respiratoria, pero he recibido entrenamiento en muchas otras áreas. No he tenido que pagar por recibir esa educación, pero sí me pagan por los nuevos conocimientos que adquirí".

Lakeland tomó el camino de una estructura radicalmente nueva con el propósito de alcanzar cuatro objetivos: mejorar la atención médica, la calidad del servicio y la calidad de vida en el trabajo, y reducir los costos. Ya está logrando los tres primeros objetivos, y proyecta una reducción de costos una vez terminado el período de transición, y ya no opera con dos estructuras. Como los servicios hospitalarios son complejos, interdependientes e impredecibles, la estructura de equipos promete facilitar muchísimo el servicio extraordinario. A través de su enfoque centrado en el paciente, Lakeland, un hospital grande con cerca de 900 camas, puede proporcionar un servicio personalizado y adaptado a las necesidades, más parecido al nivel de servicio de un hospital pequeño. Dice Andy Thomas: "Nosotros prestamos servicios personalizados en una era tecnológica".

Equipos de asistencia al cliente en Roberts Express

Roberts Express, la compañía de transporte rápido de carga de Akron, Ohio, es otro ejemplo de la utilización eficaz de los equipos de prestación del servicio. Los equipos de asistencia al cliente, conocidos con el nombre de CAT [Customer Assistance Teams] en Roberts Express, están integrados por siete o nueve miembros. El número impar tiene por objeto evitar empates cuando hay votaciones sobre decisiones operativas o de política. Cada CAT atiende los clientes de una determinada zona geográfica; a principios de 1994 había 17 equipos.

Antes de la reestructuración, el departamento de servicios al cliente recibía el pedido de un cliente y lo pasaba al departamento de operaciones, el cual conseguía un conductor y un camión para despachar la carga. Los representantes de servicios al cliente hablaban solamente con los clientes, y operaciones trataba únicamente con los conductores. Aunque un cliente estuviera al borde de la desesperación, el departamento de operaciones jamás se enteraba de lo que sucedía.

En la estructura de equipos, cada miembro de un CAT es "dueño" del servicio de principio a fin. El representante toma el pedido del cliente por teléfono, e ingresa en un sistema avanzado de computador denominado C-Link toda la información necesaria para organizar la carrera (sitio para recoger y dejar la carga, número de piezas y peso, por ejemplo). C-Link identifica a los conductores disponibles más apropiados para la carrera en cuanto a lugar, tamaño del camión y otros criterios. Todos los camiones están equipados con un computador, y el primero de los conductores de la lista recibe un mensaje del sistema C-Link en que le ofrece el trabajo; él puede aceptar o rechazar ese trabajo en su calidad de contratista independiente. Si el conductor acepta, al tocar el código "sí" recibe automáticamente la información de ruta y las instrucciones especiales para iniciar el viaje. Si rechaza la oferta, el proceso se repite con el siguiente nombre de la lista. Los conductores que se hallan dentro de un radio de 40 kilómetros alrededor de uno de los 52 Express Centers de Roberts Express, recogen la carga en un lapso de 90 minutos después de recibida la llamada del cliente.

El representante del CAT utiliza el C-Link para rastrear el progreso de la carrera y comunicarse con el conductor, según sea necesario. Si se presentan demoras, el representante puede alertar al cliente emisor y al receptor de la carga. El representante del CAT participa en el proceso hasta cuando se cumplen la entrega y el descargue y el conductor recibe el mensaje de computador sobre el siguiente punto al cual debe dirigirse para recoger la siguiente carga.

Los miembros de un mismo CAT trabajan en cubículos adyacentes. Comparten la información, se reemplazan en los descansos y se ayudan durante las crisis. Se reúnen una vez a la semana durante una hora para discutir los problemas de servicio y las medidas requeridas. Los miembros del equipo rotan en la función de dirigir esas reuniones.

Las bonificaciones trimestrales para los miembros del equipo se determinan estrictamente sobre la base del desempeño del equipo frente a las metas fijadas en áreas tales como satisfacción de los clientes, cargue y descargue a tiempo, y tiempo de respuesta a las llamadas telefónicas. Cada equipo sube o baja como un todo, lo cual alienta a sus miembros a ayudarse entre sí y a enseñarles los aspectos fundamentales de la operación a los recién llegados.

Los diversos equipos comparten facilitadores para la supervisión, el entrenamiento y la solución de problemas; pero, en general, son equipos de autogestión. Cuanto más tiempo pasa, menos facilitadores necesitan.

Roberts Express inició la prueba piloto con su primer CAT en 1989; casi dos años después, creó su segundo equipo. En 1992 agregó otros 15 equipos, y terminó así su reestructuración. La nueva estructura se puso en marcha cuando estuvo listo el sistema C-Link.

El CAT piloto, conocido como el CAT #14, inventó muchos de los procedimientos que los demás equipos utilizan en la actualidad. Una de las creaciones del equipo fue el sistema de las "siete estrellas", según el cual cada uno de los integrantes del equipo tiene la responsabilidad de desarrollar conocimientos en una de siete áreas especializadas, como seguridad y relaciones contractuales, recursos humanos y aspectos relacionados con los conductores. La idea era aportarle nuevos conocimientos al equipo de manera equilibrada.

Los equipos de prestación de servicios le han aportado a Roberts Express los mismos beneficios que ahora cosecha el Lakeland Regional Medical Center: mayor control de la cadena de servicios, más agilidad y flexibilidad, servicio personalizado al cliente, desarrollo de las destrezas y los conocimientos de los empleados y mejor trabajo en equipo. Joyce Compati, miembro del CAT #14, dice: "Ahora me siento más satisfecha con mi trabajo. El trabajo en equipo ha ampliado los horizontes de mi trabajo. Estaba acostumbrada a tomar pedidos únicamente, pero ahora también puedo despachar, lo cual es más interesante. Tengo responsabilidades estrella". Sue Zordich afirma: "Con sólo oír la voz por teléfono sabemos quién habla y por qué llama. Sabemos que es Bernie y qué necesita. Tratamos de hacer que el cliente sienta que es nuestro único cliente". John Suich dice: "Cuando se trabaja en un equipo como el nuestro, nadie elude nunca una responsabilidad". Charlene Donato, recién vinculada al CAT #14 en el momento de ser entrevistada, agrega: "Las tres semanas de entrenamiento previo fueron abrumadoras. Había tanto que aprender. Sin embargo, mi equipo me alentó, y todo fue más fácil. Ahora puedo hacer contribuciones al grupo".

Los CAT de Roberts Express trabajan sometidos a una enorme presión los días de mucha actividad para hacer despachar los envíos críticos a tiempo. El CAT #14 normalmente maneja entre 45 y 50 envíos al día, pero ha llegado a manejar hasta 70 carreras en un solo día. La tecnología de la compañía es excepcional; Roberts Express depende de ella para ejecutar su estrategia de servicio personalizado, confiable y eficiente en materia de tiempo. Pero la estrategia no descansa únicamente en la tecnología.

También se apoya en el orgullo, el ánimo, la comunicación y el deseo de compartir que brotan como consecuencia de pertenecer a un equipo.

Implantación de los equipos de prestación de servicios

Los beneficios potenciales de los equipos de prestación de servicios son claros. También saltan a la vista las dificultades para lograr la transición. Es mucho lo que se puede aprender de las experiencias de otros en la implantación de la estructura de equipos. A continuación aparecen algunas "reglas para el camino" que pueden aplicarse durante la reestructuración:

1. *Demostrar el respaldo de la gerencia.* Con la reestructuración en equipos cambia radicalmente la forma en que la empresa hace negocios. Las políticas y las prácticas operativas cambian necesariamente, lo mismo que las redes sociales entre departamentos y dentro de ellos. Las consecuencias inevitables de deshacer una estructura y desarraigar a la gente exigen que la alta gerencia encabece el cambio. Si el compromiso de la alta gerencia es incierto, servirá de acicate para un movimiento de resistencia en la organización (y la resistencia es inevitable).

La alta gerencia debe comunicar con claridad la realidad del cambio, la razón por la cual se hará, cómo se hará y los efectos que ejercerá en los empleados. La alta gerencia debe educar y persuadir — y seguir haciéndolo durante todo el proceso de transformación. Phyllis Watson, de Lakeland, afirma: "Se necesita un liderazgo fuerte porque [la reestructuración] sacude cada gramo de la goma que mantiene unida a la organización. Nunca es demasiada la comunicación. Todo el mundo desea oírlo de labios de los altos gerentes".

2. *Comenzar con un equipo piloto.* Es aleccionador el hecho de que tanto Lakeland como Roberts Express hayan iniciado el proceso de reestructuración con un equipo piloto. La fase piloto le permite a la gerencia aprender mucho acerca de la prestación

de servicios por medio de equipos antes de hacer cambio total, e incluso cambiar de opinión sobre la reestructuración. El equipo piloto puede resolver los problemas y las dificultades conforme van surgiendo, y va perfeccionando en gran medida el sistema. La experiencia con el equipo piloto ayuda a convencer a los escépticos de la organización acerca de los méritos de la nueva estructura. Las gerencias de Lakeland y de Roberts Express utilizaron la información del equipo piloto para ayudar a vender la reestructuración internamente. Por ejemplo, las encuestas de Roberts Express sobre el equipo piloto revelaron mayor satisfacción de los clientes, los empleados y los conductores.

3. *Conservar unos equipos pequeños — y unidos.* Las cualidades que contribuyen a la eficacia de los equipos, tales como la comunicación continua, el trabajo en equipo y la flexibilidad de respuesta, son en parte una función del tamaño del equipo. Los equipos pequeños, de menos de diez personas, suelen ser los mejores. Los miembros del equipo también deben trabajar físicamente cerca los unos de los otros, como sucede en Lakeland y en Roberts Express. El distanciamiento físico, lo mismo que el tamaño excesivo del grupo, impide la eficacia que se logra trabajando en equipo.

4. *Vincular los equipos a la estrategia.* El equipo debe recibir el mandato explícito de ejecutar la estrategia de servicio. Sin un propósito común, no hay equipo. Las metas de desempeño a corto plazo — las cuales los equipos deben ayudar a definir — deben ser a la vez específicas y ambiciosas. Los equipos que tienen una misión son más exitosos.

5. *Buscar destrezas complementarias para el equipo — y buscar potencial.* Los equipos de prestación de servicios necesitan una mezcla complementaria de destrezas y formación a fin de traer hasta donde sea posible toda la cadena del servicio a un solo punto de contacto. Los miembros del equipo también deben tener la capacidad de resolver problemas, tomar decisiones y trabajar constructivamente con los demás.[17] Aunque los equipos necesitan una mezcla razonable de destrezas desde el comienzo, sus integrantes las desarrollarán y las mejorarán a

través de su participación en el equipo. Katzenbach y Smith escriben:

> ...de todos los equipos exitosos que hemos visto, ninguno tenía todas las destrezas necesarias desde el principio... los equipos son vehículos poderosos para desarrollar las destrezas que son necesarias para enfrentar con éxito el desafío de desempeño. Por tanto, la selección de los miembros del equipo debe basarse tanto en las destrezas potenciales como en las destrezas ya demostradas.[18]

6. *Educar y capacitar.* La educación y la capacitación son factores críticos para el éxito de los equipos. Para que los equipos de prestación de servicios cumplan su función, las personas que prestan servicios calificadas para la función A deben aprender también a desempeñar las funciones B, C y D. Deben adquirir nuevas destrezas y nuevos conocimientos. Deben aprender a tomar decisiones que en la antigua estructura no se requerían. Los supervisores deben aprender a orientar en lugar de dirigir, a ser facilitadores en lugar de tomadores de decisiones. La educación y la capacitación son necesarias para comunicarles a quienes participan en la reestructuración confianza para avanzar y capacidad para alcanzar el éxito.

7. *Enfrentar la cuestión del liderazgo del equipo.* Los equipos necesitan liderazgo desde arriba y desde adentro. En parte, la decisión de reestructurar se relaciona con la naturaleza del liderazgo del equipo. Es importante formular por lo menos tres preguntas:

- ¿Cuál es el papel de la alta gerencia en el liderazgo de los equipos y cómo deben manejarlo?
- ¿Cuál es el papel de la gerencia media y cómo debe desempeñarlo?
- ¿Cuál es el papel del equipo en lo que se refiere a su liderazgo interno y cómo debe estructurarse para ese liderazgo?

La claridad del papel de liderazgo es especialmente importante en el caso de la gerencia media. Para los gerentes medios, la transición puede ser particularmente difícil por la certeza de que habrán de perder puestos y poder. Phyllis Watson, del hospital Lakeland, subraya este último punto: "En resumidas cuentas, cuando se faculta al personal, los gerentes deben ceder poder, y eso es algo que produce sufrimiento. Eso es lo que hace extremadamente difícil algo que suena maravilloso".

En general, la alta gerencia debe establecer la estrategia de servicio, crear las condiciones para una estructura de equipos y mantener en marcha el proceso de reestructuración. La alta gerencia también debe establecer el contexto para el desempeño, como las evaluaciones y las retribuciones. Los gerentes medios deben eliminar los obstáculos que impidan el avance de los equipos, orientar, enseñar, y ayudarles a los equipos a resolver los problemas que no puedan solucionar desde adentro. Los equipos deben operar como empresas pequeñas y asumir la responsabilidad de autodirigirse y de hacer lo que sea necesario para alcanzar el éxito. Los equipos no pueden manejarse completamente a sí mismos. Siendo parte de una organización más grande, la misión de los equipos es apoyar la misión de la organización. Dentro de este marco, cuanto más puedan los equipos funcionar como unidades de autogestión que tengan la capacidad de satisfacer las necesidades de los clientes de manera creativa, mayor será el potencial de mejorar sustancialmente el servicio.

8. *Medir y retribuir el desempeño del equipo, no de las personas.* Los verdaderos equipos generan el producto del trabajo colectivo y deben ser juzgados y retribuidos de conformidad. El reconocimiento individual no está de más, pero las realizaciones del equipo deben ser el factor esencial al juzgar y recompensar el desempeño. Las bonificaciones trimestrales de los miembros de los CAT en Roberts Express se basan en el desempeño del equipo. Este desempeño tiene peso en las evaluaciones individuales. Pocas son las actuaciones que tienen un mayor peso simbólico en la organización que las evaluaciones y las retribuciones. Si la gerencia desea reforzar la preponderancia de una estructura de equipos, debe evaluar y recompensar el producto del trabajo colectivo del equipo.

RESUMEN

La estructura organizacional equivocada dará al traste con la más maravillosa de las estrategias de servicio. La estrategia precede a la estructura. No existe una estructura única para todas las compañías. Este capítulo presenta las formas estructurales que muchas empresas de gran éxito están utilizando para aclarar los papeles de liderazgo, formalizar las responsabilidades, solucionar los problemas y proporcionar coordinación, conocimientos y recursos para mejorar continuamente el servicio. Los grupos orientadores de la calidad del servicio, los departamentos de apoyo y los equipos de proyecto son formas estructurales que facilitan la mejora del servicio dentro de la compañía; los equipos de prestación del servicio son una alternativa para prestar realmente el servicio.

Aunque el grupo orientador, el departamento de apoyo, el equipo de proyecto y el equipo de prestación del servicio son formas que pueden utilizarse independientemente, cada vez son más las compañías que las utilizan combinadamente. Si el servicio de calidad es parte fundamental de la estrategia, es preciso pensar en las primeras tres formas conjuntamente. Si la cadena de servicio es compleja e interdependiente, y la demanda impredecible y variada, es indispensable pensar también en los equipos de prestación de servicios.

El proceso de mejorar el servicio es difícil de sostener; la estructura es la clave del mejoramiento sostenido. Los directivos pueden utilizar la siguiente lista de verificación para discutir las necesidades estructurales de la empresa para mejorar el servicio:

1. *¿Nuestra estrategia de servicio refleja nuestra estructura?* ¿Hemos preguntado y contestado cuál es la mejor estructura para ejecutar nuestra estrategia?
2. *¿Tenemos un grupo orientador de la calidad del servicio?* Si no, ¿por qué? Si lo tenemos, ¿es eficaz? ¿Cómo podemos mejorar su eficacia?
3. *¿Tenemos un departamento de apoyo para la calidad del servicio?* Si no, ¿por qué? Si lo tenemos, ¿hemos logrado

comunicar que su función es facilitadora y que mejorar el servicio es responsabilidad de todos? ¿Qué hemos hecho para mejorar la eficacia del departamento?

4. *¿Utilizamos equipos de proyecto para la calidad del servicio?* Si no, ¿por qué? Si los utilizamos, ¿es para las tareas más prioritarias? ¿Les asignamos los recursos y les prestamos la atención que necesitan para tener éxito? ¿Cómo podemos mejorar la eficacia de los equipos de proyecto?
5. *¿Hemos considerado a fondo las posibilidades de prestar el servicio por medio de equipos?* Si no, ¿por qué? Si implantamos ese sistema, ¿la estructura de equipos es superior a aquélla a la cual reemplazó? ¿Qué podemos hacer para mejorar su eficacia?
6. *Viendo nuestra organización como un todo, ¿hemos hecho lo suficiente para institucionalizar y sostener el proceso de mejoramiento del servicio?* ¿Existen las formas estructurales adecuadas para mantener el mejoramiento del servicio en un lugar prioritario en la mente de todos? ¿Están claros los papeles de liderazgo en servicio que se van a desempeñar en los distintos niveles de la organización?
7. *¿Las distintas partes de nuestra organización trabajan al unísono para mejorar el servicio?* ¿Tenemos energía estructural?

CAPÍTULO 7

ABRAZAR LA TECNOLOGÍA

Así como la estrategia de servicio debe ser la base de la estructura de la organización, también debe determinar cómo se debe utilizar la tecnología. La tecnología es una herramienta, un medio para lograr la estrategia deseada. Las inversiones en tecnología que no estén ligadas a la estrategia están condenadas a fracasar. Por tanto, la pregunta no debe ser jamás "¿Cuál es la mejor tecnología?" sino "¿Cuál es la mejor tecnología para nuestra estrategia?"

Las compañías mencionadas en el capítulo 4 por sus estrategias de servicio claras y convincentes están utilizando la tecnología para ejecutar esas estrategias con creatividad. Taco Bell emplea la informática para reducir los niveles de gerencia y facultar al personal de los puntos de venta; la preparación de comida en otro sitio y las máquinas de preparar los tacos para mejorar la productividad, la frescura de los productos y la agilidad del servicio; y las unidades móviles para ampliar la distribución más allá de los puntos fijos. Todos los camiones de servicio de De Mar están equipados con transmisores de radio, y cada uno de los asesores de servicio lleva un radio portátil en el cinturón. Este sistema de comunicación le permite al asesor de servicios solicitar apoyo o asesoría oportuna para un trabajo difícil, y le permite al despacho reasignar los asesores de servicio de acuerdo con las prioridades urgentes. Igualmente, como varios de los canales de radio están reservados para que los asesores conversen entre sí y con el personal de despacho, la tecnología fomenta el trabajo en equipo y la unión, aspectos vitales para la estrategia de "hacer todo lo que sea necesario para resolver el problema del cliente". El sistema computarizado de información y comunicación C-Link de Roberts Express es una pieza tan fundamental de la ejecución de la estrategia que la empresa se abstuvo de implantar la estructura de equipos de asistencia al cliente (CAT) mientras no estuviera listo el C-Link. Con este sistema, un miembro del CAT tiene acceso rápido a la información necesaria para despachar un pedido y controlar el avance del trabajo hasta su terminación. Roberts Express sencillamente no podría estar en el negocio de la mensajería con sistemas de baja tecnología.

Como lo indica la figura 7-1, la tecnología se puede aplicar a los materiales, los métodos y la información.[1] Las empresas de servicio que más se benefician son las que combinan las tecnologías para mejorar simultáneamente los materiales, los métodos y la información que respaldan el servicio. ServiceMaster ha desarrollado un negocio altamente exitoso alrededor de servicios de conserjería, lavandería y otros servicios institucionales a hos-

Figura 7-1
TRES FORMAS DE TECNOLOGÍA

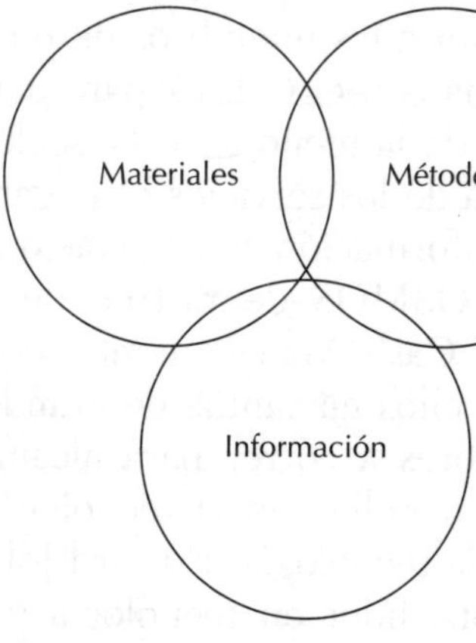

Fuente: Adaptado de James L. Heskett, W. Earl Sasser, Jr., y Christopher W. L. Hart, *Service Breakthroughs — Changing the Rules of the Game* (Nueva York: Free Press, 1990), pág. 182.

pitales, escuelas y compañías. Heskett, Sasser y Hart atribuyen buena parte del éxito de ServiceMaster a sus innovaciones en materiales, métodos y tecnología de la información:

> A través de los años, esta compañía ha construido una ventaja competitiva no sólo reuniendo información sobre las labores de aseo y desarrollando sistemas de información para determinar las necesidades de personal y asignar el trabajo sino también desarrollando métodos y materiales superiores en sus laboratorios. Para lavar ventanas, la compañía ha reemplazado las escaleras por enjugadores especialmente diseñados, livianos y de manija larga con trapos lavables pegados con velcro, los cuales se sumergen entre un trabajo y otro en líquidos desarrollados en los laboratorios de ServiceMaster.[2]

La inversión en tecnología en el sector de los servicios ha tenido gran auge en los últimos años, durante los cuales las empresas de servicios han estado tratando de reducir los costos, aumentar la productividad y mejorar su servicio. Cerca del 80% de las inversiones en tecnología provienen de las empresas de servicios.[3] Sin embargo, buena parte de los beneficios obtenidos, medidos sobre la base del aumento de la productividad, las reducciones de costos o las mejoras de los servicios, están aún por verse. No se trata de un problema de impotencia de la tecnología. Basta con ver a los miembros de un CAT de Roberts Express haciendo magia con el C-Link para darse cuenta de las enormes posibilidades de la tecnología. Desechar la promesa de la tecnología en el área de los servicios es negar la existencia del sistema SABRE de información y reservaciones de American Airlines, el sistema COSMOS de rastreo de encomiendas de Federal Express, y el Cash Management Account de Merrill-Lynch — cada uno de ellos manantial de grandes utilidades que obligó a los competidores a correr para alcanzarlos.

No, el problema no radica en la tecnología misma sino en la manera de manejar la tecnología. Edward Johnson, presidente de Fidelity Investments, líder en tecnología y participación en el mercado de los fondos de inversión, lo explica:

> El éxito de la tecnología depende de la mano que maneja la herramienta. Si uno pone un violín Stradivarius en manos de un niño de seis años, no puede pretender escuchar música bella. Lo mismo sucede con una herramienta tecnológica. Puede servir para hacer cosas maravillosas, pero en manos de un usuario no calificado, no sirve para nada.[4]

El tema de este capítulo es utilizar la herramienta tecnológica para mejorar el servicio.

UTILIZACIÓN DE LA TECNOLOGÍA PARA MEJORAR EL SERVICIO

Las compañías que sobresalen en servicios se esfuerzan continuamente por aumentar la productividad *y* mejorar los servicios, por ser más eficientes y tener más éxito. El papel de la tecnología en estos esfuerzos es primordial, pero su aplicación exitosa es menos clara. En las organizaciones existe la tendencia especial a creer que la tecnología es una panacea, y, a la larga, ello puede terminar en amarga desilusión. Los gerentes pueden mejorar la probabilidad de éxito siguiendo seis pautas para utilizar la tecnología como herramienta para mejorar el servicio:

- Adoptar un enfoque holístico.
- Automatizar los sistemas eficientes.
- Resolver un problema genuino.
- Proporcionar más control, no menos.
- Optimizar las tecnologías básicas.
- Combinar la alta tecnología con mucho contacto personal.

Adoptar un enfoque holístico

La tecnología, como ya se recalcó, es una herramienta para ayudar a ejecutar la estrategia de servicio. Por tanto, cualquier inversión buena en tecnología, como medio para una finalidad, comienza siempre con una explicación clara de dicha finalidad. Para invertir sabiamente en tecnología, la gerencia debe pensar estratégicamente por lo menos en cuatro niveles:

- ¿Cuál es nuestra estrategia de servicio? ¿Por qué aspecto deseamos ser famosos a los ojos de nuestros clientes? ¿Cuál es nuestra "razón de ser"?
- ¿Qué es lo que le impide a nuestra compañía ejecutar plenamente esa estrategia en este momento? ¿Cuáles son las barreras principales, los obstáculos fundamentales?
- ¿Cuáles son las mejores maneras de superar esas barreras? ¿La tecnología es parte de la solución, o es que tan sólo lo parece a primera vista? Si se necesita una nueva tecnología, ¿de qué tipo debe ser y en cuál nivel de la organización? ¿Cuáles son los papeles específicos que la tecnología desempeñará? ¿Cuál es la justificación de costos? ¿Y cómo funcionará la nueva tecnología con la vieja?
- ¿Cuál es nuestra estrategia para alentar a los posibles usuarios a adoptar la nueva tecnología? ¿Cómo venderemos el concepto del cambio? ¿Cómo les enseñaremos a los usuarios a aplicar la tecnología? ¿Cómo convertiremos a la tecnología en amiga?

La tecnología es una solución lenta. Las innovaciones tecnológicas son más de tipo social que técnico. En la automatización nada sucede automáticamente. Si la gerencia busca soluciones inmediatas al aplicar la nueva tecnología, seguramente se decepcionará.

Las inversiones en tecnología son estratégicas. La gerencia no solamente necesita una estrategia de tecnología para facilitar la estrategia de servicio, sino que, además, necesita una estrategia para modificar el comportamiento a fin de implantar la tecnología.

Los directivos no pueden ver la tecnología desde la barrera y pretender triunfar por medio de ella. Los directores de la organización deben articular la estrategia de tecnología, controlar su diseño y su implantación, y defender su función como medio para hacer cumplir la estrategia de servicio. La gerencia debe indicarles a los tecnólogos lo que espera de la tecnología; los gerentes, no los tecnólogos, deben estar a cargo de la estrategia tecnológica.

Automatizar sistemas eficientes

La tecnología no resuelve el problema de un sistema de servicio mal diseñado. El resultado de montar la tecnología sobre sistemas deficientes y obsoletos casi siempre es decepcionante. Es necesario diseñar nuevamente las operaciones para recuperar la eficiencia y la eficacia antes de integrar la tecnología, como lo ilustra esta historia:

> Una importante corporación de ahorro y vivienda de la Costa Occidental de los Estados Unidos estaba generando US$3 mil millones al año en hipotecas mediante estrategias diseñadas hacía veinte años. Primero, un ejecutivo de cuentas tomaba la solicitud del cliente. Después trasladaba la solicitud a un centro de procesamiento donde alguien recopilaba la información sobre la historia crediticia del cliente, su capacidad de pago del préstamo y la solidez de la garantía colateral. Esa información pasaba luego a manos de un suscriptor, quien generalmente solicitaba datos adicionales del cliente antes de tomar la decisión final. Ese proceso de pedir información adicional del cliente podía tener lugar hasta tres o cuatro veces más — lo cual alargaba considerablemente el período de decisión — antes de que el suscriptor quedara totalmente satisfecho. Todo el proceso tardaba treinta días, o más, y, al final, casi una tercera parte de los solicitantes eran rechazados.
>
> El ambiente de la industria había evolucionado, y dejó a la institución en desventaja. Se había vuelto una imperiosa necesidad tomar las decisiones con rapidez, y había que tomarlas en cuestión de diez o quince días calendario. Además, a los solicitantes rechazados había que avisarles muy pronto a fin de que pudiesen buscar otras fuentes de financiación, y la industria estaba eliminando las comisiones tradicionales por estudio del crédito, con las cuales se cubrían los costos de procesamiento, a fin de atraer nuevos clientes.
>
> El primer paso de la gerencia para ponerse a la altura de las nuevas exigencias del mercado fue automatizar los sistemas de procesamiento y rastreo. Al investigar, se halló que el

proceso mismo era ineficaz; sistematizar el enfoque utilizado desde hacía veinte años no modificaría la ventaja competitiva de la corporación.[5]

Es tentador imaginar avances milagrosos con la tecnología, pero lo que se necesita realmente es una gerencia con la cabeza bien puesta. Los pasos del proceso de servicio que no aportan un valor consecuente con su costo, que le agregan al servicio demoras innecesarias o complejidad, deben rediseñarse o eliminarse, no automatizarse.

Resolver un problema genuino

Todas las tecnologías deben tener un cliente. Para invertir sensatamente en tecnología es necesario identificar a ese cliente, sondear sus necesidades y conocer sus impresiones. Al igual que cualquier otro nuevo producto, la tecnología debe existir en función del mercado.

Independientemente de que el cliente de la nueva tecnología sea interno o externo, el éxito depende de la potencialidad de esa tecnología para beneficiar al cliente. De lo contrario, ¿por qué habría de modificar su comportamiento el posible usuario? ¿Por qué el cliente habría de cambiar sus métodos acostumbrados? ¿Para qué haría el cliente el esfuerzo de aprender a usar la nueva tecnología y además correr el riesgo de obtener malos resultados sin la promesa de un beneficio tangible?

Invertir en tecnología exclusivamente para reducir los costos operativos por lo general no es la solución para obtener resultados óptimos. Los usuarios necesitan beneficiarse también, no sólo los inversionistas. La tecnología debe ayudar a quienes prestan servicios a desempeñar su trabajo con mayor eficacia, autoridad, confianza, creatividad, celeridad y conocimiento. O la tecnología debe ofrecerles a los clientes externos mayor conveniencia, confiabilidad, control, menores precios o alguna otra propiedad representativa de valor.

Lo ideal es que la nueva tecnología favorezca tanto a los

clientes internos *como* a los externos. Debe beneficiar a quienes prestan el servicio *y* reflejarse también en el desempeño de ese servicio. La United Services Automobile Association (USAA), aseguradora de San Antonio cuya principal clientela es militar, es el ejemplo clásico de una organización que se vale de la tecnología de una manera estratégica para ayudar a sus representantes a servir mejor a sus clientes.* Siendo una de las compañías de seguros de mayor crecimiento y rentabilidad de los Estados Unidos, USAA es, ante todo, líder en calidad de servicio.

La esencia de la estrategia tecnológica de USAA es el concepto de un ambiente de seguros automatizado. USAA ha invertido sumas considerables en automatizar la emisión de las pólizas, las consultas de los miembros, las reclamaciones y la facturación, entre otros procesos. Desarrollar la base de datos integrada de los miembros fue un paso fundamental. En 1994, USAA tenía información sobre más de 2.6 millones de miembros y miembros asociados (hijos y nietos de los titulares) en su base de datos. Aunque los clientes militares de USAA están por todo el mundo y cambian de domicilio con frecuencia, modificar las pólizas es cosa simple. Con una breve llamada telefónica, un miembro puede asegurar un nuevo vehículo, incluir a otro conductor, cambiar su dirección, o realizar muchos otros cambios. El expediente del miembro está todo junto. No es necesario pasar de un departamento a otro. Es un proceso de una sola etapa en la cual queda lista la transacción y la nueva póliza o sus modificaciones se despachan por correo al día siguiente. "Con una llamada de cinco minutos, usted y nuestro representante de servicio hacen todo el trabajo que antes implicaba cincuenta y cinco etapas, incontables manos, dos semanas y mucho dinero",[6] explica el ex director Robert McDermott, quien se jubiló en 1993.

La agresiva estrategia tecnológica de USAA exige que los empleados que prestan los servicios estén capacitados y facultados para actuar. De lo contrario, no es posible aprovechar el potencial de la tecnología, la cual se convierte en el Stradivarius en manos

* Como Asociación, USAA habla de sus clientes como miembros. En adelante emplearemos el término "miembro" para referirnos a los clientes de USAA a fin de respetar la terminología de la empresa.

de un usuario inexperto. Los representantes de servicios de USAA — quienes deben asistir a un curso de capacitación inicial durante dieciséis semanas, como mínimo, están facultados para modificar las pólizas según sea necesario y pueden ofrecerles a las personas que llaman una experiencia de servicio sin empalmes — sin duda se benefician de la estrategia tecnológica. Lo mismo sucede con los miembros, cuyos expedientes completos han sido procesados por computador y están inmediatamente a disposición del representante que contesta el teléfono. La asombrosa tasa de conservación de miembros de USAA para seguros de vehículos es del 98%.[7] En USAA, la tecnología resuelve problemas genuinos; es un arma para competir, no sólo una herramienta generadora de costos.

Ofrecer más control, no menos

La tecnología debe ser el sirviente, no el amo. Por esa razón debe proporcionarles a los usuarios más control para lograr lo que desean, no menos. No se puede pretender que se acoja con entusiasmo una tecnología que a los usuarios les limita las opciones, los priva de autoridad y libertad de acción y los deja inermes cuando falla.

Tomemos el éxito enorme que han tenido en los últimos años las grabadoras de vídeo, la televisión por cable, las máquinas de facsímil, los buscapersonas, los discos compactos, los computadores personales, los teléfonos portátiles y los hornos de microondas. Estas tecnologías tienen por lo menos tres características en común. La primera: Solucionan un problema genuino; son útiles. La segunda: Son fáciles de utilizar o de aprender a utilizar. La tercera: Le proporcionan al usuario un gran control.

Todas estas tecnologías son divisibles. Divisibilidad significa poder ensayar la tecnología sobre una base limitada sin necesidad de adoptarla totalmente. Los usuarios pueden controlar el momento y el alcance de la transición entre la tecnología vieja y la nueva. No necesitan abandonar completamente las viejas tecnologías para adoptar las nuevas y, por lo tanto, no quedan sin alternativa en caso de que las nuevas no sean satisfactorias.

La divisibilidad amplía el control de los usuarios. Lo mismo las alternativas. La estrategia tecnológica de Meridian Bancorp, de Pennsylvania, es permitirles a los clientes escoger su modo preferido de recibir los servicios. Pueden hacer las transacciones bancarias por teléfono, a través del televisor o del cajero automático, o personalmente en la sucursal. Una de las sucursales de Meridian que atiende a clientes Amish* ofrece incluso postes para amarrar los coches tirados por caballos. En contraste, su "banco del futuro", con todos los servicios tiene tecnologías avanzadas como terminales remotos de doble vía de comunicación a través de los cuales los representantes del banco y los clientes pueden interactuar.[8] Como dice Faye Rice en *Fortune*: "Algunos clientes prefieren viajar como pasajeros, mientras que otros quieren conducir ellos mismos. Algunos van a alta velocidad, mientras que otros van lentamente. De una manera o de otra, todos ocuparán el asiento del conductor. Es sólo cuestión de la compañía que escojan para viajar".[9]

Optimizar las tecnologías básicas

Las tecnologías avanzadas no son siempre la respuesta, e incluso cuando lo son, deben combinarse acertadamente con las tecnologías básicas. Las tecnologías avanzadas pueden ser abrumadoras, debido al increíble número de aplicaciones que tienen. Es fácil enredarse en medio de la fiebre tecnológica y perder de vista el hecho de que los empleados de servicios y los clientes utilizan la tecnología básica la mayor parte del tiempo. Los ejecutivos que aspiran a utilizar la tecnología para mejorar la calidad de los servicios deben cerciorarse de que los materiales, los métodos y las máquinas de baja tecnología funcionen y estén bien integrados con las tecnologías más modernas y avanzadas.

Linda Cooper, consultora en el campo de la calidad del servicio, realizó un estudio con varias cadenas de ventas al por menor a fin de determinar lo que podían hacer los gerentes para mejorar el servicio. Una de las preguntas del cuestionario fue: "¿Funciona correctamente el equipo? Si la respuesta es negativa, explique".

* Seguidores del obispo mennonita suizo Amman, que se establecieron en los Estados Unidos en el siglo XVIII y que tienen costumbres muy conservadoras. *(N. del E.)*

Entre las respuestas obtenidas estuvieron las siguientes:

- "La gaveta en que se guarda el efectivo necesita arreglo".
- "La caja fuerte. Cada vez que monto la clave diurna tengo que repasar toda la combinación para poder abrirla".
- "Es casi imposible hacer funcionar las rebanadoras de carnes frías. En uno de los fregaderos hay agua estancada desde hace meses. No hay guantes para sacar los pollos. El equipo para limpiar la freidora/calentadora no se mantiene a la temperatura correcta".
- "Las guías de la banda transportadora están rotas. Los soportes para los teclados están rotos y los teclados se resbalan sobre el mostrador".
- "Los enchufes no funcionan correctamente".

El servicio de calidad no es sólo una función de la motivación de las personas que prestan servicios para que cumplan bien su trabajo sino también de su capacidad para cumplirlo. La tecnología inoperante ejerce un efecto negativo directo en la capacidad de servir e indirecto en la motivación para servir.

Muchas empresas podrían mejorar la calidad del servicio controlando más estrechamente la forma en que los empleados utilizan la tecnología y su satisfacción con ella, animándolos a solicitar ayuda cuando surjan problemas (a través de una línea de emergencia para los empleados, por ejemplo) y desarrollando la capacidad de responder prontamente en caso de fallas.

Es crucial integrar las tecnologías básicas con las avanzadas. Christopher Lovelock, instructor y consultor en el campo de la gestión de los servicios, ilustra la importancia de la sinergia en esta historia:

> Tomemos mi experiencia cuando pagué la cuenta al marcharme de un hotel. La recepcionista liquidó rápidamente mi cuenta en su pantalla de computador, la pasó a papel en la impresora adyacente y me pidió que firmara el comprobante de la tarjeta de crédito; pero luego se fue con los papeles en la mano hasta el otro extremo de la recepción. Allí permaneció varios minutos, parada al lado de un par de colegas. Comencé a temer que hubiera sucedido algo horrible con mi

línea de crédito. Los otros clientes que esperaban en la fila comenzaron a impacientarse. Finalmente regresó la recepcionista. "¡Todo listo!", dijo. "¿Cuál era el problema?" le pregunté. Sonrió cansadamente. "Tenemos solamente una grapadora en la zona de recepción, de manera que tuve que esperar para grapar su copia de la cuenta y el comprobante de la tarjeta de crédito". ¡Por falta de una grapadora de baja tecnología de apenas US$3 se perdió una porción considerable de ganancias potenciales en productividad de los empleados y satisfacción de los clientes con el sistema de computador, que probablemente costaba diez mil veces más! (Desde luego, suponiendo que se necesite en realidad un recibo de papel, una solución mejor sería integrar la cuenta y el comprobante en un solo documento.)[10]

La sofisticación no es la medida apropiada para evaluar la eficacia de la tecnología en las empresas de servicios. Lo apropiado es determinar si la tecnología les ayuda a los empleados de servicios a desempeñar su labor con más eficacia. Las empresas de servicios necesitan una estrategia tecnológica para ayudar a implantar la estrategia de servicios. La estrategia tecnológica debe integrar las tecnologías — las básicas y las avanzadas —, permitir la evaluación y dar paso a una mayor eficacia.

Combinar la alta tecnología con mucho contacto personal

Una de las principales oportunidades de mercado para la mayoría de las empresas de servicios es "actuar como si fueran pequeñas". Esto es cierto tanto para las empresas grandes como para las pequeñas. No por ser una organización pequeña se puede actuar en pequeño automáticamente. En realidad, es algo que se logra gracias a la voluntad y a la capacidad de la organización para personalizar el servicio y adaptarlo a las necesidades de los clientes y de prestar ese servicio con prontitud, sin contratiempos y con un mínimo de tropiezos burocráticos. Actuar en pequeño significa "tratar deliberadamente a los clientes de manera personalizada".[11]

La tecnología respalda la capacidad de una empresa para

actuar como si fuera pequeña, tal como lo ilustra el ejemplo anterior de USAA. Pero el personal de servicios — y sus gerentes — debe tener el deseo de personalizar los servicios, porque actuar en pequeño tiene tanto de actitud como de información, tanto de compromiso como de tecnología.

Por lo general, el resultado que se obtiene combinando la tecnología con el servicio personal es muy superior al que se obtiene poniendo más énfasis en uno de los dos. Los procesos respaldados por la tecnología pueden reducir a segundos las funciones que manualmente tardan horas o días. Además, la aplicación de la tecnología proporciona más coherencia y más precisión que la que pueden lograr los seres humanos más calificados. Sin embargo, la tecnología separada del contacto personal no es, ni con mucho, el arma del servicio de calidad que son la tecnología y el servicio personal combinados.

El personal de servicios puede agregarle a su trabajo calor humano, sensibilidad, asesoría y una sonrisa. Puede orientar al cliente a través de los pasos del proceso del servicio que dependen de la tecnología, y luego cerrar el círculo de la transacción. Puede prestar muchos servicios más apropiados para seres humanos que para máquinas — el consejo de un médico a su paciente cuando llegan los resultados de los exámenes, la interpretación de un asesor financiero de un plan computarizado de finanzas para una pareja que espera jubilarse pronto. Puede apoyar a la tecnología cuando ésta es deficiente; por ejemplo, cuando un cajero automático se traga la tarjeta bancaria de un cliente. Puede atender a los clientes a quienes no les agrada la tecnología (como los clientes bancarios que hacen todas sus transacciones de rutina en la ventanilla), o a los cautelosos (como los que utilizan los cajeros automáticos para retirar dinero, pero jamás para depositar).

Las compañías de servicios deben estar preparadas para atender a los clientes, según la situación, con la agilidad y con la precisión que la tecnología permite en ciertos casos, con el calor personalizado y la pericia en otras circunstancias, y la mezcla equilibrada de tecnología y servicio personal en otras situaciones. Además, las empresas deben estar dispuestas a servir con eficacia a los clientes que difieren en receptividad en cuanto a los servicios automatizados. Los gerentes deben ver la tecnología y el servicio personal como componentes complementarios fundamentales para prestar un servicio excelente. La tecnología y el servicio personal son piezas cruciales del mismo rompecabezas. La una influye en el potencial de la otra para prestar un servicio de calidad.

EL PAPEL DE LA TECNOLOGÍA PARA MEJORAR EL SERVICIO

Al desarrollar una estrategia tecnológica para respaldar la estrategia de servicio, los gerentes deben definir con claridad las funciones de una tecnología determinada. La integración de las tecnologías apropiadas en una estrategia cohesiva depende en parte del conocimiento concreto de los papeles de la tecnología en la mejora del servicio. Algunos de los papeles más importantes son los siguientes:

- Multiplicar los conocimientos.
- Agilizar el servicio.
- Personalizar el servicio y adaptarlo a las necesidades del cliente.
- Aumentar a confiabilidad.
- Facilitar las comunicaciones.
- Aumentar el servicio.

Multiplicar los conocimientos

El personal de servicios que no tiene ayuda de la informática está limitado en cuanto al servicio que puede ofrecer. La memoria humana y las libretas de notas para registrar la información sobre los clientes, los servicios específicos, los precios y las políticas de la compañía tienen limitaciones obvias. La tecnología de la información, desde los expedientes sistematizados de los clientes hasta la inteligencia artificial, multiplica asombrosamente el poder de los empleados para procesar información.

La informática les proporciona un caudal de inteligencia a los empleados de servicios de primera línea — y a sus clientes — y minimiza la necesidad de recurrir a los supervisores para resolver una inquietud, aprobar excepciones y solucionar problemas. Un personal bien escogido, cuidadosamente capacitado, concentrado en el servicio, puede combinar sus conocimientos, su criterio y sus valores personales con la inteligencia incorporada en el sistema de información a fin de atender eficazmente a sus clientes. Los gerentes cuyo servicio primario es proporcionar manualmente esa información están de más. Cuando la informática se utiliza acertadamente, es una fuerza que genera poder y elimina redundancias en la organización — una lección que compañías tan diferentes como Taco Bell y USAA comienzan a enseñar hoy en día.

La historia de USAA ilustra cómo multiplicando los conocimientos mejora la calidad del servicio. Robert McDermott recuerda a USAA a fines de los años 60 de esta manera:

> Había papel por todas partes... Todos los escritorios del edificio estaban atestados de papel — expedientes, formularios de reclamación, solicitudes, correspondencia. No puede usted imaginarse cuánto papel. Pilas, montones, gavetas y cestos llenos de papel. Y, por supuesto, buena parte se traspapelaba. La probabilidad de poder encontrar determinado expediente era de 50-50 todos los días.
>
> De hecho, eran tantos los documentos que se extraviaban que, según la estación, teníamos entre 200 y 300 estudiantes de las universidades locales trabajando por la noche para hallar los expedientes, buscando en los escritorios de todo el mundo hasta que encontraban lo que necesitaban. ¡Todas las noches![12]

Una de las inversiones más importantes de USAA en tecnología fue en un sistema de digitalización de imágenes electrónicas. Las más de 30 000 piezas de correo que llegan diariamente no salen jamás de la sala de correspondencia. Los documentos se pasan a un disco óptico por medio de una exploradora de imágenes y se insertan en el expediente de servicio de la póliza del miembro correspondiente. El expediente es accesible electrónicamente para 2 500 representantes de servicios. Es un ejemplo de multiplicación eficaz de los conocimientos.

Agilizar el servicio

La tecnología contribuye a agilizar el servicio al automatizar o eliminar los sistemas manuales que frenan las operaciones y causan errores. Agilizar el servicio implica eliminar los obstáculos que impiden prestar el servicio de una manera más eficaz — por ejemplo, los obstáculos que impiden un servicio más oportuno, confiable, productivo o valioso. Valerse de la tecnología para agilizar el servicio, además de mejorar la calidad, puede reducir los costos.

El sistema Intercom de Walgreens, pieza central del esfuerzo de la compañía por conseguir una ventaja competitiva a través de un servicio sobresaliente de farmacia, ilustra el concepto de agilización. Intercom es un sistema de computador que funciona por satélite y que enlaza a todos los almacenes Walgreens: 1 879 de ellos a principios de 1994. En el sistema se guardan los registros de las fórmulas médicas de los clientes a fin de responder con prontitud en caso de emergencia. En donde la ley estatal lo permite, los clientes de Walgreens pueden conseguir dosis adicionales en otro almacén de la cadena. Por ejemplo, lo único que debe hacer un cliente de Walgreens residente en Texas que olvida su medicamento en un viaje a Arizona es acercarse a un almacén Walgreens en ese Estado para comprar su fórmula. Los clientes de Walgreens pueden recibir ayuda de un farmacéutico durante 24 horas al día a través de una línea 800 gratuita, y la compañía remite los medicamentos por correo nocturno. A través de Intercom, Walgreens puede proporcionarles el registro de las prescripciones de un paciente a las salas de urgencias de los hospitales durante 24 horas al día y 7 días a la semana.

Intercom representa ahorro de tiempo para los farmacéuticos y para los clientes. Una vez ingresados el nombre, la dirección y la información sobre la fórmula, el sistema imprime automáticamente el rótulo y el recibo. Para las dosis adicionales, si están previstas en la fórmula original, no se necesita nueva información. Intercom puede darles a los clientes un listado impreso de los medicamentos adquiridos para efectos tributarios y de seguros.

Walgreens, la cadena de farmacias más grande de los Estados Unidos, que prepara el 7% de todas las recetas médicas del país, es una empresa minorista de alto desempeño. Sus almacenes tienen un promedio de casi US$450 en ventas por pie cuadrado, muy superior al promedio de la industria de farmacias, que es inferior a US$300. La estrategia tecnológica de Walgreens, que apoya a la estrategia principal de proporcionar un servicio superlativo, es la clave del éxito de la compañía. En 1993, las ventas de farmacia de Walgreens representaron un 37% del total de ventas de la compañía, registrando un aumento del 25% con respecto a cinco años antes. La compañía espera que la farmacia esté generando el 50% de sus ventas antes de terminar el decenio.[13]

El uso de la tecnología para agilizar el servicio se está difundiendo rápidamente. United Airlines ha estado probando las lectoras electrónicas en los muelles de los aeropuertos para agilizar el proceso de registro de pasajeros y abordaje. El nombre, el asiento asignado y el número de vuelo están codificados en una banda magnética que hay en el reverso del billete. En lugar de hacer cola en el mostrador de registro, los pasajeros deslizan el billete por la lectora electrónica y suben al avión.

Lakeland Regional Medical Center tiene computadores en las habitaciones de los pacientes para avanzar hacia la sistematización de las historias clínicas. En un principio, los computadores de las habitaciones se utilizaron para ingresar los cargos a medida que se realizaban los servicios y se usaban productos, a fin de agilizar el proceso de cobranza. Sin embargo, en octubre de 1993, Lakeland comenzó a utilizar los computadores como prueba para llevar la documentación al punto de atención, es decir, para crear historias medicas electrónicas. El objetivo de Lakeland es que nadie tenga que escribir nada dos veces y que la información sobre el paciente esté disponible donde quiera que se necesite — al lado de la cama, en las salas de examen, en el departamento de radiología.

Cada vez más, los departamentos de policía del país — entre ellos el de Aurora, Colorado — utilizan la informática para agilizar el servicio de emergencia 911. En el sistema de Aurora, la dirección y el teléfono de la persona que llama aparecen en la pantalla del computador del operador un segundo después de recibir la llamada. El operador puede traer a la pantalla las llamadas recientes desde esa dirección con sólo oprimir una tecla, y las patrullas que se encuentran cerca con sólo oprimir otra tecla.

Personalizar el servicio y adaptarlo a las necesidades de los clientes

La complejidad y el ritmo de la vida moderna a veces llevan a anhelar los "viejos tiempos", cuando la vida supuestamente era más sencilla y tranquila, y las relaciones más personales. Desde luego, este dicho común es producto de la memoria selectiva. El médico de antaño quizás conocía a todos los pacientes por su nombre y por la historia familiar, pero no tenía antibióticos para tratar las enfermedades infecciosas. Sin embargo, con el progreso tecnológico vino el servicio uniforme y menos personalizado, al cual Ives y Mason denominan la "cornucopia estandarizada". Dicen en un artículo:

> El restaurante familiar del pueblo fue reemplazado por un McDonald's, el médico de la aldea por una organización de salud, el cajero del banco por redes de cajeros automáticos, y el taller del vecindario por concesionarios... En ésta, la edición de los años 80 de la cornucopia estandarizada, a los clientes de siempre los trataban lo mismo que a los compradores ocasionales.[14]

Uno de los papeles más importantes de la tecnología en lo que se refiere a mejorar el servicio consiste en darle un vuelco a la cornucopia estandarizada — utilizar la automatización para personalizar y adaptar el servicio a las necesidades de los clientes. Si la primera era de servicio fue de alto contacto y la segunda de alta tecnología, la tercera ya llegó: mucho contacto personal combinado con alta tecnología.

La personalización y la adaptación del servicio a las necesidades del cliente son conceptos relacionados pero diferentes. USAA ha diseñado la base de datos de sus miembros para calcular, sobre una escala de 1 a 1 000, la propensión de los miembros a comprar cada uno de los productos de USAA. Así, el departamento de marketing de la compañía de inversiones de USAA puede identificar a las personas más probablemente interesadas en un determinado fondo de inversión, y les envían los folletos únicamente a ellas. Esto es adaptar, pero no personalizar. Sin embargo, la tecnología de digitalización de imágenes de USAA les permite a los representantes de servicios personalizar el servicio para cada uno de los 2.6 millones de miembros registrados en la base de datos. La correspondencia de la semana pasada del coronel Smith, más el resto de su expediente, han sido digitalizados, y 2 500 representantes de servicios de pólizas tienen acceso a todo ese expediente en un terminal IMAGE. El coronel Smith recibe un servicio adaptado a sus necesidades *y además* personalizado.

El uso eficaz de la tecnología ofrece el potencial de transformar a los compradores en clientes — una estrategia poderosa para construir relaciones duraderas en muchos frentes de servicio. A los clientes se les atiende individualmente, no como parte del montón. En la base de datos está la información sobre sus datos demográficos, los servicios que utilizan, las transacciones pasadas y el perfil de necesidades. Se dirigen a él por su nombre en todas las interacciones con la compañía. Reciben comunicaciones adaptadas a sus intereses. En realidad, los clientes son tratados, para efectos de marketing, como un segmento constituido por una sola persona.

Brady's, una cadena de almacenes de ropa masculina de San Diego, ilustra el concepto de comercializar para el segmento de una sola persona. Brady's utiliza un sistema de computador personal para capturar información específica sobre el cliente, incluidos los datos demográficos, la talla de la ropa, las preferencias de estilo, la historia de compra y las aficiones. El objetivo de este sistema es personalizar y adaptar el servicio. Por ejemplo, Brady's les envía cartas personalizadas a comienzos de mes a los clientes que cumplen años en ese mes. La carta va acompañada de un cupón de descuento del 15% sobre cualquier artículo del almacén. A los clientes constantes se les notifica una semana antes de anunciar públicamente la temporada de descuentos, para darles la oportunidad de mirar la mercancía antes que los demás. Si tienen demasiado inventario de ciertas tallas, Brady's les escribe y les telefonea a los clientes para invitarlos a comprar sus tallas a menor precio.[15] Practicando el marketing dirigido al cliente, Brady's compite con muchos comerciantes minoristas que todavía orientan el marketing hacia los compradores.

Aumentar la confiabilidad

La confiabilidad es la esencia del servicio de calidad. Nada puede reemplazar a un servicio confiable y exacto. La falta de confiabilidad en el servicio suele originarse en que la persona que presta el servicio no tiene acceso a suficiente información, o no tiene la destreza o los conocimientos necesarios o el tiempo que se requiere para adquirirlos de otra fuente. En un sistema manual, lo más probable es que no exista la información necesaria para maximizar la confiabilidad del servicio. La manipulación de los datos cruciales para la exactitud quizás sea tan complicada que esté más allá de la capacidad humana. La tecnología ofrece una respuesta; es la amiga de la confiabilidad del servicio.

Desde 1988, Xerox ha comercializado fotocopiadoras con sistemas incorporados de diagnóstico para controlar la operación de las diversas funciones. Ante cualquier indicio de una posible falla, el sistema desencadena la transmisión de datos de desempeño a través de una línea telefónica corriente, comunicada con el computador central de Xerox. Si se pronostica un problema potencial, se dirige automáticamente una llamada al distrito de servicio correspondiente, el cual, a la vez, se pone en contacto con el cliente para acordar una cita.[16] Un alto empleado de Xerox explica:

> Nueve de cada diez veces que un cliente tiene una interacción con Xerox es porque una máquina no funciona, lo cual hace que debamos enviar a un técnico a un ambiente hostil. En la actualidad, si se sobrepasa alguno de los umbrales de tolerancia — si el paso del papel por el sistema está desincronizado — la información respectiva se envía a un sistema experto, el cual evalúa el problema y le comunica electrónicamente al equipo despachador de servicios de apoyo que la máquina tendrá problemas antes de 24 a 48 horas. Nuestra meta es que el 50% de nuestros contactos con el cliente sean visitas de los técnicos para solucionar algún problema *antes* de que el cliente se entere de su existencia.[17]

Auto Source, una cadena de rápido crecimiento del Oeste Medio de los Estados Unidos que vende neumáticos y repuestos para automores y presta servicio de reparación, ha automatizado prácticamente todas las facetas de su operación. En el sistema de servicio, el único papel es el recibo que se le entrega al cliente al final. La estrategia tecnológica de Auto Source pone énfasis en la confiabilidad del servicio y en la productividad, en una industria que ha carecido de ambas cosas.

Los técnicos manejan servicios de mantenimiento y reparación, que van desde cambios de aceite hasta cambio de motores. En cada bahía de servicio hay un computador a través del cual se pueden diagnosticar el 99% de los problemas. Además, en cada bahía de servicio y en el salón de ventas hay un *Manual Mitchell* automatizado con todos los repuestos para cada tipo de vehículo, para que lo utilicen los técnicos y los clientes. A la entrada de la sección de servicio hay una plataforma que permite determinar el estado de alineación del vehículo cuando éste pasa por encima de ella. Las lectoras electrónicas en el punto de venta facilitan el control del inventario para evitar que se agoten las existencias.[18]

Facilitar las comunicaciones

La comunicación entre el personal de servicios y los clientes es obviamente vital para el servicio de calidad — y es particularmente vulnerable a los contratiempos. Una compañía anuncia un número telefónico gratuito, pero la línea permanece ocupada, el representante de servicios no tiene la información solicitada, o quien llama encuentra un contestador automático, deja el mensaje, pero no le devuelven la llamada.

Cuando falla la comunicación, los consumidores suelen culpar a la tecnología ("Llamé a la compañía, y me dijeron que esperara, que no colgara. Esperé durante diez minutos oyendo música de ascensor, hasta que decidí colgar".) Sin embargo, la tecnología en sí no es la culpable. Se debe culpar a quienes diseñaron y aprobaron un sistema de comunicaciones que deja indefenso al cliente, sin saber cuánto tiempo debe esperar y sin más alternativa que colgar.

El potencial de mejorar la comunicación con los clientes a

través de la tecnología (y también de mejorar la comunicación interna) es asombroso. Los gerentes deben considerar en particular la posibilidad de utilizar la tecnología de las comunicaciones para ampliar el acceso a la información requerida, proporcionar más información pertinente, reducir el tiempo y el esfuerzo necesarios para obtener la información y presentar la información de una manera más agradable.

Las tecnologías de comunicación no deben ser necesariamente exóticas para cumplir su función. Outback Steakhouse, una cadena de restaurantes de rápido crecimiento, les entrega un buscapersonas a los clientes que esperan mesa. Éstos pueden entonces emplear el tiempo en visitar un almacén cercano hasta que vibra el buscapersonas, indicando que hay una mesa disponible. Esa tecnología podría utilizarse en muchas actividades en las cuales los clientes deben esperar, por ejemplo, en los consultorios médicos y los talleres de servicio automotor.

Roadway Express, una de las empresas de transporte terrestre más grandes de los Estados Unidos y compañía hermana de Roberts Express, utiliza un sistema interactivo vocal para manejar muchas de las 250 000 llamadas que reciben mensualmente. Marcando 1-800-ROADWAY, los clientes pueden lograr acceso por teléfono a la base de datos de la empresa durante las 24 horas del día. El sistema genera instrucciones vocales para ayudarles a los clientes a averiguar el costo de un envío o rastrear una carga, entre otras aplicaciones. Los clientes que llaman obtienen rápidamente la información que necesitan, incluso fuera de horas hábiles, y así se elimina el problema de los teléfonos ocupados.[19]

Zanussi, fabricante europeo de utensilios de cocina, coloca unidades interactivas de vídeo en sus almacenes para proporcionarles a los clientes amplia información sobre los aparatos en que tengan interés. El sistema se basa en la tecnología de los discos de vídeo para conocer las necesidades de los clientes y ayudarles a identificar lo que desean. A través de esta tecnología, Zanussi controla la calidad de la información que se les proporciona a los clientes en el punto de venta y contrarresta la variabilidad de los conocimientos que tienen del producto los distintos vendedores.[20]

Continental Cablevision, sistema de televisión por cable de St. Paul, Minnesota, ha programado un canal denominado "TV

House Calls" ["visitas televisadas a domicilio"], en el cual un representante demuestra — en vivo — la solución del problema que tenía un suscriptor, mientras el cliente observa. La reacción de los clientes ha sido extremadamente positiva, tal como lo confirma uno de los voceros de la compañía: "La gente está realmente admirada. Casi puede uno ver las bocas abiertas en el otro extremo del teléfono cuando experimentan esto".[21]

Aumentar el servicio

Otra posible función para la tecnología es la de aumentar el servicio. Esto implica complementar el servicio primario con características favorables para los clientes, difíciles de copiar y factibles desde el punto de vista financiero y operativo. El propósito de aumentar el servicio es atraer nuevos clientes que desean las características complementarias, y conservar a los clientes actuales que no desean renunciar al servicio aumentado. La tecnología avanzada suele ser una pieza clave de la estrategia de aumento.

El programa Powership de Federal Express, el cual implica instalar terminales de computador en las oficinas de los clientes que generan alto volumen, es el mejor ejemplo del aumento del servicio. Powership es en realidad una serie de sistemas automatizados de despacho y facturación diseñados para ahorrarles tiempo y dinero a los clientes y, al mismo tiempo, fortalecer su lealtad para con Federal Express. Los clientes reciben gratuitamente una balanza electrónica, un terminal de microcomputador con modem, una lectora de código de barras y una impresora láser. Powership les aplica a las encomiendas los cargos del caso, combina los pesos de acuerdo con el destino para ofrecer descuentos por volumen e imprime los rótulos de dirección tomando la información directamente de la base de datos del cliente. El programa les permite a los usuarios elaborar automáticamente las facturas, analizar los costos de envío de paquetes y rastrear sus encomiendas a través del sistema de rastreo de Federal Express.[22] En 1994, Federal Express había instalado más de 60 000 sistemas Powership.[23]

McKesson Corporation ha construido una gigantesca compañía distribuidora de productos farmacéuticos ayudándoles a las farmacias minoristas, muchas de ellas pequeños negocios independientes, a manejar con mayor eficacia sus operaciones. Invirtiendo millones de dólares en capacidad para el intercambio electrónico de datos, McKesson ayuda a sus clientes en el manejo del inventario, la fijación de precios y los créditos, entre otras cosas. Las farmacias minoristas pueden, por ejemplo, reponer automáticamente las existencias, pasando la lectora láser sobre la etiqueta en la cual están codificados en barras el nombre del producto y la cantidad normal del pedido. El pedido va primero al computador de la bodega central de McKesson. De allí es transmitido a un despachador de pedidos equipado con un radio transmisor y receptor, un computador en el antebrazo y una lectora láser atada a la mano. El pedido aparece en una pantalla de tres pulgadas cuadradas, en la cual se indica dónde se hallan los productos, y la ruta más eficaz para obtenerlos.[24] Myron Magnet dice en *Fortune:*

> Dick Tracy quedaría boquiabierto... Para escoger los productos, el empleado señala con el dedo, a la manera de algún invasor extraterrestre, el rótulo con el código de barras que aparece al pie del estante, dispara un rayo láser que lee el rótulo y confirma que se tomó el producto correcto. Cuando el pedido está completo, el computador de brazo transmite por radio la información hasta el computador principal de la bodega, y actualiza las cantidades y la factura. El resultado: una reducción del 70% en los errores y un aumento considerable de la productividad en recepción de pedidos.[25]

Lo que demuestran los ejemplos de Federal Express y McKesson es el despliegue de soluciones tecnológicas para los problemas de los clientes, las cuales incrementan el valor del servicio. En realidad, el aumento del servicio, aplicado eficazmente, aumenta los costos del cliente de cambiar de proveedor. Los clientes son disuadidos de pasarse a un competidor.

RESUMEN

Las compañías necesitan una estrategia tecnológica que contribuya a la ejecución de su estrategia de servicio. La tecnología es una herramienta fundamental para ejecutar la estrategia en general y para mejorar el servicio en particular.

Es fácil perder el rumbo con la tecnología, desperdiciando fondos y confundiendo a los empleados que prestan servicios y a los clientes por igual. Sin embargo, el problema no es cuestión de tecnología sino de gestión. El éxito de la tecnología depende de la mano administrativa que guíe su ejecución. Si se utiliza sabiamente, ofrece grandes posibilidades de ayudar a los empleados de servicios a mejorar su desempeño, tal como lo ilustran los ejemplos de USAA, Walgreens, Federal Express y otros ejemplos del capítulo. La tecnología, utilizada eficazmente, puede ser la mejor amiga de las personas que prestan servicios y de los clientes.

Este capítulo se organizó en dos secciones principales. En la primera presentamos seis pautas para orientar a los gerentes al invertir en tecnología para mejorar el servicio. Estas pautas conllevan la necesidad de ver la tecnología desde un punto de vista holístico, de automatizar los sistemas eficientes y no los ineficientes, de enfocar la tecnología sobre problemas genuinos, de asignarles a los clientes más control en lugar de menos, de combinar eficazmente las tecnologías básicas con las avanzadas, y de crear sinergia entre la tecnología y el servicio personal.

En la segunda sección pusimos énfasis en las funciones importantes que la tecnología puede cumplir para mejorar el servicio. Éstas son: Multiplicar los conocimientos, agilizar el servicio, adaptarlo y personalizarlo, aumentar la confiabilidad, facilitar la comunicación y aumentar el servicio.

Los directivos que aspiran a conseguir un nivel extraordinario de servicios para sus empresas no pueden quedarse en la línea lateral de la tecnología. Tienen que articular los distintos papeles que la tecnología debe desempeñar, asegurándose de que tengan relación directa con la estrategia de servicio. Deben controlar el diseño de la nueva tecnología y facilitar su implementación exitosa. Deben hacerse cargo de la estrategia tecnológica de la empresa. La siguiente guía de preguntas puede serles útil:

1. *¿Tenemos una estrategia tecnológica en esta empresa?* ¿Están integradas nuestras inversiones en tecnología o relativamente independientes? ¿Se han asignado funciones específicas que encajen dentro de un patrón cohesivo? ¿Hemos adoptado un enfoque holístico frente a la tecnología?
2. *¿Nuestra estrategia tecnológica apoya a nuestra estrategia de servicio?* ¿Hacemos un esfuerzo deliberado por ligar nuestras discusiones sobre tecnología con nuestra estrategia de servicio?
3. *¿Nuestra estrategia tecnológica está orientada al mercado?* ¿Estamos invirtiendo en una tecnología auténticamente favorable para los usuarios, una tecnología que les dé una buena razón para cambiar la vieja por la nueva?
4. *¿Consideramos la tecnología como una innovación social?* ¿Preparamos adecuadamente a la gente para utilizar la nueva tecnología? ¿Proporcionamos la suficiente capacitación (cómo) y educación (por qué)? ¿Invertimos lo suficiente en el lado humano de la tecnología?
5. *¿Supervisamos la forma en que los empleados utilizan la tecnología y su satisfacción con ella?* ¿Sabemos en qué circunstancias la tecnología es más un obstáculo que una ayuda para los empleados que prestan el servicio? ¿Sabemos qué herramientas necesitan para realizar su trabajo con más eficacia? ¿Tenemos capacidad para responder rápidamente cuando la tecnología fracasa?
6. *¿Consideramos la tecnología y el servicio personal como claves interdependientes para un servicio excelente?* ¿Reconocemos plenamente el potencial de la tecnología para respaldar el servicio personal y el potencial del servicio personal para complementar la tecnología? ¿Nuestro objetivo es combinar el poder de la alta tecnología con mucho contacto personal?

CAPÍTULO 8

COMPETIR POR TALENTO

La estructura y la tecnología son fundamentales para implementar la estrategia de servicio. Sin embargo, no permiten llegar muy lejos sin personas con la actitud, los conocimientos y las destrezas indispensables para convertir en realidad la estrategia. Este capítulo es el primero de cinco sobre el tema de la gente como factor de la ejecución de la estrategia de servicio. Primero pondremos énfasis en la necesidad de atraer a las personas apropiadas porque el insumo determina el producto. Los demás capítulos se refieren al desarrollo de destrezas y conocimientos, a la concesión de facultades a los empleados, al trabajo en equipo, a la evaluación y a la retribución según el desempeño. Los factores críticos para vincular la estrategia de recursos humanos a la estrategia de servicio son: Reclutar y seleccionar personas inclinadas al desempeño, desarrollar sus capacidades, cultivar su libertad para actuar, orientarlas para que obren concertadamente, crear el clima propicio para el logro.

Los empleados de servicios son la compañía

¿A quién debe contratar la empresa? Eso depende de la estrategia de servicio. Así como la estrategia determina las decisiones sobre estructura y tecnología, también debe determinar las decisiones en materia de recursos humanos. La estrategia de servicio de Fairfield Inn, de Marriott Corporation, es ofrecerle a su mercado objetivo de personas que viajan frecuentemente por negocios ("los guerreros del camino") habitaciones limpias, un ambiente de amabilidad y precios cómodos. La simplicidad de esta estrategia de servicio requiere solamente dos tipos de empleados de primera línea: personal de recepción y personal de aseo. Para que la estrategia funcione se necesitan personas capaces y dispuestas a ofrecer un entorno aseado y sincera amabilidad por unos sueldos razonables. Fairfield Inn creó un sistema de remuneración según el desempeño denominado Scorecard, que consiste en un computador en el cual los huéspedes registran a la salida su evaluación del servicio que le prestaron. Los huéspedes tocan la pantalla para responder preguntas como éstas: "¿Cómo calificaría usted el aseo de su habitación?" "¿Cuán amables fueron las personas de la recepción del hotel al momento de su llegada?" Los datos se enlazan con los nombres de los empleados correspondientes y se utilizan para entregar bonificaciones mensuales hasta del 10% sobre el sueldo básico.[1]

¿A quién debe contratar Fairfield Inn? Es obvio que la compañía necesita personas concienzudas y que tengan una sólida ética del trabajo. También necesita personas agradables y expansivas, personas que se sientan motivadas con un sistema de remuneración según el desempeño.

¿Por qué el título de este capítulo? ¿Por qué decir "competir por talento" en lugar de utilizar palabras como "reclutar" y "contratar"? Porque para prestar un servicio extraordinario se necesitan personas que tengan talento y quieran sobresalir. Los servicios son actuaciones, y las personas son los actores. Desde el punto de vista de los clientes, las personas que prestan el servicio *son* la compañía. Un agente de seguros incompetente es una compañía aseguradora incompetente. Un cajero descuidado es un banco negligente. Una mesera arrogante es un restaurante arrogante. Las compañías de servicios necesitan tener personas apropiadas que porten la insignia de la compañía ante los clientes. Necesitan competir activamente y con imaginación para atraer a la mejor gente con capacidad para implementar su estrategia de servicio. Deben competir por participación en el mercado de talentos con la misma intensidad con que compiten por participación en el mercado de clientes. Al fin y al cabo, cuando el producto es una actuación, es el talento el que consigue clientes.

Ben Schneider y David Bowen entrevistaron a noventa y siete grupos de tres o cuatro empleados de tres compañías de servicios financieros. Solamente se les hizo una pregunta: "¿Quisiera usted describir el ambiente o la cultura de su organización y el papel que el servicio desempeña en ella?" A partir de estas entrevistas, los investigadores crearon un índice de pasión por el servicio basándose en la cantidad de tiempo que las personas consultadas emplearon en hablar del servicio y la favorabilidad de sus comentarios. Los empleados que hablaban larga y favorablemente del servicio eran considerados apasionados de éste. Schneider y Bowen encontraron correlaciones estrechas entre la pasión por el servicio y diversas prácticas de recursos humanos, tales como retroalimentación sobre el desempeño (.46), remuneración equitativa (.43) y capacitación (.40). Sin embargo, la correlación más fuerte fue con las prácticas de contratación. La investigación reveló una correlación de .64 entre la pasión por el servicio y las conversaciones favorables/largas acerca de los procedimientos de contratación — a quién contratar y cómo realizar la contratación.[2] Estos resultados concuerdan con los de la investigación que mis colegas y yo hemos realizado e indican que las prácticas deficientes de contratación son una de las causas principales de la mala calidad del servicio. Los empleados de contacto con los clientes que creen que sus unidades *no cumplen* las normas de servicio están en *desacuerdo* con la siguiente afirmación: Mi compañía contrata personas calificadas para realizar su trabajo.[3]

Los empleados de servicios prestan mucha atención a quién y cómo contrata la gerencia. Son pocos los actos de la gerencia que dicen más acerca de lo que realmente piensan los directivos sobre la calidad del servicio que el cuidado y los recursos que utilizan al reclutar y contratar personal. Por esas mismas razones, las decisiones sobre ascensos también tienen un enorme poder simbólico, tal como se dijo en el capítulo 2.

Los gerentes que reciben muchas solicitudes para llenar vacantes pueden cuestionar la necesidad de competir por talento. "¿Por qué la urgencia cuando hay tantos solicitantes?", puede ser su pregunta. Es cuestión de normas y tenacidad. Las compañías que tienen normas de contratación claras y estrictas descubren que la gran mayoría de los solicitantes no pasan la prueba. En efecto, algunas empresas rechazan un número exorbitante de personas para cargos de nivel de ingreso que no aprueban un simple examen de conocimientos básicos o de uso de drogas, o que admiten haber robado a un patrón anterior. Es muy difícil conseguir candidatos excelentes para los cargos que requieren destrezas especializadas y capacitación de gran demanda. En el momento de escribir este libro, algunos hospitales han cerrado pabellones y algunas empresas de transporte a larga distancia han dado de baja equipos y han cancelado pedidos para los camiones por no haber podido atraer a suficientes enfermeros o conductores de camiones.

Cuando se contrata personal equivocado se genera un exceso de rotación, el cual se paga caro. Las personas no aptas para un trabajo — a causa de su temperamento o por falta de destrezas — acaban por renunciar o por ser despedidas. Los costos de la rotación del personal son directos (contratar y capacitar reemplazos) y también indirectos (menos productividad y menos capacidad de servicio mientras los reemplazos aprenden, y posible daño de las relaciones con los clientes). Leonard Schlesinger y James Heskett ven en la alta rotación de los empleados un factor crítico dentro de lo que denominan "el ciclo del fracaso". La alta rotación lleva a la gerencia a no querer invertir mucho en contratación, capacitación y otras actividades generadoras de compromiso porque piensan que la gente se irá de todas maneras. Y muchos empleados se van, en parte por la poquísima inversión para asegurar su éxito en el trabajo. La alta rotación del personal afecta negativamente a la calidad del servicio, lo cual lesiona la rentabilidad y reduce todavía más los medios para invertir en el éxito de los empleados.[4]

Falsos supuestos

Los resultados mediocres que tantas compañías de servicio obtienen con sus esfuerzos de reclutamiento y contratación tienen su origen en falsos supuestos como los siguientes:

- La alta rotación del personal es un hecho de la vida que no puede modificarse. La ética del trabajo en muchos países está muriendo o ya murió, y, sencillamente, no es posible encontrar personas que deseen trabajar con ahínco, "como en los tiempos pasados".

- No es necesario ni práctico tener un método sofisticado de reclutamiento y contratación para los puestos no gerenciales de nivel inferior.
- El dinero habla; pague 30 centavos más por hora sobre el precio del mercado y tendrá usted todos los candidatos necesarios.
- Todas las destrezas esenciales de servicio pueden enseñarse con capacitación, de manera que la selección no es crucial.
- Los puestos que están a nivel de principiante son sólo para personas jóvenes.
- Cuanto más personal temporal, mejor, porque se ahorra en prestaciones sociales.

Las compañías que son grandes en servicios reconocen estos falsos supuestos y descubren la sabiduría en sus contrarios. Uno de los supuestos más dañinos es que, para los clientes, precio es lo mismo que valor. No es así. Para los clientes, el valor está representado en los beneficios que reciben a cambio de las molestias soportadas. El costo monetario o precio es un tipo de molestia; los costos no monetarios, como la incompetencia, la lentitud o los inconvenientes, son otro tipo. Los empleados que prestan un servicio sobresaliente le ayudan a la compañía a maximizar los beneficios y a minimizar las molestias para los clientes. Sí, es cierto que algunos clientes casi siempre escogen al proveedor de los precios más bajos; pero la mayoría de los clientes que escogen al proveedor que les ofrece el precio más bajo lo hacen porque perciben igualdad de servicio en el mercado, y no ven una razón para pagar más. Pero déles usted un Harold's, un Roberts Express, un Tattered Cover Book Store, un West Point Market, una De Mar Plumbing, una USAA o un Ritz-Carlton, y tendrán una razón para incluir criterios no relacionados con el precio en sus decisiones de compra. Sólo unas pocas de las decenas de compañías mencionadas en este libro tienen la estrategia de ofrecer el menor precio del mercado; pero todas ellas dependen de empleados de calidad superior para cumplir con su servicio extraordinario.

El supuesto de que el precio es igual al valor es nocivo porque empuja a las empresas hacia la meta de "ahorrar dinero" en lugar de "servir a sus clientes" al formular sus esquemas de reclutamiento y contratación. En ese modelo, los sueldos bajos equivalen a precios bajos que equivalen a más valor y, por consiguiente, a un mayor volumen de negocios. Las empresas de servicio extraordinario tienen un modelo diferente: El personal extraordinario es igual a un servicio extraordinario, que es igual a un valor extraordinario, que es igual a negocios extraordinarios.

CÓMO COMPETIR POR TALENTO

El servicio extraordinario se convierte en una ilusión cuando no hay concordancia entre el tipo de personas contratadas y el tipo de personas de las cuales los clientes esperan recibir servicio. Para competir por una participación en el mercado de talento es necesario que la empresa desee convertirse en el empleador preferido, tenga altas miras, emplee múltiples métodos de reclutamiento, abarque y segmente todo el mercado, y emplee múltiples métodos de selección. Para competir por participación en el mercado de talento es necesario pensar como experto en marketing.

Sea el empleador preferido

La mejor manera de atraer empleados extraordinarios es ofrecer trabajos extraordinarios. Siempre se sabe cuáles empresas son buenas empleadoras y cuáles no. La competencia por talento gira alrededor de una oferta de puestos que vale la pena comprar — puestos que enriquezcan el espíritu, no sólo la billetera, que desafíen a la gente a dar lo mejor de sí y a seguir creciendo, que unan a la gente en el propósito de crear y lograr un desempeño superior. Los puestos que terminan en un callejón sin salida son el resultado de la falta de imaginación y de compromiso de un creador que no desea convertirlos en algo diferente. En De Mar Plumbing no hay callejones sin salida, como tampoco los hay en West Point Market o en Mary Kay Cosmetics.

Los empleadores preferidos contratan personas para largo

tiempo. El reclutamiento y la contratación son apenas los primeros pasos en una serie de inversiones cuyo objeto es posibilitarles a los empleados progresar en su carrera y contribuir cada vez más al éxito de la compañía. Algunos empleados se retiran durante las primeras etapas del proceso, y se pierde la inversión hecha en beneficio de él. Pero las empresas de servicios extraordinarios saben que ese costo es necesario. La mentalidad es: *Reclutar bien y contratar bien, ofrecer un cargo viable y susceptible de crecer, y esperar que la mayoría de las personas se conviertan en empleados productivos durante mucho tiempo. Invertir en esas personas en lugar de ahorrar en las que se van.*

Russ Vernon, propietario de West Point Market, anotó en una entrevista acerca de su cajera principal, Kim Kowalski: "Lleva con nosotros apenas un par de años". Ahora bien, es probable que los competidores de Vernon tengan muy pocos empleados con esos dos años de tiempo; pero para Vernon, Kim Kowalski es una empleada relativamente nueva. Russ Vernon contrata personas para largo tiempo, y por esa razón está dispuesto a invertir en su éxito. West Point Market es uno de los empleadores preferidos en Akron. He aquí cómo algunos empleados describen su trabajo:

Terri Freiman, asesora en vinos: "Las personas que laboran aquí no necesariamente ganan grandes sumas, pero sí muchos conocimientos".

Kaye Lowe, directora de relaciones públicas: "Jamás hay un día aburridor".

Carol Moore, directora de servicios de alimentos: "Russ está aquí para ayudarnos. Trata de darnos las herramientas que necesitamos. Nos conoce como personas".

Kim Kowalski, cajera principal: "Russ nos permite hacer lo que sea necesario para prestarle el mejor servicio al cliente. Nos brinda el ciento por ciento de apoyo".

Wendy Woods, asistente de cortesía (empacadora): "Es mucho más interesante y divertido de lo que creí antes de venir a trabajar aquí. Empacar es algo que no suena muy emocionante, pero aquí todo el mundo hace que nos sintamos importantes. No se nos ordena hacer las cosas; todos nos piden el favor. El señor Vernon nos conoce por nuestros nombres, y nos dice que somos parte del equipo. Nos sentimos apreciados, y eso hace que nos esforcemos".

Cuando le preguntamos a Russ Vernon qué era lo que más orgullo le producía, contestó: "Nuestra gente. Realmente nos hemos esforzado mucho para hacer que éste sea un buen sitio para trabajar".

Muchos lectores conocerán la estrategia de marketing basada en las relaciones — atraer, desarrollar y conservar las relaciones con los clientes. El principio fundamental del marketing basado en las relaciones es crear "clientes verdaderos": clientes que se alegran de haber escogido a la compañía, que sienten que su relación con ella es fuente de valor genuino, que se sienten valorados por la compañía y que no están muy dispuestos a desertar.[5] Las compañías de servicios extraordinarios también practican el marketing basado en las relaciones con sus empleados. Se concentran en desarrollar y en conservar a los empleados, no sólo en atraerlos. Sus altos gerentes comprenden que la longevidad de los empleados contribuye a la longevidad de los clientes, y que construir relaciones internas prepara el camino para las relaciones externas. Así escribe al respecto Frederick Reichheld: "Cuanto más tiempo permanezcan los empleados en la compañía, más llegarán a conocer el negocio, más aprenderán y más valiosos podrán ser. Los empleados que tratan directamente con los clientes todos los días ejercen un efecto poderoso en la lealtad de aquéllos".[6]

Starbucks Coffee Company, comerciante minorista de café cuya sede está en Seattle, apareció en una cubierta de *Fortune*[7] en 1993 como una de las 100 empresas de más rápido crecimiento en los Estados Unidos. La tasa de crecimiento anual de sus ventas durante los primeros años 90 fue del 70 al 80%. La pieza central de la estrategia de crecimiento de Starbucks es un paquete amplio e innovador de beneficios para los empleados, el cual incluye salud, opciones sobre las acciones, capacitación a fondo, asesoría profesional y descuentos en los productos para *todos* los empleados, *tanto* los de jornada completa *como* los de media jornada. El director ejecutivo y presidente Howard Schultz explica:

> Nuestra única ventaja competitiva sostenible es la calidad de nuestra fuerza laboral. Estamos construyendo una compañía minorista nacional inculcando orgullo por el producto de nuestros esfuerzos y ofreciendo participación en él.
>
> ...Nadie puede darse el lujo de no ofrecer ese tipo de beneficios. La tendencia a economizar en estos elementos esenciales sólo refuerza el sentimiento de mediocridad que ha penetrado en tantas compañías. Sin esos beneficios, la gente no se siente vinculada económica o espiritualmente a su trabajo.[8]

El hecho de incluir a los empleados de media jornada en el programa de beneficios dice mucho. Muchas empresas contratan personal de media jornada para minimizar los pagos de prestaciones. Starbucks hace todo lo contrario, y les otorga a estos empleados el status de plena ciudadanía en la empresa. El razonamiento de Schultz es que más de la mitad de la fuerza de ventas al por menor de la compañía trabaja media jornada. Además, estos empleados son los que atienden a la mayoría de los clientes, y son fundamentales para el éxito de la compañía.

El plan de opciones para compra de acciones de Starbucks, denominado Bean Stock, también merece destacarse. El plan tiene por objeto reducir la rotación del personal e inculcar en los empleados el orgullo de ser propietarios. El plan está estructurado sobre un período de cinco años para el traspaso del título de propiedad. Se inicia un año después de otorgada la opción y se le concede al empleado un 20% anual. Todos los empleados reciben, además, una nueva opción sobre acciones cada año, al iniciarse un nuevo período de traspaso. El porcentaje del derecho otorgado está ligado a la rentabilidad de la compañía.[9]

Las empresas como Starbucks Coffee y West Point Market disfrutan de una ventaja competitiva con sus clientes, en parte porque tienen una ventaja competitiva con sus empleados. Con el enfoque de invertir a largo plazo para atraer, desarrollar y conservar a los empleados, las empresas se convierten en empleadores preferidos.

Fijar altas miras

Competir por talento implica fijar altas normas para los empleados potenciales — y ceñirse a ellas. Las presiones para suavizar las normas de contratación pueden llegar a ser muy fuertes: la urgencia de llenar vacantes, la escasez de candidatos que satisfagan todos los criterios, el deseo de controlar los costos laborales, el tiempo y los costos de evaluar a muchos candidatos para encontrar el apropiado. Sin embargo, resistir hasta encontrar sólo los mejores candidatos es precisamente la estrategia de las empresas de servicio excelente. Considerando que su producto es una actuación, están decididas a contratar al mejor actor. Mark Day, director de la oficina de Bank One Texas Trust, de Houston, comenta:

> Nosotros entrevistamos a muchas personas. Quizás entrevistamos a 10 o 15 personas que ya han recibido el visto bueno del departamento de personal. Enloquecemos al departamento. Buscamos a la persona apropiada para nuestra cultura.

Esta referencia de Day a la coincidencia con la cultura es significativa. Las compañías de servicio deben buscar personas que, además de tener las destrezas y los conocimientos apropiados, tengan la actitud y los valores que concuerden con la cultura deseada y contribuyan a apoyar la estrategia. Esto implica buscar cualidades intangibles que quizás no salgan a flote en una hoja de vida y no se puedan enseñar a través de la capacitación. Los empleados experimentados que encarnan los atributos deseados saben qué buscar en los solicitantes. Nancy Moser, directora de ventas de Mary Kay Cosmetics, dice: "Buscamos lo que la persona lleva interiormente. La integridad. Yo puedo enseñar técnicas; pero necesito la amabilidad, la sonrisa, el deseo de aprender". Otra directora de ventas, Jessie Logan, agrega: "No se puede simular el alma; ella debe existir. Ésta es una compañía dedicada a construir relaciones". Y Mona Holte Butters, también directora de ventas, hace esta reflexión: "Este negocio llega a ser del corazón. En la mayoría de las compañías es cuestión de pérdidas y ganancias; en Mary Kay, es asunto de amor y de seres humanos".

Joyce Meskis, propietaria de Tattered Cover Book Store, cree que la fuerza de su librería está en su gente. Aunque el número de empleados aumentó de 2 a 320 en los primeros veinte años, la estrategia básica de servicio de Tattered Cover — reunir a la gente con los libros — y los valores que la impulsan no han cambiado. Meskis sabe qué tipo de gente desea contratar:

- "Nuestra gente debe sentir pasión por los libros".
- "La diligencia y la constancia son nuestras características".
- "Tomamos en cuenta los problemas de amor propio. Considerando que existen 800 000 obras impresas en idioma inglés y que cada año salen al mercado 50 000 nuevos libros, es posible que los empleados de una librería no puedan dar todas las respuestas. Buscamos activamente personas que acepten el hecho de no saber y que puedan trabajar con los demás para encontrar las respuestas".

Las compañías de servicio deben crear el perfil del candidato ideal para orientar el proceso de reclutamiento y contratación. Como dijimos en el capítulo 6, se pueden formar equipos de proyecto para la calidad del servicio que se encarguen de desarrollar los perfiles de los distintos cargos. Bank One Texas Trust Division utilizó un equipo de proyecto para crear ese documento. El equipo analizó los puntos fuertes y los puntos débiles del servicio de la división e identificó los atributos comunes de los empleados que no habían desempeñado bien su cargo. Después identificó los atributos necesarios para prestar el servicio deseado, colocándolos en una de tres categorías: esencial, bueno si se tiene, el menos importante.

Cada compañía debe crear sus propios perfiles de candidatos ideales. Es mucho lo que se aprende analizando las características de los empleados que han tenido el mayor éxito y el menor éxito en la compañía. Además, el perfil del candidato ideal debe reflejar los valores y la estrategia de servicio de la compañía y también las exigencias particulares del cargo. Sin embargo, conviene considerar las experiencias de otras empresas con respecto a la identificación de las características esenciales en materia de servicio. En la tabla 8-1 (págs. 208-209) aparecen listas de características críticas para el servicio, tomadas de dos fuentes: un estudio de catorce compañías de excelente servicio realizado por Learning

International y un estudio de destrezas críticas para los agentes de servicio de telemarketing de una importante compañía de comunicaciones. Las dos listas presentan semejanzas muy grandes, lo cual sugiere que algunas características de servicio rebasan las fronteras de las industrias y pueden utilizarse como punto de partida para desarrollar los perfiles de los candidatos ideales.

Las compañías que aspiran a prestar excelentes servicios deben hacer un esfuerzo concertado para reclutar y atraer personas que puedan desempeñar el servicio excelentemente. Aunque es vital desarrollar las destrezas y los conocimientos de los empleados una vez contratados, no todas las características necesarias de servicio se pueden enseñar. Los gerentes deben identificar las cualidades personales que distinguen a los empleados de servicios más eficientes de la compañía y que mejor concuerdan con la estrategia de servicio de ella. Estas cualidades — destrezas, habilidades, conocimientos, actitudes, valores — forman las pautas para reclutar y contratar con éxito. Las compañías que tienen altas miras en el mercado de talento, que saben lo que desean e insisten en obtenerlo, desarrollan con el tiempo un potencial mucho mayor para llegar a ser excelentes en servicio que las empresas cuyas normas son laxas o poco claras.

Utilizar diversos métodos para reclutar

Cuanto mejor sea la fuente de solicitantes, mejores serán los contratados. Muchas empresas de servicios carecen de firmeza y de imaginación en su manera de reclutar personal. Basta con leer los anuncios publicados en los periódicos locales: todos son iguales. Los anunciantes que solicitan empleados rara vez mencionan las oportunidades de crecimiento profesional que ofrece la empresa, la posibilidad de adquirir nuevas destrezas, u otras características claras que les permitan presentarse como empleadores preferidos. Pocos se toman la molestia de publicar sus logotipos. ¿Ésa es la manera de competir por participación en el mercado de talentos? Las mismas empresas que utilizan la imaginación para competir intensa y creativamente por clientes, compiten tímida y mediocremente por los empleados que las representarán ante esos clientes duramente ganados.

TABLA 8-1
CARACTERÍSTICAS CRÍTICAS PARA EL SERVICIO

Capacidades universales de los empleados de servicio de primera línea de 14 compañías de excelente servicio		Destrezas críticas que distinguen a los agentes de excelente servicio en una importante compañía de comunicaciones	
Estimulan la lealtad y la confianza de los clientes	Asumen una posición proactiva frente a las necesidades de los clientes. Establecen relaciones de "socios" para ayudarles a los clientes a alcanzar sus metas. Hacen lo que sea factible y sensato por conservar la buena voluntad de los clientes.	**Claridad de palabra**	Capacidad de comunicarse verbalmente en forma clara y comprensible.
		Descubrimiento de información verbalmente	Capacidad de descubrir la información importante y pertinente acerca de un problema por medio de preguntas o de la conversación.
Muestran empatía	Se muestran sensibles a los sentimientos de los clientes y de las demás personas. Conocen los distintos tipos de personalidades, y responden debidamente a cada una. Se relacionan con los clientes y las demás personas en una forma que refleja un verdadero interés y respeto a la vida.	**Flexibilidad**	Capacidad de recuperar la energía y el entusiasmo rápidamente después de un suceso desalentador.
Se comunican eficazmente	Se expresan en una forma clara y fácil de comprender. Demuestran capacidad para vender y/o influir en otros cuando es apropiado. Formulan preguntas apropiadas. Utilizan correctamente la comunicación escrita. Demuestran diplomacia. Responden a los clientes y a los demás de una manera que contribuye a crear relaciones positivas.		

TABLA 8-1 *(Continuación)*

CARACTERÍSTICAS CRÍTICAS PARA EL SERVICIO

Capacidades universales de los empleados de servicio de primera línea de 14 compañías de excelente servicio		Destrezas críticas que distinguen a los agentes de excelente servicio en una importante compañía de comunicaciones	
Manejan el estrés	Conservan el orden, la calma y el ánimo constructivo cuando enfrentan situaciones estresantes. Demuestran tolerancia y un apropiado buen humor y paciencia con los clientes airados o difíciles. Controlan las emociones.	**Persistencia**	Capacidad de persistir a pesar de factores como la fatiga, las distracciones, el tedio o el rechazo, y capacidad de seguir esforzándose por alcanzar metas difíciles de lograr.
Escuchan activamente	No se limitan a oír las palabras de los clientes sino que prestan atención a su significado.	**Tolerancia a la tensión**	Capacidad de soportar las presiones y el ritmo acelerado del trabajo, y capacidad de mantener un alto nivel de desempeño a través del tiempo.
Demuestran una mente despierta	Procesan la información rápidamente. Aprenden y comprenden con facilidad.	**Empatía**	Capacidad de ponerse mentalmente en la situación de otra persona y de comprender lo que ella siente.
Fuente: "Lessons from Top Service Providers", Learning International, 1991, págs. 12-19.		Fuente: Philip E. Varca, "Power, Policy, and the New Service Worker", *Marketing Management*, primavera de 1992, pág. 19.	

Así como las empresas utilizan diversos métodos de marketing para atraer a los clientes, debieran igualmente tener la sensatez de utilizar diversos métodos para atraer a los empleados. Las compañías que reclutan nuevos empleados no deben depender únicamente de los avisos clasificados de los periódicos, o de la publicidad exclusivamente. Algunas otras posibilidades son las visitas didácticas para estudiantes patrocinadas por la compañía, la ayuda económica a los estudiantes que trabajan media jornada y asisten a la universidad, programas de pasantía para universitarios, y programas en los cuales cada empleado debe reclutar a otro.

Las empresas como Wal-Mart Stores y J.C. Penney contratan estudiantes universitarios para trabajar en sus almacenes o en las oficinas principales durante los meses de verano con el objeto de atraer por lo menos a la mitad de ellos para que, una vez graduados, hagan carrera vinculándose como empleados. Las pasantías les brindan a los estudiantes la oportunidad de experimentar la cultura de la compañía antes de comprometerse con ella. Asimismo, la compañía puede evaluar las capacidades de los estudiantes y su "acoplamiento" sin necesidad de comprometer un puesto de jornada completa. Cada una de las partes tiene la ocasión de una prueba prolongada. Las pasantías les permiten a las empresas abrir el espacio para ofrecerles una carrera a los estudiantes universitarios más talentosos.

West Point Market ya no utiliza los anuncios de prensa para reclutar solicitantes. Ahora recurre a un programa de referencias de los empleados con el cual ha conseguido resultados excelentes. Los empleados (denominados "asociados" en West Point Market) reciben US$5 por cada persona recomendada que llegue hasta la etapa de entrevista y US$20 si el candidato es contratado. El programa funciona porque los asociados comprenden las cualidades personales y los hábitos de trabajo necesarios para tener éxito en el almacén. Debbie Lautenbach, directora de recursos humanos de West Point Market, anota: "Aquí contratamos personas de una casta especial. Debemos estar siempre listos. Al llegar por la mañana empieza la función. Los anuncios en los periódicos no nos permitían ser lo suficientemente selectivos. Entregábamos demasiadas solicitudes y perdíamos mucho tiempo". Naomi Baker, estudiante universitaria que trabajó temporalmente en el almacén como empacadora, comprendió perfectamente que no todos sus amigos serían apropiados para trabajar en West Point Market: "No todos podían trabajar aquí. No todo el mundo tiene paciencia. No todo el mundo puede sonreír siempre. Uno debe dejar afuera los problemas personales apenas cruce la puerta".

West Point Market también anima a las familias a trabajar en el almacén. Mike Vernon, director de proyectos especiales, comenta:

> Es maravilloso. La madre puede estar en la panadería, la hija en el departamento de quesos y el hijo en la caja. Tenemos por lo menos quince asociados cuyos familiares trabajan aquí. Esto le da al almacén un ambiente todavía más familiar.

El éxito en el reclutamiento depende de una actitud apropiada. La idea de utilizar diversos métodos de reclutamiento es natural y cómoda cuando competir por talento es una verdadera prioridad para la empresa. No tendría sentido proceder con timidez y cautela, ni utilizar métodos corrientes para reclutar. Scott Bruner, gerente de operaciones de comercialización de Hard Rock Cafe Orlando, dice: "Nosotros somos muy selectivos. Contratamos a los mejores. Buscamos personas que tengan la actitud apropiada y que estén dispuestas a aprender. Si salgo de compras y una persona me impresiona favorablemente, le entrego mi tarjeta". En Mary Kay Cosmetics existe la "regla del metro": toda persona que se encuentre a un metro de distancia es un cliente potencial, un empleado potencial, o una anfitriona potencial.

Abarcar y segmentar el mercado

Tener altas miras *no significa* limitar la búsqueda a un determinado grupo demográfico. Las personas de talento son de ambos sexos, y de distintas edades y razas. Competir por talento implica buscar a todo lo largo y ancho. Es necesario lanzar una red grande para encontrar a las personas que mejor se acomoden al perfil del candidato ideal. Joyce Meskis, de Tattered Cover, dice: "Buscamos deliberadamente una gama diversa de personas — que tengan talento, que sean creativas, a veces rebeldes. Deseamos proporcionar un entorno que refleje la sociedad a la cual servimos".

En 1994, Wal-Mart empleaba a más de 17 000 personas de sesenta y cinco años, o más. Pizza Hut es conocida por contratar cientos de personas minusválidas todos los años, aprovechando una fuente grande de posibles empleados que desean formar parte de la fuerza laboral y que tienen las destrezas necesarias para trabajar con eficiencia.

Muchas empresas de servicio automotor de los Estados Unidos están limitando su crecimiento porque no pueden contratar y conservar suficientes mecánicos calificados. Uno de sus problemas es el criterio anticuado — e innecesariamente restrictivo — acerca de la fuente de mano de obra. Estas compañías debieran considerar la creación de escuelas de capacitación técnica, y atraer activamente mujeres para que se matriculen en ellas. Con un punto de vista diferente acerca del mundo, se podría duplicar el tamaño del mercado.

Cuanto mayor sea la heterogeneidad del recurso humano, mayor será la necesidad de segmentarlo. No todos los empleados encajan en un mismo esquema de "trabajo-producto". La investigación en la industria de comidas rápidas ha revelado la existencia de varios segmentos en el mercado de empleados, en los cuales se incluyen personas que trabajan exclusivamente por dinero, personas cuya prioridad son los horarios regulares y personas que desean progresar y hacer carrera en la industria. Las compañías de comidas rápidas que ofrecen un único paquete de empleo para todos obviamente no están dando en el blanco.[10]

La creciente popularidad de prácticas de recursos humanos como la flexibilidad en las prestaciones y en los horarios, es señal de la heterogeneidad de la fuerza laboral y de la necesidad de responder a ella. La mentalidad rígida ha pasado de moda. La flexibilidad es lo que se estila.

El Union Trust Bank de Connecticut ha podido contratar más madres de familia como cajeras al adaptarse a su deseo de no trabajar a la hora en que llegan a casa los niños cuando salen de la escuela.

Faneuil Research, compañía de investigaciones telefónicas de Chicago, ha tenido resultados excelentes contratando estudiantes universitarios para trabajar media jornada como entrevistadores.

Una buena práctica gerencial es permitirles a los estudiantes rediseñar su horario de trabajo cada dos semanas. La compañía paga bonificaciones para satisfacer sus necesidades de personal en días difíciles, como los sábados.[11]

Toys 'R' Us registra las preferencias de los empleados con respecto al sitio geográfico de trabajo a través de su sistema de información sobre recursos humanos, el cual está conectado en línea. Jeffrey Wells, vicepresidente de recursos humanos de la compañía, cuenta que cuando decidieron abrir almacenes en Alemania, su departamento generó inmediatamente una lista de cuarenta y dos empleados que deseaban trabajar en ese país.

Al buscar candidatos en diversas fuentes se amplían las posibilidades de encontrar las personas que satisfacen los criterios de contratación. Con una red pequeña se pesca poco. Acomodando las diferencias individuales de los empleados que trabajan con esquemas de "trabajo-producto" adaptados a sus necesidades, la empresa se ayuda a ser empleador preferido y a competir más eficazmente por el talento.

Utilizar diversos métodos de selección

El reclutamiento bien realizado permite generar una fuente de solicitantes calificados. Sin embargo, los gerentes todavía enfrentan la tarea de elegir a los mejores del grupo. Sus decisiones serán más acertadas si siguen el consejo del consultor Ron Zemke y piensan en el reclutamiento como en un ejercicio de escoger actores para un espectáculo de Broadway: es algo que hay que hacer sin prisa.[12]

Es tentador dejarse llevar por el instinto al contratar empleados. Aunque es algo que no debe dejarse de lado, las decisiones de selección son muy importantes para basarse en el instinto. Es mucho mejor una combinación de enfoques. Solicitar el aporte de los empleados existentes es una manera de ganar valiosos conocimientos y de confirmarles lo que ellos valen para la empresa. Seleccionar a los mejores es un proceso, no un suceso.

Es difícil identificar a los solicitantes que concuerdan con los criterios del candidato ideal. Características tales como la adaptabilidad, la persistencia y la paciencia por lo general no afloran durante una entrevista personal corriente. Es probable que tampoco afloren las verdaderas actitudes acerca del servicio a los clientes. Algunos candidatos tendrán más experiencia o práctica que otros con las entrevistas, pero ésas son destrezas que poco tienen que ver con la capacidad de resolver problemas complicados de los clientes o de trabajar armoniosamente en equipo.

El proceso de contratación es más completo cuando se utilizan tres enfoques de selección combinados: enfrentar la realidad, entrevistar desde muchas perspectivas y simular.

Enfrentar la realidad. Al presentar el trabajo tal como es antes de tomar la decisión de contratar, el candidato tiene la oportunidad de "ensayar el puesto" y evaluar mejor si se acomoda a él o no. Además, los entrevistadores pueden observar cómo reaccionan los candidatos a las realidades del trabajo.

Tattered Cover Book Store insiste en darles a los solicitantes las razones por las cuales tal vez no les gustaría trabajar en una librería. Joyce Meskis explica:

> Las personas ajenas a la empresa ven todas las razones por las cuales sería deseable trabajar en una librería, pero no ven los aspectos negativos — los detalles son abrumadores, el sueldo es malo, y no todo el mundo está hecho para la profesión de servir. Nosotros hablamos durante la primera mitad de la entrevista de una hora. Hablamos sobre las cosas negativas. Mientras hablamos, aprendemos algo, y el candidato también aprende. Al terminar, le preguntamos: "¿Qué tal encaja usted en esto?"

Disney muestra un vídeo a quienes solicitan puesto en los parques de diversión incluso antes de pedirles que llenen la solicitud. En el vídeo se describe lo que el candidato necesita para tener éxito en el trabajo. Este paso elimina a un 10 o 15% de los candidatos que deciden no seguir adelante.[13] Kim Kowalski, de West Point Market, les pide a los candidatos a cajeros y empacadores que lean la descripción del cargo antes de pasar a la entrevista. Dice ella: "Uno se puede formar una idea de los candidatos por su reacción a la descripción del cargo". En Au Bon Pain, una cadena de cafés — panaderías al estilo francés —, se les pide a los solicitantes que participen en una experiencia pagada de dos días en el trabajo antes de las entrevistas finales. Los administradores observan a los candidatos en acción y éstos, a la vez, pueden evaluar mejor si se acomodan a la compañía o no.[14]

De Mar hace prácticas de enfrentar la realidad invitando a los candidatos a pasar algunas horas en los camiones antes de tomar la decisión de contratarlos. Don McCann, coordinador de servicios de plomería, explica:

> Yo paso más tiempo visitando que entrevistando, y eso me permite formarme una idea de cómo será un candidato con los clientes. ¿Muestra interés? ¿Tendrá siempre presente nuestro bien? Luego convido al candidato a pasar uno o dos días en un camión para que vea cómo son las cosas en la práctica. Esto asusta a algunos, especialmente por las horas de trabajo. Pero prefiero asustarlos antes de contratarlos que tener que despedirlos más adelante. Hacemos lo posible por encontrar personas que se acomoden a nuestra manera de trabajar porque no queremos pasar por el proceso de despido con mucha frecuencia.

Entrevistar desde muchas perspectivas. Cuando se utiliza con imaginación, el proceso de entrevista dice mucho con respecto a las destrezas del candidato, a sus aspiraciones profesionales, a su filosofía de servicio, a su nivel de motivación, a sus hábitos laborales y a la imagen que tiene de sí mismo. Hay muchas más posibilidades de obtener información fundamental para la decisión de selección — incluso la información que el candidato quiere ocultar — cuando se utilizan muchas entrevistas con distintos entrevistadores y diversos métodos.

El proceso consecutivo de entrevistas de tamizaje, seguidas de entrevistas a fondo con los candidatos que sobreviven al tamizaje, le permite a la empresa prestarles más atención a los candidatos más prometedores. El gerente general y los gerentes de los departamentos de vehículos nuevos y usados de Longo Lexus realizan conjuntamente las entrevistas para contratar vendedores. La entrevista conjunta permite la participación del equipo de alta gerencia en el proceso y genera diversas perspectivas acerca del candidato. Si los tres gerentes coinciden en que el candidato es apto, se programa una segunda entrevista con el presidente de Longo Toyota and Lexus, Greg Penske. West Point Market contrata únicamente después de tres, y a veces cuatro, entrevistas, en las cuales participan varios empleados. Scott Bruner, de Hard Rock Cafe, insiste en dos entrevistas antes de tomar la decisión de contratar. Bruner realiza la primera entrevista y su gerente de planta la segunda, o viceversa. El proceso consecutivo de selección le brinda a la compañía la oportunidad de un contacto adicional con los candidatos y permite una mayor contribución del personal existente.

Los métodos de entrevista no personal sirven de complemento. West Point Market realiza en realidad una entrevista por escrito a través de su solicitud de cuatro páginas; el candidato puede tardar hasta una hora en llenarla. La solicitud incluye una serie de preguntas abiertas como las siguientes:

- ¿Qué tipo de personas le irritan?
- ¿Qué lo motiva a hacer su trabajo?
- ¿Cómo se siente al tener que realizar más de una actividad a la vez?
- ¿Cuál ha sido el trabajo más difícil que ha tenido que realizar en su vida y por qué?
- ¿Cuál ha sido el trabajo más fácil de su vida y por qué?
- Describa su mayor logro en algún cargo anterior.

Como parte de su proceso de entrevistas para gerentes, el First of America Bank, de Libertyville, Illinois, les pide a los candidatos que escriban una descripción de lo que la calidad significa para ellos. "No les damos instrucciones detalladas ni les exigimos un determinado número de palabras", dice Bonnie Pickering, alta empleada de servicio de calidad. "Deseamos conocer su opinión con sus propias palabras... deseamos saber de qué manera el candidato convierte la calidad en una forma de vida".[15]

Las empresas de servicios cada día utilizan más el computador para ayudarse en el proceso de entrevistas a fin de tamizar la información de los candidatos e informar sobre el proceso de entrevistas personales. Los candidatos contestan a través del teclado una serie de preguntas generadas por computador. El programa "experto" escoge las preguntas sobre la base de las respuestas del candidato a preguntas anteriores. Este cuestionario computarizado permite hacer muchas preguntas eficientemente. Las preguntas sensibles generan respuestas más precisas. Con el sistema Greentree de Aspen Tree Software, los empleadores reciben un resumen conciso de las respuestas del solicitante en el cual se señalan las contradicciones, las principales preocupaciones y las respuestas en que tardó más tiempo. También sugiere preguntas para hacer en una entrevista personal.

Simular. "Observen cómo se comportan, no se limiten a hablar con ellos", dijo con voz de trueno Ben Schneider durante una conferencia de gerencia en Londres. Schneider procedió a aconsejarle a su auditorio que fuera más allá de las entrevistas y creara situaciones en las cuales los candidatos pudieran demostrar conocimientos, destrezas y habilidades vitales para el cargo. Schneider mencionó sus vastos conocimientos del tenis: si fuera entrevistado sobre ese deporte, seguramente calificaría para el torneo; sin embargo, nadie lo seleccionaría para un torneo si lo viera jugar.[16]

Schneider defiende una simulación del trabajo en la cual el candidato se vea obligado a responder como si estuviera realizando la actividad en realidad. Tomemos el ejemplo de contratar personal de telecomunicaciones para un centro de operaciones de tarjetas de crédito. Los clientes llaman para hablar de diversos problemas e inquietudes. Algunos problemas son fáciles de solucionar, pero otros no. Algunos clientes son agradables y comprensivos, algunos malhumorados e impacientes — o son peores. ¿A quién se debe contratar para ese tipo de puesto? Una manera de ayudar en la decisión es darles tiempo a los candidatos para estudiar algunos procedimientos y políticas fundamentales y luego la oportunidad de relacionarse con un "cliente" por teléfono en una situación simulada. Normalmente, varios evaluadores calificarían el desempeño del candidato. Este método complementa la entrevista al compensar sus limitaciones. Como dice Varca en un artículo:

> La simulación de actividades es crítica para evaluar las destrezas interpersonales e intrapersonales que son fundamentales para los puestos de contacto con el público. Esas carac-

terísticas son difíciles de medir por medio de entrevistas o instrumentos de lápiz y papel. Las simulaciones traen al plano del comportamiento destrezas ambiguas, como la empatía, de manera que se pueden observar directamente.[17]

Algunos investigadores establecen una diferencia entre las simulaciones de alta y de baja fidelidad. La fidelidad disminuye a medida que la simulación pierde semejanza con las condiciones reales del trabajo. En el extremo más bajo de las simulaciones de baja fidelidad están aquéllas en que se hace una descripción verbal de una situación de trabajo y se les pide a los candidatos que describan la forma en que responderían. En las simulaciones de alta fidelidad, los candidatos deben demostrar comportamientos, mientras que en las de baja fidelidad se les pregunta cómo reaccionarían. Como las simulaciones en que hay "demostración" pueden ser costosas, los gerentes quizás deseen ensayar la eficacia de las simulaciones "narradas". Por ejemplo, pueden pedirles a los candidatos que describan cómo manejarían a un cliente que discute en un vídeo. Bien utilizadas, las simulaciones de baja fidelidad pueden revelar las inclinaciones conductuales del candidato y su inteligencia práctica — "sus habilidades espontáneas".[18]

Escoger a las personas que pueden llegar a prestar servicios extraordinarios es un proceso incierto, sembrado de riesgos. Las empresas de servicios que saben cómo escoger talentos se valen de muchos enfoques para aumentar las probabilidades de tomar decisiones acertadas. Incorporar realismo en el proceso enfrentando la realidad y haciendo simulaciones es una manera especialmente valiosa de complementar las entrevistas. En la selección de personal para trabajar en servicios, la prisa produce despilfarro.

RESUMEN

Así como la estructura y la tecnología de la empresa deben estar ligadas a la estrategia de servicio, también debe estarlo la estrategia de recursos humanos. Este capítulo trata aspectos tan fundamentales como a quién contratar y cómo reclutar a los mejores solicitantes. Los empleados de servicios representan el producto ante los clientes; las empresas deben competir por participación en el mercado de talentos tan activamente como compiten por participación en el mercado de clientes. Ciertamente, el hecho de competir por talento le ayuda a una empresa de servicios a competir por clientes.

Competir por talentos implica ser un empleador preferido, tener altas miras, abarcar y segmentar el mercado y utilizar diversos métodos imaginativos para reclutar y seleccionar personal. Los directivos pueden analizar la competitividad de su compañía en el mercado de talentos por medio de las preguntas siguientes:

1. *¿Cómo describen nuestros empleados las normas y las prácticas de contratación de la empresa?* ¿Creen que la compañía está comprometida con el concepto de contratar empleados excelentes?
2. *¿Cuáles son las tasas de rotación en las distintas categorías laborales de la empresa?* ¿Cómo se comparan con los promedios de la industria? ¿Cómo se comparan con las tasas de las empresas líderes dentro de nuestra industria y de industrias similares? ¿Cuáles son las causas fundamentales de la rotación de empleados en nuestra empresa? ¿Cuál sería el impacto financiero en caso de reducir las tasas de rotación en un 10%, un 30% y un 50%?
3. *¿Somos un empleador preferido?* ¿Cuáles son nuestras ventajas competitivas para atraer empleados con talento? ¿Qué podemos hacer para mejorar nuestra competitividad como reclutadores?
4. *¿Hemos vinculado concretamente nuestros esfuerzos de reclutamiento y selección a nuestra estrategia de servicio?* ¿Utilizamos perfiles de los candidatos ideales como guías para reclutar y seleccionar? ¿Es suficientemente exigente nuestra meta?
5. *¿Somos audaces y creativos en las maneras de reclutar empleados?* ¿Hacemos cosas que nos distinguen de las demás empresas de nuestra industria? ¿Hacemos participar a los empleados existentes en la búsqueda de nuevo personal?
6. *¿Buscamos talento en diversas fuentes?* ¿Buscamos personas excelentes en sitios poco corrientes?
7. *¿Segmentamos los mercados de empleo?* ¿Acomodamos las

diferencias individuales de los empleados mediante cargos hechos a la medida de sus necesidades?

8. *¿Utilizamos múltiples métodos de selección?* ¿Practicamos el concepto de enfrentar la realidad? ¿Recurrimos a diversas entrevistas, entrevistadores y métodos para entrevistar? ¿Evaluamos las reacciones de los candidatos a condiciones laborales simuladas?

CAPÍTULO 9

DESARROLLAR DESTREZAS Y CONOCIMIENTOS PARA SERVIR

Competir por talento y desarrollar destrezas y conocimientos en el campo de los servicios son actividades mutuamente complementarias. Las empresas conocidas por invertir en el desarrollo de los empleados tendrán una ventaja competitiva al reclutar; y las compañías que reclutan personas capaces y motivadas obtendrán mayores recompensas por la inversión que hacen en capacitación y en educación que las empresas de menos éxito en la contratación.

Para prestar un servicio extraordinario es necesario poner a trabajar las destrezas y los conocimientos en favor de los clientes. Las personas que prestan los servicios deben tener las destrezas y los conocimientos necesarios, y el deseo de utilizarlos para beneficio de los clientes. El hecho de preparar a la gente para que desempeñe la función de servicio contribuye a lograr ambos propósitos: se desarrollan las destrezas y los conocimientos y se fomenta el deseo de servir.

Hay una relación estrecha entre la capacidad de los empleados de servicios para desempeñar su función eficazmente, y su voluntad para hacerlo. La confianza en sí mismo es un poderoso factor de motivación. Las personas tienden por lo general a buscar las funciones para las cuales se sienten más competentes — y evitan aquéllas para las cuales no se sienten bien preparados. Es difícil entusiasmarse con una actividad que uno no sabe cómo realizar. Es probable que los empleados dedicados a prestar servicios que dan la impresión de estar desmotivados estén mal preparados y carezcan de confianza en sí mismos. Al igual que las prácticas eficaces de contratación, preparar a los empleados para servir también contribuye a reducir la rotación del personal, que es tan nociva para la calidad del servicio. Hay menos probabilidades de renuncias o despidos cuando el personal está bien preparado que cuando no puede desempeñarse bien por falta de destrezas o conocimientos.

Un trabajo rico en oportunidades es algo que vale la pena realizar. El crecimiento personal estimula y rejuvenece. Es divertido. Genera entusiasmo. Abre el camino hacia el futuro. Considérese el sentimiento que contienen las palabras de algunos empleados de servicios entrevistados para este libro:

Debbie Smith, profesional de apoyo en varios campos, Lakeland Regional Medical Center: "Lo mejor de trabajar aquí es la variedad. La posibilidad de aprender otras cosas. Antes [de la reestructuración], yo pasaba todo el día conectada a un teléfono, hablando con las compañías de seguros. Ahora puedo hacer muchas cosas por los pacientes. Podemos hacerlo todo".

Jackie Salazar, asistente administrativa, Bank One Texas Trust Division: "Trabajando aquí descubrí que soy mejor de lo que pensaba".

Gail Weston, directora de ventas, Mary Kay Cosmetics: "Hoy día puedo dar un curso a 500 mujeres, mientras que antes me daba miedo hablar incluso ante un grupo pequeño. En Mary Kay uno comienza en pequeño y desarrolla las destrezas paso a paso".

Cindy Yost, encargada de compras de productos especiales, West Point Market: "Lo que más me agrada es aprender cosas nuevas. Me encanta pasar la mayor parte del tiempo en el pasillo 13 que es donde están las mostazas y los condimentos. Me agrada enseñarles a los clientes".

Sidney Jackson, gerente de planta, Tattered Cover Book Store: "Siempre está uno progresando".

La capacitación es insuficiente

"Capacitación" es un término demasiado limitado para lo que en realidad se necesita. Para prestar un servicio extraordinario es preciso educar también. Los empleados de servicios deben conocer los valores, las estrategias, los productos (bienes y servicios) y las prácticas de la compañía. Deben aprender acerca de las expectativas de los clientes, los competidores, los desarrollos de la industria y el entorno empresarial.

La capacitación les ayuda a las personas a desarrollar destrezas, pero la educación les ayuda a adquirir conocimientos. La capacitación sustenta el "cómo" de la prestación del servicio, y la educación sustenta el "porqué". La educación proporciona el contexto para desarrollar destrezas. Como afirma Larry McMahon, ejecutivo de recursos humanos de Federal Express: "Descubrimos que la gente tiende más a vincularse a la mejora de la calidad y a experimentar el sentimiento de propiedad cuando lo comprende mejor".[1]

Desarrollar las destrezas *y* los conocimientos de servicio de los empleados es parte de la inversión necesaria para las empresas que aspiran a prestar servicios extraordinarios. Las destrezas sin conocimientos, o los conocimientos sin destrezas, son insuficientes.

Una travesía sin fin

El desarrollo de destrezas y conocimientos en el área de servicios es una travesía, no un destino, como lo es también el mejoramiento del servicio. El aprendizaje es un camino sin fin con muchas paradas para refrescar habilidades que pueden haberse oxidado; para aprender nuevas destrezas requeridas a causa de cambios en las expectativas de los clientes, en las estrategias, en las estructuras y en las tecnologías; para reforzar los conocimientos sobre la función de servicio, la compañía, el cliente y el entorno empresarial; para adquirir nuevos conocimientos, tomar consciencia y adquirir nuevas luces; para renovar el espíritu de servicio, mantener la llama encendida, mantener alto el nivel de energía.

Los ejecutivos yerran cuando consideran que sus empleados están "capacitados" después de pasar por un programa específico de capacitación. El desarrollo de destrezas y conocimientos es un proceso, no un suceso. El aprendizaje esporádico genera mejoras esporádicas; el aprendizaje continuo produce el mejoramiento continuo. El aprendizaje pertinente para el trabajo es un buen tónico que ayuda a los seres humanos a vencer la rutina, la fatiga, las presiones y la sensación de indefensión que a veces acompañan a muchas funciones de servicio. El crecimiento personal es fuente de amor propio para las personas que desempeñan cargos que consumen ese amor propio como si fuera el combustible de un motor de propulsión a chorro.

El tema de este capítulo es el *desarrollo continuo de destrezas y conocimientos de servicio para todos los empleados.* A nadie se le debe negar el camino hacia el crecimiento personal. Cada empleado tiene un "cliente", bien dentro o bien fuera de la compañía; cada empleado es un proveedor de servicio. Cada uno debe beneficiarse del tónico vivificante del aprendizaje. Una idea central en compañías tales como USAA, Bank One Texas Trust Division, Tattered Cover Book Store, Ritz-Carlton y De Mar Plumbing es que *todos* los empleados, independientemente de su cargo, deben aprender y progresar constantemente. La alternativa es el aburrimiento, la fatiga, la ineficiencia y el estancamiento.

El caso de ServiceMaster es instructivo. Esta empresa ofrece servicios de conserjería, lavandería, mantenimiento de las instalaciones físicas, operaciones de planta, y otros servicios de apoyo nada elegantes, para hospitales, escuelas y corporaciones. Maneja más de 150 000 trabajadores, algunos de ellos de su propia nómina, otros de las nóminas de sus clientes. ServiceMaster invierte ampliamente en el progreso personal de todos ellos, fiel a su principio: "Antes de pedirle a una persona que haga algo es necesario ayudarle a ser algo".[2] Esta compañía de Downers Grove, Illinois, proporciona capacitación intensiva constante. Los empleados de servicios no adquieren únicamente destrezas técnicas sino también de comunicación y servicio al cliente. Además, aprenden acerca de la forma en que contribuyen con su trabajo a servir al cliente final. Se les capacita en todos los campos, de manera que los empleados aprenden a ser polifacéticos. La oportunidad de hacer carrera les permite progresar. ServiceMaster ofrece cursos en finanzas personales, manejo del estrés y otras "destrezas para la vida", a los cuales los empleados pueden asistir en horas laborales. También ofrece oportunidades de estudios avanzados para los gerentes de primera línea en un programa parecido a una maestría en administración de empresas, con profesores de las universidades locales. El programa dura cuatro años.[3]

¿Tiene lógica comercial invertir en el progreso personal de la gente que desempeña funciones básicas de apoyo? Dave Aldridge, vicepresidente de servicios y desarrollo educativo del personal de ServiceMaster, contesta la pregunta:

> Proporcionar un ambiente en que se promueva el desarrollo integral de la persona (desde orientación y capacitación inicial en las destrezas requeridas para el trabajo hasta el desarrollo personal), refuerza la dignidad y el valor de cada uno de los empleados de servicios. Al rendir tributo a la dignidad del servicio por medio del desarrollo de la gente y de la gestión orientada hacia la gente, aumentamos la motivación del "socio de servicio" y, por tanto, podemos superar las expectativas de los clientes.

CÓMO DESARROLLAR DESTREZAS Y CONOCIMIENTOS PARA EL SERVICIO

Desarrollar continuamente destrezas y conocimientos para el servicio es algo que suena bien; pero ¿cómo se hace? ¿Cómo puede una empresa fundir sus objetivos de desarrollo del personal con sus propios objetivos cuantitativos y cualitativos de desempeño? ¿Cómo puede una compañía de servicios utilizar la capacitación y la educación para llegar a ser mejor? Veamos algunas respuestas:

- Concentrándose en las destrezas y los conocimientos críticos.
- Partiendo de una base sólida y enseñando el cuadro completo.
- Formalizando el aprendizaje como proceso.
- Utilizando múltiples enfoques de aprendizaje.
- Buscando el mejoramiento continuo.

Concentrarse en las destrezas y los conocimientos críticos

Las empresas pueden gastar ingentes sumas de dinero en capacitación y educación y obtener poco a cambio. La inversión en capacitación y educación de bajo rendimiento, si se cuantifica, resultaría asombrosamente alta en muchas compañías. Con mucha frecuencia, los dineros para desarrollar destrezas y conocimientos se gastan sin cohesión ni objetivo claro. Faltan las pautas estratégicas. Los gastos se dispersan en muchas direcciones, y generan muy poco en materia de resultados.

El propósito de desarrollar destrezas y conocimientos es ayudarle a la empresa a implementar eficazmente su estrategia de servicio; por tanto, ésta última debe proporcionar las pautas para la inversión en destrezas y conocimientos. Así como las decisiones sobre estructura, tecnología y contratación deben estar ligadas a la estrategia de servicio, también deben estarlo las decisiones sobre desarrollo de destrezas y conocimientos. Los directivos deben preguntar cuáles son las destrezas y los conocimientos *críticos* para implementar la estrategia de servicio. No es suficiente dar respuestas genéricas a esta pregunta. La gerencia debe identificar concretamente las destrezas y los conocimientos esenciales para que la empresa pueda ser lo que desea para sus clientes.

La figura 9-1 es un cuadro de desarrollo de las destrezas y los conocimientos críticos que la empresa debe elaborar para utilizar como guía en sus decisiones de programación y asignación de fondos. El cuadro en blanco ilustra la necesidad de registrar por escrito las destrezas y los conocimientos cruciales indispensables para las diferentes categorías de personal de servicios, a fin de implementar la estrategia de servicio. Las empresas pueden elegir categorías diferentes de las que aparecen en los ejes vertical y horizontal. Lo importante es crear un esquema para hacer coincidir el desarrollo de destrezas y conocimientos con la estrategia de servicio.

La tarea de llenar los espacios en blanco podría parecer fácil, pero no lo es. Las empresas deben considerar los pasos que se presentan en la página 228 para elaborar el cuadro de destrezas y conocimientos críticos y modificarlo según sea necesario.

Figura 9-1

ALINEACIÓN DEL DESARROLLO DE DESTREZAS Y CONOCIMIENTOS CON LA ESTRATEGIA DE SERVICIO (CUADRO EN BLANCO QUE LAS EMPRESAS DEBEN LLENAR)

Estrategia de servicio: ______________________

____

____

____

	Personal que tiene contacto con los clientes	Personal que no tiene contacto	Gerentes medios	Altos gerentes
Destrezas críticas para el servicio				
Conocimientos críticos para el servicio				

- Formar un equipo para organizar y llevar a término el proyecto. Las organizaciones grandes quizás deseen crear varios equipos para trabajar en distintas unidades estratégicas de negocios o en distintas categorías de empleados. En caso de utilizar varios equipos, su trabajo deberá ser coordinado. En los equipos debe participar personal de línea encargado de desempeñar las funciones de servicio que sean de interés.
- Hacer entrevistas con grupos focales de empleados de servicios para generar tempestades de ideas sobre las destrezas y los conocimientos requeridos para la estrategia de la empresa.
- Encuestar en forma anónima a los empleados (o incluir otras preguntas en una encuesta ya existente) para identificar las prioridades de aprendizaje. Hacer preguntas como éstas: "¿Cuál destreza desearía usted mejorar para servir mejor a sus clientes?" "Si usted pudiera aprender más sobre un tema a fin de realizar su trabajo con más eficacia, ¿cuál tema escogería?"
- Consultar la información ya recabada por la compañía para comprender las destrezas y los conocimientos que es necesario poner de relieve por su importancia para los clientes, las deficiencias identificadas, o ambas cosas. Patrocinar una nueva investigación, si es necesario.
- Identificar a los empleados de servicios más sobresalientes y analizar el porqué de su alto desempeño. Considerar la manera de incorporar sus características de servicio en el cuadro de destrezas y conocimientos.

Concentrarse en desarrollar las destrezas y los conocimientos críticos para el servicio es una de las medidas más importantes que una organización puede tomar en su camino hacia el mejoramiento del servicio. La inversión inicial requerida para identificar las prioridades de aprendizaje con objeto de implementar la estrategia de servicio se recupera múltiples veces traducida en mejor calidad, más clientes leales, menos rotación del personal y menos desperdicio en capacitación y educación. Al documentar por escrito las prioridades de aprendizaje (figura 9-1), se establece un rumbo tangible para programar el desarrollo de destrezas y conocimientos y asignar los fondos.

Partir de una base sólida, enseñar el cuadro completo

Las personas encargadas de prestar los servicios de una empresa deben conocer esa empresa a fondo. Deben saber cuáles son las creencias centrales de la compañía, la estrategia, la historia, las tradiciones, las políticas y los procedimientos. Deben saber cómo funciona la empresa, cómo se hacen las cosas, quién es quién y qué es qué. Los empleados de servicios deben saber cómo encajan dentro de todo el sistema, por qué es importante lo que hacen y por qué es importante lo que la compañía hace. Deben saber acerca de los productos, los clientes, los competidores y la industria.

Al igual que los actores en el escenario, estas personas deben conocer la obra de teatro, la situación, el contexto; deben comprender el "cuadro completo" para representar a sus personajes con gusto.

El mejor momento para comenzar a enseñar el cuadro completo — y subrayar el compromiso de la empresa con el desarrollo y el éxito de sus empleados — es durante las fases iniciales de la contratación. Los programas de orientación para los nuevos empleados son una excelente oportunidad para socializar a los recién llegados en la cultura de la organización y abonar el terreno para altas expectativas. Limitarse a explicar los procedimientos operativos durante las sesiones de orientación es perder una oportunidad. Como dice Jeannie Meister, asesora en recursos humanos: "Cuando la gente conoce primero el cuadro completo, adquieren más significado los detalles específicos de su trabajo y el resultado suele ser mayor productividad".[4]

Tattered Cover Book Store tiene un programa de dos semanas para capacitar y educar a todos los nuevos empleados. En la organización se conoce como "campamento de iniciación". Una persona recién contratada pasa el primer día con la propietaria, Joyce Meskis, quien le enseña la filosofía sobre la cual está construida la compañía. Desde ese primer día, el nuevo empleado comprende claramente que Tattered Cover no es una librería común y corriente. Durante el resto del campamento de iniciación se dedica a aprender los detalles específicos sobre la manera de aplicar la filosofía. Después comienza en la caja registradora. Sidney Jackson, gerente de planta, comenta: "La visión que se adquiere al ser «arrojado a los lobos» en la caja registradora es maravillosa. Allí uno conoce muchos clientes que hacen muchas preguntas".

En Childress Buick de Phoenix, mencionado por la revista *Inc.* como una de las mejores compañías pequeñas para trabajar en los Estados Unidos, los nuevos empleados deben pasar un día a la semana, durante las seis primeras semanas, en un departamento diferente de la empresa. Con la rotación, las personas recién vinculadas se familiarizan con toda la compañía y se contribuye a derribar las barreras de comunicación entre los departamentos.[5]

Bank One Texas Trust Division les entrega a todos los nuevos empleados un "paquete de cultura sobre la calidad del servicio" durante la etapa de orientación. El paquete incluye copias de la misión de la división, la garantía incondicional de calidad del servicio, las normas y los factores determinantes del servicio, y el organigrama de la compañía. También se incluye un libro sobre calidad del servicio utilizado en toda la división, junto con un esquema del proceso de mejoramiento del servicio. El paquete también contiene un broche que dice "Yo soy un animal de servicio", un broche dorado de Bank One, una camiseta de Bank One, los informes trimestrales y anuales a los accionistas y descripciones de tres premios a la calidad de servicio otorgados a los empleados. También incluye un informe sobre la historia de la división en su travesía hacia la calidad del servicio.

En Hard Rock Cafe, de Orlando, los nuevos empleados de operaciones de comercialización inician su inducción con un día de "presentación de los productos". Juli Powers, directora regional de operaciones de comercialización, explica:

> Hacemos una "presentación de los productos". Tenemos treinta y cinco productos, y nuestro personal debe conocerlos bien para poder venderlos. Ponemos los productos en fila y los presentamos uno por uno. La idea es que todo el mundo los vea, los toque y hable de ellos. Todos los nuevos empleados deben asistir a la presentación de los productos.

El programa de inducción de la compañía también incluye una charla sobre la filosofía, los valores, la historia, los hechos divertidos y un recuento de los sucesos memorables. Juli Powers agrega: "Debo cerciorarme de que sepan todo acerca de la compañía antes de acercarse al almacén, y también debo asegurarme de que les agrada la compañía porque así servirán mejor a los clientes".

Los nuevos empleados siempre están ávidos de aprender, para lo cual, los primeros días presentan una amplia oportunidad. Las empresas construyen su filosofía, sus destrezas y sus conocimientos por medio de sus empleados, individualmente. Partir de una base sólida en materia de destrezas y conocimientos enseñando el cuadro completo es una oportunidad única que no se puede dejar pasar.

Formalizar el aprendizaje

Las compañías que más se benefician del desarrollo personal de los empleados son las que formalizan el proceso de aprendizaje; establecen sistemas para incorporar el aprendizaje en la vida laboral, convertir el aprendizaje en una parte obligatoria del trabajo e institucionalizarlo.

A menos que el desarrollo de destrezas y conocimientos sea formalizado, a menos que se destinen explícitamente el tiempo y los recursos a un desarrollo constante, a menos que el aprendizaje se convierta en un punto no negociable de la filosofía de la compañía, la realidad de las presiones de todos los días acabará con él en la mayoría de las compañías; se convertirá en un lujo, en una oferta adicional, y perderá impulso hasta convertirse en algo irregular.

En un estudio de gerentes de hoteles, empleados de contacto con los clientes, y clientes, Michael Hartline y O. C. Ferrell determinaron que el conflicto y la ambigüedad en la función percibidos por los empleados de contacto con el cliente ejercían fuertes efectos negativos sobre la calidad y el valor del servicio. Se demostró que las oportunidades formales de aprendizaje que les permitían a los empleados concentrarse directamente en adquirir destrezas y conocimientos relacionados con su trabajo eran especialmente eficaces para reducir la ambigüedad en la función. El mayor impacto para reducir el conflicto en la función se lograba proporcionándoles a los empleados retroalimentación positiva en el trabajo para reforzar la confianza en sus destrezas.[6]

Aprendizaje al alba. De Mar realiza sesiones de capacitación y educación tres veces por semana. Las sesiones comienzan puntualmente a las 6:00 A.M., y duran cerca de una hora. El tema de la mañana del lunes es el de las relaciones con los clientes. Los temas de los miércoles son ventas y relaciones con los clientes. La mañana del viernes se reserva para capacitación técnica, en la cual los grupos de aire acondicionado y de plomería se reúnen por separado.

Esto fue lo que sucedió durante una sesión reciente sobre ventas y relaciones con los clientes. Larry Harmon, quien preside, lee en voz alta una carta de felicitación para Cecilia, quien había sido el primer punto de contacto con el cliente por teléfono. Se le pide a Cecilia que pase al frente y diga algunas palabras. Harmon procede después a leer una segunda carta de felicitación para Darrin, y Darrin responde. Cecilia y Darrin reciben bolígrafos valiosos de De Mar por su servicio ejemplar. Posteriormente, Harmon le pide a uno de los integrantes del personal que lea una carta detallada de un cliente que se queja. Harmon aprovecha la experiencia del cliente para enseñar: "Jamás permitan que unos pocos dólares, o incluso muchos dólares, les impidan tener un cliente satisfecho". Harmon distribuye las cifras de ventas del mes anterior, las cuales incluyen los resultados de cada asesor de servicio, y las repasa en voz alta. "Fue un mes explosivo", anuncia. Y le pregunta al grupo: "¿Por qué paga la gente?", y espera la respuesta colectiva, dicha en voz alta, al unísono: "Por nuestra capacidad para resolver el problema y dejar al cliente con una buena sensación". Sin duda, el grupo ha pasado por ese ejercicio antes.

Después viene un trozo de un vídeo de Tom Peters relacionado con la obsesión de un fabricante alemán por la alta calidad. Terminado el vídeo, Harmon pregunta: "¿Qué aprendieron con este vídeo?", y escucha las respuestas de algunas personas. Después distribuye el cuestionario sobre los "valores compartidos" de De Mar, que contiene 27 preguntas. El grupo contesta cada una de las preguntas en voz alta y Harmon hace comentarios para reforzar y destacar las respuestas correctas. Pregunta número 15: "¿Debemos ganar todos los contratos para los cuales licitamos?" La respuesta es: "No. Eso significaría que nuestros precios son demasiado bajos. No se trata de recortar precios sino de vender valor". Pregunta 21: "¿A quién llama un cliente si no llama a De Mar Company cuando necesita un servicio de plomería, calefacción, aire acondicionado o refrigeración?" La respuesta: "A un competidor". Pregunta 21A: "¿Cómo afecta esto a todas las personas de De Mar Company?" La respuesta: "No hay dinero". Pregunta 23: "¿Qué queremos decir cuando afirmamos que tenemos «servicio de valor agregado»"? La respuesta: "Que le damos a la gente más por su dinero". La reunión termina con el canto de aliento de la compañía: "Dame una D, dame una E..." Los asesores de servicio salen de allí hacia sus camiones para iniciar la segunda fase de su día de trabajo. Son las 7 A.M. y unos pocos minutos.

Crear un currículo. Parece que el número de empresas que crean sus propias "universidades" internas va en aumento. Ukrop's, una cadena de supermercados cada vez más grande, de Richmond, Virginia, ha creado un Centro de Estudios sobre el Comercio de Alimentos para apoyar el valor que la empresa le atribuye al aprendizaje de por vida. El centro ofrece una amplia gama de cursos obligatorios y opcionales. Los cursos obligatorios tienen relación directa con la estrategia de la empresa, y los empleados (denominados *asociados* en Ukrop's) asisten a ellos durante las horas laborales. Los nuevos asociados toman cinco cursos obligatorios durante su primer año y medio de trabajo. Los cursos obligatorios abarcan temas tales como los valores de la compañía, los clientes, el trabajo en equipo, higiene y seguridad, y tendencias de la industria. Muchos de los cursos opcionales giran alrededor de las destrezas y los asociados asisten a ellos durante su tiempo libre. Entre los temas de esos cursos están el manejo del estrés, finanzas, redacción de documentos comerciales, entrenamiento y asesoría, y diversos cursos sobre programas de computador. El Centro de Ukrop's también ofrece educación para el liderazgo a través de un curso de cuatro módulos denominado "Los nuevos líderes", otro de ocho módulos denominado "Desarrollo del liderazgo", y otros cursos.

PHH US Mortgage, una de las compañías de banca hipotecaria de mayor crecimiento en los últimos años en los Estados Unidos, ha formalizado el proceso de aprendizaje a través de una serie de módulos basados en el punto del ciclo de empleo en que se encuentran sus empleados, sus cargos específicos y sus intereses. Los cursos son semanales, mensuales o trimestrales, de acuerdo con las necesidades. El currículo se divide en módulos obligatorios iniciales (por ejemplo, servicio de calidad, destrezas telefónicas), módulos sobre banca hipotecaria (por ejemplo, venta de hipotecas, revisión de nuevos productos) y módulos especiales y de desarrollo profesional (por ejemplo, destrezas de supervisión, destrezas de presentación). La compañía ofrece un curso de orientación para los nuevos empleados todos los meses, y tiene una biblioteca de cintas de vídeo y de audio sobre diversos temas.

En De Mar, Ukrop's, PHH US Mortgage, y muchas de las otras empresas descritas en este libro, el aprendizaje permanente es una conducta que se espera de los empleados. Son empresas que han formalizado el aprendizaje y lo han convertido en pieza central de la vida laboral en la compañía. Enfocan el aprendizaje como un proceso constante, no como un suceso aislado. Nunca se aprende lo suficiente para dejar de hacerlo.

Utilizar enfoques diversos

Las personas aprenden de distintas maneras, por ejemplo, escuchando, leyendo, observando y practicando. No existe un solo método apropiado para todas las situaciones de aprendizaje o el mejor para todas las personas. La probabilidad de cumplir los objetivos de capacitación y aprendizaje en la organización es mucho mayor cuando se utiliza una combinación de métodos de aprendizaje.

Escuchar. Las personas pueden aprender escuchando a otras que tienen conocimientos útiles — conferenciantes, personas consideradas como modelos en la organización que participa en las clases, mentores, vídeos de clientes en un grupo focal. Para escuchar se necesita hacer un esfuerzo, y algunas personas son más hábiles para ello que otras. Buena parte de lo que se oye se olvida rápidamente. Cuando la información se presenta de manera eficaz y se percibe como pertinente, el hecho de escuchar activamente contribuye al desarrollo sostenido de destrezas y conocimientos y a aumentar la confianza y la motivación. Hay muchas más probabilidades de que estos efectos se conviertan en realidad cuando se refuerzan con otros métodos de aprendizaje.

Las corporaciones utilizan el enfoque del salón de clases más que ningún otro, y por una buena razón: en el ambiente del salón de clases se pueden utilizar muchos métodos de aprendizaje, se facilita el diálogo entre los participantes y se tiene la eficacia del aprendizaje en grupo.

Cuando las experiencias del salón de clases se complementan y se refuerzan con las actuaciones de los gerentes y los mentores en el trabajo, el efecto es muy poderoso. Kathleen Alexander, alta ejecutiva de recursos humanos de Marriott Corporation, plasmó una de esas experiencias en un ensayo:

> Debo buena parte de mi éxito profesional a la señora Rosenblum. Era la jefe del departamento de ropa para niños de Hahne & Co. aquel verano en que comencé a trabajar como vendedora novata. La señora Rosenblum era estricta —nos hacía asistir a reuniones de 15 minutos sobre ropa interior, nos obligaba a saber el porqué y el dónde de cada pieza de inventario, nos hacía aprender cómo se hacían las camisas, y nos ayudaba a calcular las tallas en ausencia del niño. Debíamos poner las etiquetas con los precios, anotar las rebajas, organizar los aparadores y vestir maniquíes (era algo que yo detestaba). Aprendíamos acerca de lo que sucede cuando alguien sale de compras y de los tipos de personas que compran en el departamento de niños. Nos enseñó a ser buenos clientes.
>
> En ese momento no comprendí todo, pero sé que cuando terminó ese verano, si alguien llegaba buscando un par de medias, podía venderle también los pantalones, la camisa, la corbata, el cinturón, el suéter y la chaqueta compañeros. El hecho de saber cómo hacerlo me hacía sentir bien. Me sentía capaz y "en control". Y vendí mucha ropa.[7]

Una de las medidas más positivas que las compañías pueden tomar para promover el aprendizaje es ascender a los mejores maestros a posiciones de gerencia media y ayudar a los gerentes existentes a mejorar su capacidad de enseñar. Las personas que prestan servicios están en contacto todos los días con los gerentes de quienes dependen. La oportunidad para enseñar es magnífica — y muchas veces se desperdicia porque en esos cargos están quienes no deben estar. Como vimos en el capítulo 2, con frecuencia se promueven personas a cargos de gerencia porque tuvieron éxito en cargos no gerenciales, quizás sin tomar en consideración la actitud de servicio, el compromiso personal de ayudar a otros a aprender, y las destrezas interpersonales. La capacidad para enseñar, uno de los criterios principales que se deben aplicar al seleccionar a los gerentes medios, suele pasarse por alto.

Los gerentes deben tomar los cursos diseñados para los empleados de primera línea antes que éstos. Es desmoralizador para ellos regresar después de una experiencia de aprendizaje con todo el entusiasmo por aplicar las destrezas y los conocimientos aprendidos sólo para encontrarse con unos gerentes inseguros que se sienten amenazados por el cambio. También es un desperdicio porque todo nuevo aprendizaje necesita repetición y refuerzo para fructificar. Así como el aprendizaje fortalece la confianza de los empleados de servicios, también fortalece la confianza (y receptividad) de los gerentes de quienes dependen.[8] Como escribimos David Bennett, Carter Brown y yo en un libro anterior, "la capacitación y la educación son verdaderamente esenciales para los gerentes — por el ejemplo que dan, por el entendimiento que generan y por las destrezas de liderazgo y entrenamiento que fomentan".[9]

Lectura. Leyendo es otra forma en que las personas aprenden. Cada uno puede leer a su propio ritmo; pausadamente cuando es necesario, releyendo el material difícil o importante, descansando cuando sobreviene la fatiga. La lectura también es una manera práctica y eficaz de compartir con los empleados los conocimientos y la sabiduría de los expertos externos. Tal vez no sea práctico contratar a un autor de renombre para dar seminarios dentro de la compañía, pero sí es práctico distribuir sus obras y artículos entre los empleados.

La habilidad de lectura de los empleados varía ampliamente. Muchas compañías han visto la necesidad de invertir en impartir capacitación básica de lectura para muchos empleados a fin de aumentar su productividad. El problema no son solamente los empleados que no saben o que no pueden leer en el idioma del país si son inmigrantes; también es un problema la persona que no lee bien y tiene diploma de bachiller o de universitario. La confianza y la motivación están ligadas. Las personas que saben que son malas lectoras seguramente no se anotarán para leer el nuevo libro que circula por la oficina. La lectura es un medio tan poderoso de aprendizaje que las compañías grandes y las medianas deben pensar en incluir la lectura como parte de su capacitación, si no lo han hecho aún. En general, las compañías pueden hacer mucho más por estimular el aprendizaje a través de la lectura.

Todo lector de este libro debe hacer una pausa para preguntarse lo siguiente: ¿Qué porcentaje del material de lectura distribuido en la compañía puede llegar a inspirar y producir entusiasmo? ¿Qué porcentaje promociona nuevos conocimientos para ayudarles a los empleados que prestan servicios a resolver sus problemas cotidianos en el trabajo?

Las compañías grandes deben pensar en la posibilidad de publicar boletines internos para las personas de determinadas categorías laborales. Por ejemplo, un banco regional con 500 sucursales podría redactar circulares distintas para los cajeros, los representantes de servicio a los clientes, la oficina de crédito, el personal de operaciones y los gerentes de sucursales, entre otros. Las personas de esos cargos podrían contribuir con ideas para el texto, y compartir sugerencias para servir a los clientes, mensajes de motivación y consejos sobre cómo manejar los problemas existentes. Las circulares también podrían ser un foro de comunicación para que la gerencia se comunique con personas de una determinada categoría laboral.

Asimismo, vale la pena considerar los informes de libros o de clubes de lectura. Los empleados que trabajan juntos pueden leer el mismo libro y discutir la manera de aplicarlo a su trabajo. En el capítulo 2 presentamos ejemplos de compañías que utilizan este método para alentar a los empleados a participar de manera más personal en el mejoramiento del servicio.

Otra posibilidad es distribuir paquetes mensuales de artículos y resúmenes a todos los empleados. Se puede crear una junta de lectura encargada de escoger los materiales de lectura para el paquete mensual.

Los gerentes que solamente envían a sus servidores de primera línea memorandos sobre política y procedimientos están perdiendo la oportunidad incomparable de difundir los conocimientos y la sabiduría existentes pero no necesariamente al alcance fácil de todos los empleados. Muchos gerentes leen intensamente para su propio crecimiento y su desarrollo intelectual. Un gerente revitalizado con nuevas ideas nuevas y conceptos innovadores puede comunicarles a sus subalternos tanto sus impresiones personales como la información pertinente. Los resúmenes de evaluación elaborados por un gerente revitalizado comunican un mensaje doble de gran fuerza. El mensaje explícito está en la información concreta y en el propósito del gerente al enviarla. El mensaje implícito es: "Mi gerente *se interesa por mí* y por mi desempeño laboral; por tanto, soy una persona valiosa; él dedica tiempo a decirme cosas que me ayudarán a hacer mi trabajo". Tanto los gerentes como los empleados reconocerán la verdad de esta afirmación: "El alumno que aprende de un maestro que también está aprendiendo bebe de un manantial de agua corriente y no de un pozo de agua estancada".[10]

Observación participativa. La gente también aprende por medio de la demostración y la experiencia de otros. Los estímulos visuales y sensoriales de otro tipo pueden evocar emociones poderosas, dejar imágenes imperecederas y reforzar la información escrita y oral. Al invertir en desarrollo de destrezas y conocimientos, los gerentes deben considerar las posibilidades del aprendizaje por medio de la experiencia. Sólo la imaginación limita las posibilidades.

Meridian Banking Group les pide a sus empleados de contacto con los clientes que llenen boletas de consignación con los lentes untados de vaselina y que cuenten dinero con los dedos atados con cinta a fin de que comprendan lo que sienten los clientes ancianos que ven mal o sufren de artritis.[11] La experiencia de este estímulo sensorial intensifica el reconocimiento de su función de servir a los clientes que tienen necesidades especiales.

Cuando De Mar arruinó un trabajo de mantenimiento de una unidad de aire acondicionado por no limpiarla correctamente, Larry Harmon fue personalmente al sitio y grabó la unidad en película. En la cinta (la cual mostró y comentó durante la siguiente sesión de capacitación y educación), demostraba claramente cuán sucios habían quedado los quemadores después del trabajo del técnico. A través del vídeo, los empleados "visitaron" la escena en lugar de sólo enterarse de lo sucedido.

Rob Pérez, gerente general del restaurante Hard Rock Cafe, de Orlando, tenía el problema de cómo utilizar el sistema de calificación de los compradores anónimos. Lo solucionó pidiéndoles a todos los miembros de su personal que asumieran el papel de cliente en el restaurante. Ellos vivieron todas las experiencias de los clientes, incluida la de esperar hasta que hubiera una mesa libre. Luego todos tuvieron que escribir un informe con recomendaciones para mejorar el servicio. El proceso sirvió de motivación para implantar muchos cambios operativos.

En Walt Disney World Company, de Orlando, todos los empleados (personajes del elenco) de su grupo de parques (Disney World, EPCOT y MGM Studio) asisten al programa de orientación denominado *Tradiciones de Disney*. Parte del programa está dedicado a demostrar las manifestaciones verbales y no verbales consideradas apropiadas o inapropiadas. Mediante caracterizaciones, los empleados que representan a los personajes tienen la oportunidad de utilizar destrezas de la actuación tales como la postura, los gestos, el contacto ocular, las expresiones faciales, la imagen vocal y el humor. Estas destrezas se refuerzan por medio de una experiencia de campo en el sitio. Después de observar a sus compañeros en acción, los empleados discuten y reflexionan acerca del impacto de su comportamiento sobre la experiencia total de los clientes (invitados).

Práctica. Hasta los veteranos curtidos y las superestrellas del deporte deben practicar. No basta con participar en el juego. Los deportistas practican a fin de perfeccionar sus destrezas, corregir sus deficiencias y mantenerse en forma. La práctica no es menos importante para desarrollar y mantener destrezas y conocimientos de otro tipo. Hace algunos años, Coca-Cola montó un programa masivo para capacitar a 1 300 empleados. En un principio se consideró exitoso, pero tres años después, la investigación de seguimiento demostró que los empleados habían olvidado casi todo por no haber tenido la oportunidad de poner en práctica lo aprendido. Este hallazgo indujo a la compañía a poner énfasis en la capacitación "justo a tiempo". Se enseñan destrezas como la tormenta de ideas y la generación de consenso a las personas que van a ser trasladadas a cargos donde han de necesitarlas.[12]

La analogía de participar en el juego y practicar para realizar un deporte es útil para la empresa. Muchas compañías no les proporcionan mucho tiempo de práctica a los empleados, quienes se limitan básicamente a jugar. Aunque pueden practicar mientras trabajan, también necesitan oportunidades fuera del escenario para prepararse sin correr el riesgo de fracasar frente al público.

La práctica por fuera del escenario permite repetir, acomodar el aprendizaje al ritmo de cada cual y dar entrenamiento personal. Tomemos el enfoque de De Mar frente a la capacitación y a la educación. Como dijimos antes, buena parte de la información proporcionada durante las sesiones semanales es información *vieja* escogida a propósito. La sala de capacitación de De Mar es, en realidad, su campo de prácticas, y Larry Harmon es el entrenador principal. Al preguntársele en una entrevista por qué la capacitación es tan importante en De Mar, Harmon respondió: "Es imposible describir la importancia del refuerzo. Se necesita un refuerzo constante".

Entre los hábitos de práctica del Ritz-Carlton están los exámenes diarios, en los cuales los empleados repasan uno de los veinte principios básicos del servicio presentados en el capítulo 4. Las sesiones diarias de práctica hacen casi imposible que los empleados de servicios olviden o hagan caso omiso de las veinte ideas.

Una de las mejores maneras de practicar es enseñando. Para enseñar es necesario ahondar en el material, reflexionar sobre él, desarrollar ejemplos para ilustrar los puntos, y practicar antes de presentarse ante el grupo.

A los empleados que asisten a conferencias por fuera de la compañía hay que pedirles que les enseñen a sus compañeros lo que aprendieron. Las sesiones internas de capacitación y educación deben dirigirlas no sólo los instructores sino también el personal gerencial y no gerencial que tenga o pueda desarrollar pericia en un determinado tema y pueda enseñársela a los demás.

Las destrezas y los conocimientos se desarrollan oyendo a los demás, leyendo, observando activamente y practicando. Estos métodos de aprendizaje producen los mejores resultados cuando se combinan. Sin escuchar, leer y observar activamente, por ejemplo, los empleados no tendrán nada que practicar. Las firmas que invierten en diversos enfoques de aprendizaje — e invierten con sentido práctico, con pertinencia y con imaginación — tienen la máxima probabilidad de crear una cultura de aprendizaje permanente.

Buscar el mejoramiento continuo

Los servicios de capacitación y educación son muy vulnerables al despilfarro porque dependen de los niveles de destreza y motivación tanto de los maestros como de los alumnos, y requieren seguimiento y refuerzo. Con frecuencia las empresas obtienen un bajo rendimiento sobre sus inversiones en capacitación y educación; y lo que es peor, los gerentes quizás no se enteran de ese bajo rendimiento.

Medir la eficacia de la capacitación y la educación de los empleados es un paso esencial dentro del mejoramiento del servicio. Saber es mejorar. No saber es desperdiciar. Las empresas deben medir sus esfuerzos tanto para un curso (o proyecto) específico como para la programación general. Deben obtener retroalimentación no solamente de quienes participan en el programa sino también de sus gerentes e, indirectamente, de los clientes mediante investigación. Deben obtener no solamente la retroalimentación inmediata después de un ejercicio de aprendizaje sino también obtenerla posteriormente (uno, tres o seis meses después, por ejemplo) a fin de evaluar los cambios de actitudes y de comportamiento.

Entre las preguntas formuladas a los participantes inmediatamente después de una sesión específica están la utilidad del tema tratado, la eficiencia de los instructores y las sugerencias para mejorar. Las encuestas de seguimiento se refieren a aquello que se está aplicando al trabajo, lo que no se está aplicando y por qué. Se les puede pedir nuevamente a los participantes que sugieran cómo mejorar el curso, pues sus ideas podrían cambiar con el tiempo. También hay que consultar a los gerentes de los participantes, por medio de encuestas, sobre sus impresiones acerca de la forma en que la experiencia de aprendizaje ha contribuido — o no — al desempeño laboral.

Las evaluaciones relacionadas específicamente con el curso ayudan a mejorar el diseño, pero no contestan las preguntas más esenciales, como, por ejemplo, si la compañía está obteniendo un buen rendimiento sobre su inversión en capacitación y educación y qué es lo que debe cambiar. Para contestar esas preguntas es necesaria una revisión anual del aprendizaje. Entre las preguntas que es necesario hacerles a los empleados de primera línea están las siguientes:

- ¿Cuáles son las destrezas más útiles que usted ha desarrollado desde que se vinculó a la compañía?
- ¿Ha aprendido lo que necesita para prestarles un servicio de alta calidad a sus clientes?
- ¿Cuál es la experiencia de aprendizaje más valiosa que ha tenido en esta compañía?
- ¿Cuál es la experiencia de aprendizaje menos valiosa que ha tenido en esta compañía?
- ¿Qué debe hacer la compañía para mejorar la capacitación y la educación de los empleados que realizan el mismo trabajo de usted?

Hay que hacerles esas mismas preguntas a los gerentes con relación a sus propias experiencias de aprendizaje. Además, ellos deben contestar preguntas acerca de las personas que dependen de ellos, entre ellas las siguientes:

- ¿Sus subalternos están aprendiendo las cosas que son necesarias para prestarles servicios de alta calidad a los clientes?
- ¿Cuál es la más valiosa experiencia de aprendizaje que la compañía les ofrece a sus subalternos directos?
- ¿Cuál es la menos valiosa experiencia de aprendizaje que reciben?
- ¿Cuáles son las medidas más importantes que la compañía

podría tomar para mejorar la capacitación y la educación de las personas que dependen directamente de usted?

La revisión anual del aprendizaje debe incluir también una evaluación de los costos y los beneficios de los programas específicos de capacitación y educación, y de los objetivos y los planes prioritarios para el año siguiente. Los resultados de la revisión se deben presentar a la alta gerencia. Quizás sea conveniente también distribuir un resumen entre todos los empleados. Ese informe resumido reflejaría el compromiso de la empresa frente al aprendizaje y el mejoramiento continuos.

La gerencia evalúa lo importante. Todos los empleados conocen esta verdad sobre las organizaciones. Desarrollar las destrezas y los conocimientos de las personas que prestan los servicios — y de quienes las dirigen — es crucial para mejorar el servicio. La evaluación permanente y rigurosa de la capacitación y la educación le da a la empresa la oportunidad de mejorar continuamente sus iniciativas de aprendizaje y obtener rendimientos cada vez mayores sobre su inversión.

RESUMEN

En el capítulo anterior nos referimos a la necesidad de reclutar y contratar a las personas que tengan el mayor potencial para implementar la estrategia de servicio de la compañía. Este capítulo trata el tema de desarrollar el potencial de excelencia con el cual llega una persona a un cargo. El aprendizaje pertinente para el cargo desarrolla la idoneidad y aumenta la confianza; es un factor de motivación, una fuente de amor propio, un tónico para evitar la muerte laboral. Un trabajo rico en enseñanzas es un trabajo que vale la pena tener.

La capacitación por sí sola es insuficiente. Los empleados de servicios deben saber el qué y el porqué de la prestación del servicio (conocimiento), lo mismo que el cómo de ésta (destrezas). El aprendizaje es un proceso, no un suceso; el aprendizaje continuo de las personas que prestan servicios contribuye al mejoramiento continuo del servicio. El desarrollo de destrezas y conocimientos es un viaje que nunca termina. Es un viaje para todos los empleados, puesto que todos prestan servicios. Todos los empleados tienen un "cliente", bien dentro o bien fuera de la compañía.

Para preparar óptimamente a la gente a fin de que cumpla la estrategia de servicio, las empresas deben 1) concentrarse en identificar y desarrollar las destrezas y los conocimientos críticos; 2) crear una fuerte experiencia de orientación que enseñe el cuadro completo; 3) formalizar el proceso de aprendizaje para que no se pueda dejar de lado; 4) utilizar diversos enfoques de aprendizaje; y 5) evaluar rigurosamente los esfuerzos invertidos en desarrollar destrezas y conocimientos dentro del espíritu del mejoramiento continuo.

Las ideas presentadas en este capítulo se pueden discutir internamente en la compañía con la ayuda de la siguiente guía de preguntas:

1. *¿Le prestamos suficiente atención al desarrollo tanto de destrezas como de conocimientos en esta compañía?* ¿Enseñamos el qué, el porqué y el cómo de la prestación de servicios?
2. *¿Invertimos en el desarrollo de destrezas y conocimientos de todos los empleados independientemente de su categoría o su cargo?* ¿Consideramos que todos y cada uno de los empleados son personas que prestan servicios?
3. *¿Vemos el desarrollo de destrezas y conocimientos como un proceso continuo?* ¿El aprendizaje continuo forma parte de la filosofía de nuestra compañía?
4. *¿Hemos hecho un esfuerzo consciente para lograr la alineación entre el desarrollo de destrezas y conocimientos y nuestra estrategia de servicio?* ¿Nos concentramos en desarrollar destrezas y conocimientos críticos para la ejecución de nuestra estrategia?
5. *¿Vemos la instrucción de los nuevos empleados como una importante oportunidad para aprender?* ¿Aprovechamos esa oportunidad para presentar la cultura de la compañía, enseñar la estrategia de servicio, comunicar la importancia de sus funciones y fijar altas expectativas de desempeño? ¿Aprovechamos esa oportunidad para subrayar nuestro compromiso con la inversión en el desarrollo de las destrezas y los conocimientos de los empleados?

6. *¿Hemos formalizado el desarrollo de destrezas y conocimientos lo suficiente como para que nunca se interrumpa?* ¿Hemos convertido el aprendizaje en algo necesario y que todos esperan ver como parte de la vida laboral de esta compañía?
7. *¿Utilizamos deliberadamente diversos métodos de aprendizaje?* ¿Somos innovativos en la manera de utilizar los métodos de aprendizaje? ¿Les proporcionamos a los empleados suficientes oportunidades para practicar sus destrezas y fortalecer sus conocimientos por fuera del entorno laboral?
8. *¿Buscamos mejorar continuamente la eficacia de nuestros esfuerzos de capacitación y educación?* ¿Evaluamos nuestra programación actual desde el punto de vista de los cambios de actitud y comportamiento logrados? ¿Tratamos de identificar aquello que los empleados necesitan aprender y no están aprendiendo?

CAPÍTULO 10

FACULTAR A LOS EMPLEADOS PARA SERVIR

No tiene sentido contratar personas de talento, invertir en su capacitación y educación y después sofocar su flexibilidad y su creatividad para servir a los clientes. Los seres humanos no están hechos para actuar como robots. No están hechos para suspender su capacidad de pensar durante las horas laborales.

Facultar a los empleados para servir es una condición necesaria para prestar un servicio extraordinario. Sin embargo, al desarrollar este tema, es probable que definamos el concepto de 'facultar' con un sentido que difiere de aquél al cual muchos lectores están acostumbrados. Facultar no significa eliminar la jerarquía, la dirección o la responsabilidad personal. Facultar tampoco significa sencillamente otorgarles más libertad a las personas que prestan servicios para cumplir su trabajo y obrar más a discreción; ésa es una interpretación demasiado estrecha del significado esencial de facultar y de sus beneficios potenciales.

Facultar es un *actitud mental*. Un empleado con la actitud mental de 'estar facultado' 1) siente que tiene el *control* sobre la manera como debe realizar su trabajo; 2) tiene *consciencia* del contexto en que se realiza su trabajo y del lugar en que éste encaja dentro del "cuadro completo"; 3) se siente *responsable* del producto de su trabajo; 4) *comparte la responsabilidad* del desempeño de la unidad y de la organización; y 5) siente que hay *equidad* en la distribución de las recompensas, basadas en el desempeño individual y colectivo.[1]

La gerencia crea esta actitud mental en la organización tratando a los empleados como a copropietarios del negocio y esperando de ellos un comportamiento acorde con esa condición. Los empleados no tienen solamente la autoridad sino la responsabilidad de utilizar sus destrezas, conocimientos, criterio y creatividad para servir a sus clientes eficazmente y contribuir al éxito de la compañía. Los valores centrales y la estrategia de la compañía — su "razón de ser" — son los que marcan la pauta en lugar de los gruesos manuales de políticas y procedimientos. Los empleados conocen el desempeño, el progreso, los problemas y las perspectivas de la empresa. Comparten los frutos de su trabajo; el éxito de la compañía es el éxito de ellos.

En el modelo en que se faculta a los empleados, la alta gerencia marca el rumbo y establece una cultura de logro; la gerencia media orienta el logro y elimina los obstáculos del camino; y los empleados de servicios de primera línea se manejan a sí mismos en gran medida, y crean valor para sus clientes internos y externos. Todo el mundo debe pensar al realizar su trabajo. Todo el mundo ejerce algún control sobre la manera de realizar el trabajo. Cada cual responde de su desempeño y comparte la responsabilidad del desempeño de la organización. Todo el mundo forma parte del mismo equipo.

Oigamos las palabras de los empleados de servicios con la actitud mental de estar facultados:

Un botones de Marriott, de San Antonio: "Me gusta trabajar aquí. Los gerentes nos dejan hacer lo que hay que hacer".[2]

Andy Thomas, enfermero diplomado e integrante de una pareja de atención, Lakeland Regional Medical Center: "Por primera vez en quince años, me siento totalmente satisfecho con mi trabajo. Tenemos libertad para manejar nuestro pequeño negocio. Los pacientes nos recuerdan".

Randy Oates-Woodberry, farmacéutico, Lakeland Regional Medical Center: "El concepto de trabajar en función del paciente nos da responsabilidad y libertad. Cuando uno tiene la responsabilidad, se esfuerza mucho más. Todos trabajamos para servir al paciente y a los compañeros de trabajo".

Jackie Salazar, asistente administrativa, Bank One Texas Trust Division, oficina de Houston: "Llevo diez años trabajando con Mark [Day]. Es una persona que deja trabajar y que espera que uno tome las riendas".

Judy Frow, administradora de fiducia personal, Bank One Texas Trust Division, oficina de Houston: "Sé que cuando le digo algo a un cliente tengo el respaldo de mis dos gerentes. Conozco mis límites, pero la mayoría de las veces trato de ayudar al cliente en el mismo momento en que lo necesita".

Anne Semrick, gerente de crédito y cuentas por cobrar, De Mar: "Uno tiene la oportunidad de tomar decisiones y actuar sin necesidad de la aprobación de un comité. En esta empresa todos tenemos el privilegio de decidir".

Neil Strandberg, gerente de planta, Tattered Cover Book Store: "Mi naturaleza se amolda perfectamente a esta librería. No siento que tenga que representar un personaje distinto en el trabajo. Yo puedo ser yo mismo, y me pagan por ello. Hay espacio para trabajar. Las normas son altas, pero uno tiene flexibilidad para decidir cómo alcanzarlas".

Jessie Logan, directora de ventas, Mary Kay Cosmetics: "No hay tope en esta compañía. Uno puede ascender trabajando con ahínco".

Nancy Moser, directora de ventas, Mary Kay Cosmetics: "Estamos construyendo una empresa".

Cindy Yost, encargada de compras de productos especiales, West Point Market: "Russ [Vernon] siempre nos ha puesto en posición de ocuparnos personalmente de las cosas. Es humillante tener que decir: «Debo consultar con mi gerente»".

Facultar a los gerentes

Tener la actitud mental de estar facultado es benéfico en todos los niveles de una organización, no solamente en el primer nivel. Los gerentes deben estar facultados para administrar, así como las personas que prestan servicios deben estar facultadas para servir. Timothy Firnstahl es fundador y presidente de Satisfaction Guaranteed Eateries, una compañía de Seattle que maneja cinco restaurantes. Fue rentable en los años 80, y en los 90 disminuyeron sus ingresos, aumentaron sus gastos y hubo pérdidas operativas. Firnstahl sabía que debía recortar drásticamente sus costos, o de lo contrario su empresa no sobreviviría.

En los últimos años 80, Firnstahl había facultado a sus empleados de primera línea por medio de un programa, que era a la vez el credo de la empresa, denominado WAGS (We Always Guarantee satisfaction, [siempre garantizamos la satisfacción]). Los camareros podían hacer lo que fuera necesario para satisfacer al cliente. Si la queja era de lentitud en el servicio, podían darle al cliente el postre gratis; un plato demasiado cocido podía ser gratis. Después de un comienzo con altibajos, como lo relató Firnstahl en un artículo publicado en 1989 en *Harvard Business Review*,[3] el enfoque de facultar a los empleados funcionó bien. Sin embargo, más adelante Firnstahl se dio cuenta de que no había ido lo suficientemente lejos. Ante la crisis de una quiebra inminente, comprendió que debía facultar también a sus gerentes. Esto fue lo que escribió en un nuevo artículo en 1993:

> Súbitamente me di cuenta de que no les había conferido ese mismo tipo de poder y responsabilidad a los gerentes locales. El programa WAGS había obrado maravillas para aumentar el número de compras repetidas y el compromiso de los empleados y, como nos permitía identificar los problemas antes de que los clientes pudiesen quejarse, nos había ayudado a detectar y a corregir las causas de cada falla del sistema.
>
> Pero mientras que los meseros estaban facultados para actuar por su propia iniciativa, los gerentes de línea — gerentes de bar, gerentes de restaurante, gerentes de cocina y

gerentes generales — todavía dependían estrechamente de las oficinas principales en aspectos tales como nómina, menús, marketing, desarrollo de productos, contabilidad, capacitación, contratación y toma de decisiones en general, prácticamente todo salvo hacer reservaciones y respirar. Continuábamos operando con base en el anticuado sistema de personal de línea, tan obsoleto como el modelo comunista. Fue toda una revelación. ¿Cómo pude haber pasado por alto esa conexión tan obvia?[4]

Firnstahl decidió transferirles prácticamente todo el poder y la responsabilidad a los gerentes de línea. Las oficinas principales, que antes ocupaban 370 metros cuadrados y alojaban a diecisiete personas, se convirtieron en una "sala de trabajo" de 74 metros cuadrados para muy pocas personas. La planeación, la solución de problemas y la toma de decisiones pasaron al terreno de los gerentes de línea, quienes se reúnen semanalmente para deliberar en calidad de "gerentes aliados". Los gerentes de línea hacen tempestades de ideas para crear nuevos productos, encontrar maneras de reducir los costos y mejorar las decoraciones, entre otras decisiones. La mayor parte de la función de pago de facturas se delegó en los restaurantes a fin de que los gerentes comprendieran mejor cómo se estaba utilizando el dinero que ellos generaban.

La actitud mental de los gerentes de estar facultados se tradujo en un ahorro notable en costos y un aumento de los ingresos, en tan sólo un año. La compañía es rentable nuevamente.

La lección de este caso no es que todos los presidentes de las compañías deban eliminar sus oficinas principales como hizo Firnstahl en el caso de sus restaurantes. Con una operación de cinco puntos de venta que le generaba pérdidas, Firnstahl necesitaba tomar medidas drásticas. La medida que tomó, aunque extrema, ilustra una lección de valor fundamental para cualquier empresa de servicio: *la organización de línea debe ser una fuente de innovación e inspiración. Los gerentes de línea deben tener: Autoridad para actuar; las destrezas, los conocimientos y las herramientas para hacerlo; y capacidad para responder de los resultados. El personal ejecutivo no debe ser numeroso; su función es ayudar a la organización de línea a tener éxito.*

Algo que no puede hacerse de la noche a la mañana

Crear la actitud mental de estar facultado no es algo que pueda hacerse con sólo oprimir un botón. Las solas palabras de la alta gerencia no pueden convertir a una fuerza laboral que no está facultada en una fuerza facultada. Las personas deben tener la experiencia directa de estar a cargo de sí mismas y de su destino para desarrollar tal actitud mental. Necesitan tiempo para procesar lo que se siente con esa nueva actitud y para ensayar los comportamientos correspondientes. Necesitan tiempo para desarrollar confianza en su capacidad de obrar basándose en la autoridad interna del hecho de estar facultadas.

Lo anterior funciona únicamente en un clima de confianza. Los empleados facultados no se nutren ni se sostienen en una atmósfera de desconfianza. Los gerentes no podrán delegar autoridad en los niveles inferiores de la organización si no hay confianza. Los receptores de esa autoridad no la aceptarán si no confían en las intenciones de la gerencia.

El proceso de facultar es eficaz cuando se deriva de un *liderazgo compartido*. El liderazgo compartido dispersa el poder y afloja las riendas. El gerente medio que faculta a las personas que dependen directamente de él debe confiar en el criterio, las habilidades y la buena fe de esos subalternos. El gerente medio también debe confiar en que la alta gerencia seguirá reconociendo su valor y reafirmando la noción de que delegar el poder es algo positivo. Al fin y al cabo, el poder de la organización es un bien precioso. Pasar de ser jefe a ser orientador puede ser un cambio bastante difícil para una persona que se ha esforzado mucho por llegar a ser jefe. Phyllis Watson, vicepresidente administrativa de Lakeland Regional Medical Center, afirma: "Facultar es realmente difícil. Es algo que hemos enseñado en 150 formas. En resumen, cuando uno faculta, necesariamente debe desprenderse del poder y eso es algo que a todos nos duele. Es lo que hace que sea tan difícil llevar a la práctica algo que parece tan maravilloso".

También puede suceder que el hecho de estar facultado no sea bien recibido por los empleados de primera línea; recibir poder puede ser tan difícil para unos empleados como lo es para otros renunciar a él. Algunos empleados preferirán un espacio limitado de solución con pautas claras sobre las conductas que hay que seguir. Los riesgos de cometer errores, la carga de adquirir conocimientos y las presiones inherentes a la necesidad de resolver los problemas con creatividad son menores cuando no se tiene poder. El hecho de ser tratado como "propietario parcial" y de comportarse como tal no es un paseo por la playa.

Linda Cooper, consultora de calidad de servicio cuya sede está en Evanston, Illinois, fue jefe del departamento de asuntos del consumidor del First National Bank, de Chicago, de 1989 a 1993. En esa función trabajó estrechamente con la parte de venta minorista del banco en un proyecto para mejorar el servicio. Una de las metas fundamentales era facultar al personal de contacto con los clientes. Resultó más difícil de lo esperado. Fue difícil cambiar las mentalidades, tal como lo explica ella:

> No se trata de que el personal de primera línea careciera de inteligencia o no deseara atender a los clientes. Lo que había sucedido era que, con el tiempo, los habíamos desmotivado hasta tal punto que habían decidido dejar de esforzarse. Tardamos bastante en poner en marcha el proceso de facultar, aunque la alta gerencia había aceptado el concepto desde hacía mucho. Determinamos que eso implicaba actualizar a los empleados acerca del negocio, el ambiente competitivo, nuestra estrategia y nuestra identidad en el mercado y el lugar en que éstos encajaban en todo eso. Si realmente deseábamos que actuaran como propietarios con interés propio en cada contacto con los clientes, debíamos tratarlos como a propietarios.
>
> Cuando tratamos de averiguar por qué no cobraba fuerza el proceso, descubrimos que en parte se debía a que esperábamos un salto demasiado grande de parte de los empleados. Por ejemplo, a los cajeros les daba miedo tomar decisiones que comprendieran grandes sumas de dinero. Por medio de deliberaciones con los supervisores, fijamos límites para las decisiones sobre transacciones y cuantías de dinero, de acuerdo con el tiempo que el cajero llevara en el banco. El proceso proporciona la capacitación necesaria para poder facultar, lo cual hace que todos se sientan a gusto.[5]

No se puede facultar a todos los gerentes o a todos los empleados de servicios. Los perfiles de los candidatos ideales son distintos en una empresa que faculta en comparación con otra que no faculta. Los altos ejecutivos que desean facultar a la organización deben prepararse para cierto grado de fricción — forzada o voluntaria. Sin embargo, muchos empleados florecen en un entorno facultado. Es probable que se resistan o trastabillen al principio, pero terminan descubriendo que la libertad para actuar, para ser innovadores e inteligentes, para orquestar en lugar de limitarse a obedecer, le imprime riqueza y dignidad a su trabajo. Ser propietario puede ser divertido.

Plataforma para la excelencia

Cuando se crea el sentimiento de compartir la propiedad de la compañía se obtiene una plataforma para la excelencia en el servicio. Para sostener esa excelencia se necesita un gran esfuerzo discrecional de los empleados; se necesitan preparación, ingenio, persistencia, disciplina, audacia y mejoramiento continuo. Lo más probable es que estas características las tengan las personas facultadas. La mayoría de los empleados de servicios trabajan con más ahínco, más ágilmente y con más inteligencia para *su propia* compañía que para la compañía de otro. Una empresa de Ohio, Marketing Services by Vectra, tiene por todas partes avisos que dicen: "Trabaje con ahínco o váyase a casa".[6] El ambiente facultado les proporciona a los empleados apoyo cultural para "trabajar con ahínco".

Los empleados de De Mar comienzan a trabajar muy temprano y con frecuencia terminan tarde. Son personas que ganan altos salarios y les cobran altos precios a sus clientes porque le dan un verdadero sentido de urgencia a su trabajo. Hacen lo que sea necesario para resolver el problema del cliente cuando éste lo necesita. El sentido de compartir la propiedad está vivo en toda la compañía. Randy Newman, coordinador de servicios en el área de aire acondicionado y calefacción, dice: "La camioneta del técnico es su propia empresa. Debe hacerla rentable. Mi oficio es brindarle el apoyo necesario". Don McCann, coordinador de servicios en el área de plomería, agrega:

> Es necesario tener el motor, y Larry [Harmon] lo ha sido. Nunca ha tenido dudas sobre lo que esta compañía puede hacer. Es coherente. No duda. Deja que la gente haga su trabajo. Si cada cual tiene su propio estilo, no hay problema siempre que se cumpla nuestra meta. A los empleados les atribuyen los méritos — no a Larry. A él le he oído decir cientos de veces: "Bueno, si usted cree que eso funciona, ensayemos". Larry siempre ha estado dispuesto a ensayar cosas nuevas. Además, tiene una memoria excepcional: si alguien le dice a Larry que piensa hacer algo, más vale que lo haga. No le gustan las excusas. Las palabras no significan nada, quiere ver obras. Esa actitud de querer ver la demostración alivia la carga política. O bien uno sabe cómo hacer el trabajo, o bien no lo sabe.

De Mar no podría haber implementado su estrategia de servicio sin facultar a los empleados. Y lo mismo le habría sucedido a Roberts Express, USAA, Harold's, Lakeland Regional Medical Center, Mary Kay Cosmetics, Taco Bell, Tattered Cover Book Store, Hard Rock Cafe, o a muchas otras empresas descritas en este libro.

Facultar a los empleados es una manera de aprovechar la creatividad, el intelecto y la energía emocional de casi todas las personas de la organización, no solamente de los altos ejecutivos.[7] Rob Pérez, gerente general de Hard Rock Cafe, de Orlando, anima activamente a los empleados a aportar su individualidad al trabajo. Cree que disfrutarán más y que harán mejor su trabajo si son fieles a sí mismos. Pérez afirma: "Queremos que cada persona sea la mejor en lo que puede llegar a ser. Por ejemplo, Rusty es nuestro hombre espectáculo. Gail es nuestra empleada más exacta y ágil — y siempre sonríe. La individualidad es la clave de todo esto".

¿Deben facultar todas las empresas?

Este tema de facultar a los empleados tiende a estar rodeado de un aura de bondad cuando se analiza en la prensa popular o en conferencias. Sin embargo, este proceso va acompañado del riesgo de que los empleados tomen decisiones erróneas, de las inversiones en capacitación y educación para preparar a los empleados, y de la posibilidad de turbulencias en la organización y de rotación del personal durante el período de transición, entre otros "costos". Por lo tanto, una pregunta importante es si todas las empresas de servicios deben facultar a sus empleados.

David Bowen y Edward Lawler, en uno de los primeros artículos sobre el tema publicado en 1992, sostienen que facultar a los empleados no siempre es apropiado.[8] Proponen una serie de contingencias para ayudarles a los gerentes a determinar en qué medida facultar, en caso de hacerlo. La tabla 10-1 es una escala de calificación de las contingencias, tomada del artículo de Bowen y Lawler. Cuanto más alta sea la calificación de cada contingencia, y cuanto mayor sea el puntaje de todas las contingencias sumadas, más apropiado será el enfoque de facultar. Los autores indican que tanto el enfoque de línea de producción (control estrecho) como el de facultar a los empleados tienen sus ventajas particulares. Sostienen que los negocios que funcionan alrededor de las transacciones y venden grandes volúmenes de bienes y servicios de bajo precio en un ambiente estable se acomodan mejor al enfoque de línea de producción. Dos ejemplos serían los restaurantes de comidas rápidas y las pequeñas tiendas de comestibles.

El artículo de Bowen y Lawler es valioso porque reta a la gerencia a considerar detenidamente la posibilidad de facultar a los empleados, siempre a la luz de la estrategia. Eso coincide con el espíritu de este libro: La acción apropiada depende de la estrategia de servicio. ¿Eso significa, entonces, que facultar a los empleados podría ser un enfoque erróneo para una determinada compañía? Es posible, pero no para una empresa cuyo objetivo sea prestar un servicio extraordinario. *Facultar a los empleados de manera significativa es crear la plataforma para un servicio de excelencia sostenida, independientemente de la naturaleza del negocio.*

Tabla 10-1

LAS CONTINGENCIAS DEL PROCESO DE FACULTAR A LOS EMPLEADOS

Contingencia	Enfoque de línea de producción						Empleados facultados
Estrategia comercial básica	Bajo costo, alto volumen	1	2	3	4	5	Diferenciación, adaptación, personalización
Vínculo con el cliente	Transacción, período corto	1	2	3	4	5	Relaciones, período largo
Tecnología	Simple, de rutina	1	2	3	4	5	Compleja, poco corriente
Ambiente de los negocios	Predecible, pocas sorpresas	1	2	3	4	5	Impredecible, muchas sorpresas
Tipos de personas	Gerentes de la Teoría X; empleados con pocas necesidades de crecimiento, pocas necesidades sociales y deficientes en destrezas interpersonales	1	2	3	4	5	Gerentes de la Teoría Y; empleados con altas necesidades de crecimiento, altas necesidades sociales y destrezas interpersonales sólidas

Fuente: David E. Bowen y Edward E. Lawler III, "The Empowerment of Service Workers: What, Why, How, and When", *Sloan Management Review,* primavera de 1992, pág. 37.

Es tan díficil lograr un servicio de calidad superior en las organizaciones complejas, es tan cruel la competencia en todas las industrias y son tan fuertes las presiones por bajar los precios de las ofertas no diferenciadas que cada vez son más raros los ejemplos de compañías que tienen éxito con un modelo de control estrecho. Aunque se pueden encontrar algunos ejemplos como McDonald's y United Parcel Service, es probable que estas compañías se vean obligadas a cambiar su manera de trabajar. Al fin y al cabo, uno de los competidores más duros de McDonald's es Taco Bell, empresa que ha utilizado activamente el enfoque de facultar a sus empleados para aumentar su crecimiento; pasó de 2 900 restaurantes y US$1 600 millones en ventas en 1988 a más de 10 000 puntos de distribución y cerca de US$4 mil millones en ventas a fines de 1993. Los gerentes de mercado de Taco Bell, cada uno de los cuales tenía a su cargo cinco o seis restaurantes de una región en 1990, en 1994 estaban manejando, en promedio, 50 puntos de distribución (es decir, restaurantes, programas de almuerzos escolares, unidades móviles). En 1994, el 90% de los restaurantes propios de Taco Bell, con un promedio de ventas cercano a los US$1 000 millones, funcionaban a cargo de un equipo de personas, sin un gerente de tiempo completo. John Martin, presidente y gerente general, escribe:

> La clave de nuestro éxito no es la tecnología. No son los carros ni los kioscos, ni los nuevos sistemas de ventas. Esas cosas no son más que subproductos y medios facilitadores. Indudablemente, nuestro éxito se lo debemos al hecho de haber facultado a las personas, y a los resultados que ellas han alcanzado.[9]

Las compañías como Taco Bell, Starbucks Coffee Company, Tattered Cover Book Store y Hard Rock Cafe están forjando una realidad competitiva emergente basada en empleados facultados para actuar en negocios de bajo costo, alto volumen y gran número de transacciones. Para esas compañías, la cuestión no es si deben o no deben facultar a sus empleados sino hasta qué punto. Para que una empresa de servicios pueda realizar plenamente su potencial en el entorno empresarial actual, debe deshacerse del ciclo fallido de bajo rendimiento y alta rotación de los empleados. Debe desarrollar una cultura basada en la confianza y en la lealtad, una cultura en la cual los empleados se sientan dueños de la empresa. Reconocemos que esto es algo bastante exigente, razón por la cual este libro comenzó con el tema del liderazgo.

La tabla 10-2 es una serie de continuos con las características de las mentes facultadas y las no facultadas en cada extremo. El propósito de este cuadro no es pretender que las compañías operen en el extremo derecho para todas las características y todos los empleados. El lado del extremo derecho en realidad es un blanco en movimiento. Como tantos otros temas planteados en este libro, el proceso de facultar a los empleados es un viaje; siempre hay un destino más allá. Además, la alta gerencia debe estar más facultada que la gerencia media, y ésta, a la vez, más que los empleados de primera línea. Si bien los comportamientos de liderazgo son importantes a todos los niveles, es cierto que las funciones de liderazgo son diferentes a nivel de alta gerencia, de gerencia media y de empleados de primera línea. Más bien el propósito de la tabla 10-2 es demostrar gráficamente que las compañías que operan en el extremo izquierdo de los continuos están perdiendo la oportunidad de prestar servicios extraordinarios. Anteriormente, cuando las expectativas de los clientes y los empleados eran diferentes, cuando había menos presiones de la competencia, cuando todavía no asomaban las estructuras organizacionales y las tecnologías generalizadas hoy en día, el enfoque de línea de producción servía para lograr excelencia sostenida en ciertos tipos de servicios. Esto ya no es así. Para que una empresa de servicio pueda realizar todo su potencial, es necesario que los empleados realicen su potencial.

Cómo poner en marcha el proceso de facultar

Buena parte de lo que hemos analizado en capítulos anteriores facilita el proceso de facultar. El esfuerzo consciente por cultivar las destrezas y los valores del liderazgo en servicio crea un ambiente propicio para facultar a los empleados. Una estrategia básica de servicio sirve de orientación para el comportamiento de los empleados facultados. Para prestar el servicio por medio de unas estructuras de equipo se necesitan personas facultadas. La tecnología que proporciona la información requerida para prestar

Tabla 10-2
CONTINUOS DEL PROCESO DE FACULTAR A LOS EMPLEADOS

Actitud mental de no estar facultado		Actitud mental de estar facultado
Control mínimo sobre la manera de realizar el trabajo		Mucho control sobre la manera de realizar el trabajo
Poca consciencia de la estrategia, de las tendencias, del desempeño y de los sistemas de servicios de la compañía		Mucha consciencia de la estrategia, las tendencias, el desempeño y los sistemas de servicio de la compañía
Poca responsabilidad en el desempeño personal		Mucha responsabilidad en el desempeño personal
No hay responsabilidad en el desempeño de la unidad y de la compañía		Responsabilidad compartida en el desempeño de la unidad y de la compañía
No hay relación entre la retribución y el desempeño de la persona, de la unidad y de la compañía		Relación entre la retribución y el desempeño de la persona, de la unidad y de la compañía

Fuente: Las características de una actitud mental facultada fueron tomadas del material de David E. Bowen y Edward E. Lawler III. "Employee Empowerment in Service Firms: Answering the Growing Questions", documento de trabajo, 1994.

el servicio hace menos necesario que sean los supervisores quienes la proporcionen. Los ejecutivos adquieren confianza para trasladar autoridad decisoria hacia los niveles inferiores de la organización cuando compiten por talento e invierten en desarrollar destrezas y conocimientos.

Para crear en la organización la actitud mental de estar facultado, no hace falta un grueso manual de reglas. El exceso de políticas y procedimientos significa que existe una manera arraigada de hacer las cosas, un recetario impuesto desde arriba. La gerencia debe determinar hasta qué punto debe facultar, a fin de implementar su estrategia de servicio. Las compañías que tienen una tradición de gerencia basada en el libro de reglas y que están interesadas en facultar a sus empleados pueden designar equipos de proyecto para revisar las políticas y los procedimientos, con la misión de modificar o eliminar los que coarten innecesariamente la libertad para servir. Los manuales resultantes de este proceso pueden contener zonas de decisión: *zonas seguras,* dentro de las cuales se espera que los empleados tomen decisiones independientes, *zonas de bajo riesgo* dentro de las cuales los empleados pueden optar por consultar a un superior, y *zonas de alto riesgo* dentro de las cuales es obligatorio consultar.[10] La zona de alto riesgo se caracterizaría por tratar asuntos que, de manejarse incorrectamente, podrían desembocar en problemas legales, una mala publicidad o un impacto financiero negativo.

La estrategia global de la compañía y los valores que la sustentan sirven de guía cuando no existen prescripciones detalladas. En el enfoque de facultar a los empleados es esencial un esfuerzo sostenido por comunicar y reforzar la visión y los valores. Así lo afirma el profesor D. Quinn Mills, de Harvard Business School:

> Facultar sin una misión es peligroso, y la mayoría de nosotros no somos muy buenos en esta cuestión de las misiones. O bien no sabemos cuál es la misión, o bien no la expresamos en un lenguaje que le ayude a la gente a comprenderla y a ponerla en práctica. El resultado es que fracasamos en nuestro empeño de facultar.[11]

No hay otra compañía en los Estados Unidos que comunique

su estrategia y sus valores con mayor eficacia que Ritz-Carlton Hotel Company, tal como se discutió a fondo en el capítulo 4. En la figura 4-2 aparece la tarjeta del credo del Ritz-Carlton. Los empleados portan la tarjeta y practican sus enseñanzas diariamente. La tarjeta del credo faculta porque es un mensaje sincero de lo que se espera en materia de actitudes y comportamientos. Las palabras son genuinas; la tarjeta refleja la realidad de la organización. Las obras dicen más que las palabras en las organizaciones. La tarjeta del credo del Ritz-Carlton — su pequeño manual de reglas — funciona porque los ejecutivos de la corporación y del hotel practican lo que predican y se encargan personalmente de dar ejemplo de lo que significan las palabras. Los altos ejecutivos que articulan personalmente la visión y los valores — y la actitud mental de estar facultado que se requiere para darles vida — le dan credibilidad a la causa.

Incluir preguntas sobre el proceso de facultar en las encuestas hechas a los empleados es una manera de subrayar el compromiso y de hacer aflorar los asuntos que requieren atención. En las encuestas se les puede pedir tanto a los empleados administrativos como a los empleados rasos que indiquen, mediante una puntuación, cuán facultados se sienten. Los estados mentales descritos en la tabla 10-2 pueden servir de base para esa calificación.

El enfoque de facultar a los empleados también cobra mayor fuerza cuando se incluye como elemento de las evaluaciones de desempeño de los gerentes. Los gerentes de General Electric se someten a una evaluación de 360 grados, en la cual, además de la calificación de sus superiores, reciben la calificación de sus pares y sus subalternos. La siguiente exposición razonada se tomó del informe anual a los accionistas de General Electric, en 1993.

> Ésta se ha convertido en una herramienta poderosa para detectar y cambiar a aquellas personas que "por delante sonríen y por detrás dan el golpe". Para hablar sin rodeos, las dos maneras más fáciles de salir de GE son: Una, cometer una violación contra la integridad; o dos, ser un gerente controlador, opresivo, que defiende su territorio, no puede cambiar, sofoca y agota las energías de la gente en lugar de motivarla y hacer aflorar su capacidad y su creatividad. No podemos obligar a

> nuestros equipos de personas a manifestar su creatividad y su energía — deben hacerlo por su propia voluntad —, pero debemos contar con ellas para poder triunfar.[12]

Cuando los empleados tienen voz en las operaciones de la compañía, hay un terreno propicio para cultivar el sentido de propiedad que se obtiene al facultar. John Longstreet, gerente general del Harvey Hotel, de Plano, Texas, realiza reuniones con seis a ocho empleados para hablar de "las cosas estúpidas que sobran". El propósito es identificar las prácticas que deben mejorarse y simbolizar el liderazgo compartido de la compañía. Joyce Meskis, propietaria de Tattered Cover Book Store, celebra una reunión abierta con los empleados a las 8 a.m. del octavo día de cada mes. Estas reuniones "del 8 a las 8" les brindan a los empleados la oportunidad de hacer sugerencias y manifestar sus inquietudes. Meskis aprovecha ese foro para comentar la situación de la compañía. Linda Millemann, la gerente general, dice: "Debemos convertir esta librería en un sitio que les pertenezca a todos y en el que todos participen y sean oídos — o no podrá seguir siendo una librería especial".

El hecho de incluir el proceso de facultar en los programas de capacitación y educación de los empleados administrativos y de los empleados rasos aumenta la capacidad y la confianza para asumir la responsabilidad. Los gerentes deben conocer los peligros del exceso de gestión; deben conocer la diferencia que hay entre ser orientador y ser jefe, entre liderar y controlar. Es de gran ayuda incluir en las sesiones de capacitación y educación historias sobre la forma como los empleados facultados han manejado situaciones difíciles. Un método muy eficaz de aprendizaje es discutir en grupo las mejores maneras de manejar situaciones que se salen de lo común.

Tal como se señaló anteriormente, la conexión entre la confianza y el hecho de facultar es fundamental. Cuando hay confianza, no es necesario administrar o servir evitando correr riesgos. Judy Frow y Jackie Salazar, de Bank One, les dan a los gerentes los consejos siguientes para crear un ambiente de confianza:

- Contraten personas en quienes confíen, personas a quienes

estén dispuestos a facultar. Escojan personas con deseos de agradar a los clientes.

- Creen un ambiente tranquilo que no presente amenazas. Mantengan la puerta abierta para discutir los problemas personales y laborales. En algunos ambientes ustedes no pueden sentirse tranquilos — tienen que demostrar que están atareados aunque no lo estén. Ustedes no pueden ser ustedes mismos.
- Escuchen a sus subalternos porque ellos saben lo que está sucediendo. Pregúntennos a nosotros en lugar de contratar a un consultor.
- Hagan que todos los empleados sientan que valen, independientemente del nivel de su cargo. Solicítenles ideas, y actúen basándose en ellas. No excluyan a las secretarias o asistentes cuando algo suceda. Diríjanse a todo el mundo por su nombre.
- Sean sinceros con los empleados. Si es inminente un cambio, nosotros deseamos saberlo. Si ustedes no hablan, los rumores se tomarán la empresa.
- Exprésenles reconocimiento a los empleados cuando sea apropiado. Es maravilloso que reconozcan nuestros esfuerzos.

RESUMEN

Una condición para prestar un servicio extraordinario es crear en la organización la actitud mental de estar facultado. Esa actitud mental incluye sentir uno que ejerce control sobre el trabajo, tener consciencia del contexto del trabajo, responsabilizarse del desempeño personal, compartir la responsabilidad del desempeño de la unidad y de la organización, y considerar que la distribución de las retribuciones es justa. La gerencia nutre esos sentimientos tratando a los empleados como a propietarios del negocio y esperando que ellos se comporten como propietarios.

Las compañías innovadoras como Taco Bell, Starbucks Coffee, Hard Rock Cafe, demuestran el potencial de facultar a los empleados incluso en negocios de bajo costo, alto volumen y transacciones numerosas. Las personas que se sienten dueñas de la empresa muy probablemente trabajarán con ahínco, con inteligencia y con prontitud. El proceso de facultar debe alcanzar a los empleados, no solamente a las personas que prestan los servicios de primera línea; las compañías se benefician cuando los gerentes también se sienten propietarios y actúan como propietarios.

Las compañías que facultan a sus empleados funcionan con muy pocas reglas. La estrategia y los valores guían a los empleados de servicios a falta de una prescripción detallada. La gerencia debe determinar hasta qué grado es necesario facultar a los empleados para implementar la estrategia de servicio elegida. Las decisiones basadas en la estrategia para estructura, tecnología, contratación, capacitación y educación ayudan a definir el enfoque que se necesita para facultar. Lo mismo se aplica al trabajo en equipo, la evaluación del desempeño y los sistemas de retribución, que son los temas de los próximos capítulos.

Los gerentes pueden evaluar en términos generales la noción de facultar a los empleados de su compañía con la ayuda de las preguntas siguientes:

1. *¿Nuestro manual de reglas es grande o pequeño?* ¿Qué es lo que más influye en el comportamiento de nuestros empleados: las políticas y los procedimientos, o la estrategia y los valores?
2. *¿La alta gerencia cree en el concepto de facultar a los empleados?* ¿Se considera que ese concepto es una condición fundamental para el servicio extraordinario, una moda gerencial, inadecuada para nuestro negocio, o de alguna otra manera?
3. *¿La alta gerencia comprende claramente lo que significa facultar a los empleados de esta organización?* ¿Los altos gerentes enuncian con claridad el concepto de facultar y su importancia para la gerencia media y para los empleados de servicios de primera línea?
4. *¿Los gerentes y los empleados de primera línea se sienten facultados?* ¿Se sienten propietarios de la empresa?
5. *¿La confianza es una característica de nuestra organización?* ¿Los empleados de esta compañía confían en la idoneidad, el criterio y la buena voluntad de quienes están por encima y por debajo de ellos en la jerarquía de la organización? ¿La alta gerencia reconoce la relación que hay entre la confianza y la posibilidad de facultar a los empleados? ¿Reconoce que la confianza da libertad y que la desconfianza quita libertad?

CAPÍTULO 11

DESARROLLAR EL TRABAJO EN EQUIPO

Otro aspecto crucial del contexto del servicio extraordinario es el trabajo en equipo. El servicio excelente a veces es producto de actos heroicos de una sola persona. Sin embargo, la mayoría de las veces emana del trabajo coordinado de muchas personas que desempeñan funciones de servicio relacionadas. Cada paso de la cadena de servicios debe realizarse correctamente para que la experiencia del cliente sea excelente. Al igual que en una sinfonía, cada instrumento toca una partitura diferente, pero cuando suenan al mismo tiempo producen música bella.

Aunque están estrechamente relacionados, el trabajo en equipo no es sinónimo de equipo. Los equipos, tal como dijimos en el capítulo 6, son estructurales. El trabajo en equipo trata de valores, actitudes, sentimientos y destrezas. El trabajo en equipo es fundamental para la excelencia del servicio, independientemente de la estructura; es crítico en una estructura funcional, y no menos crítico en una estructura de equipos. En realidad, un equipo sin trabajo en equipo no es sino un nombre.

El auténtico trabajo en equipo implica una reunión de personas que trabajan en colaboración para cumplir un propósito muy importante. La colaboración se caracteriza por una comunicación constante, abierta y sincera; un espíritu de ayuda, confianza y fe en los compañeros del equipo; y una responsabilidad compartida en los resultados. Al igual que en un ambiente facultado, en el trabajo en equipo hay de por medio sentimientos — sentimientos de cooperar en lugar de competir, de trabajar de manera interdependiente, no independiente. Entre los sentimientos que prevalecen en el trabajo en equipo están el del vínculo con los compañeros, el compromiso con el esfuerzo del grupo, y el orgullo por las realizaciones conjuntas.

Trabajar en equipo no implica conformarse. No es necesario ni conveniente sacrificar la individualidad cuando se trabaja en equipo. Al contrario, en el trabajo en equipo se fusionan los aportes individuales de tal manera que el todo es mayor que la suma de sus partes. No es necesario que los miembros del equipo se parezcan, hablen igual, piensen igual o trabajen igual. La diversidad de personalidades, antecedentes, experiencias y perspectivas les imprime vitalidad y energía a los procesos de colaboración.[1] Lo que sí deben hacer los integrantes del equipo es respetarse y valorarse mutuamente, comprender su misión común y creer en ella, y considerar el trabajo en equipo como un medio para cumplirla.

La disensión no mata el trabajo en equipo; lo matan el egoísmo y el sabotaje. Las opiniones encontradas pueden ser constructivas porque sientan las bases para unos resultados mejores que aquéllos jamás contemplados por falta de debate. Michael Leimbach, de Wilson Learning Corporation, comenta:

> Los integrantes del equipo deben aprender a ventilar sus diferencias, a decir verdades duras y a cuestionarse duramente. Cuando un equipo no enfrenta los problemas fundamentales que le impiden llegar a su meta, no puede avanzar en su trabajo ni desarrollar soluciones creativas.[2]

El trabajo en equipo es tan importante para la prestación del servicio extraordinario que merece todo un capítulo. Sin embargo, en los capítulos anteriores ya hemos tratado muchas de las cosas que las organizaciones pueden hacer para construir una cultura de trabajo en equipo. Las destrezas y los valores de liderazgo crean las condiciones para una energía de colaboración. La estrategia de servicio marca el derrotero, el propósito. Los principios de confiabilidad, sorpresa, recuperación y equidad se aplican igualmente bien a los empleados que mutuamente se prestan servicios como a los empleados que les prestan servicios a los clientes externos. Las estructuras de equipo fomentan el trabajo en equipo. Las compañías pueden reclutar jugadores para el equipo y enseñarles destrezas y valores que contribuyan a desarrollar el espíritu de colaboración. Facultar a los empleados y trabajar en equipo son cosas que se refuerzan entre sí; son fuerzas bilaterales que obran sinérgicamente. Los sentimientos de propiedad, de participación y de contribución al todo son esenciales en ambos conceptos. Este capítulo pone énfasis en la importancia del trabajo en equipo y en la necesidad de hacer un esfuerzo sistemático por fomentarlo. Aquí presentamos los esfuerzos para promover el trabajo en equipo que no se han mencionado hasta ahora.

EL IMPERATIVO DE TRABAJAR EN EQUIPO

Los empleados deben tener la capacidad y el deseo de prestar el servicio que los clientes esperan. El trabajo en equipo desarrolla ambas cosas. Prestar un servicio de calidad es un esfuerzo colectivo. Todo el personal de una línea aérea — los expendedores de billetes, los agentes de los muelles de salida, los que manejan el equipaje, los que reabastecen de combustible la nave, los auxiliares de vuelo y los pilotos — contribuye a que los aviones salgan a tiempo. Southwest Airlines demuestra el poder del trabajo en equipo cuando alista un avión que acaba de aterrizar para despegar 15 o 20 minutos después. El personal de Southwest acude en masa al terminal y al avión para prepararlo para salir. Con la actividad de una colmena, Southwest mantiene sus aviones en el aire, única manera de ganar dinero en el negocio de las líneas aéreas.

Southwest Airlines es la línea aérea más productiva y la que tiene la rentabilidad más estable de los Estados Unidos. Se ha mantenido como líder en cumplimiento de horarios y menor número promedio de quejas de los clientes. Southwest Airlines tiene miles de fotografías de sus empleados en las paredes de su sede principal. Publica un boletín para empleados titulado *Luv Lines*; tiene un vídeo en que aparecen los empleados, incluido el presidente Herb Kelleher, cantando y bailando música "rap"; y concentra su estrategia de marketing alrededor de la diversión — Southwest Airlines progresa gracias al trabajo en equipo. El trabajo en equipo es el arma secreta, el medio para derrotar a la burocracia, el vínculo motivador en Southwest Airlines. Otras aerolíneas podrán tratar de imitarla con una estrategia de trayectos cortos, pocos servicios adicionales y tarifas reducidas, pero les costará mucho trabajo duplicar el fervor colectivo hacia el servicio. Lo que hace que la estrategia de Southwest Airlines funcione es la cultura de la empresa.

Se han hecho muchos estudios para investigar el impacto relativo de los comportamientos de cooperación, competencia e independencia en las organizaciones. Los resultados demuestran claramente que la cooperación produce los mayores beneficios. El trabajo en equipo alienta a los empleados a comunicarse directamente, a tener empatía y a apoyarse mutuamente, a discutir distintos puntos de vista de manera constructiva, a resolver los problemas con eficacia, a realizarse en su trabajo y a sentirse seguros y valorados como individuos.[3]

La investigación que hicimos mis colegas y yo demuestra de manera convincente la importancia central del trabajo en equipo para lograr servicios superiores. El personal de contacto con los clientes de cinco importantes compañías de servicios que indican que sus unidades organizativas *no* cumplen las normas de servicio, no están de acuerdo con las siguientes afirmaciones:

- En mi unidad me siento parte de un equipo.
- Todas las personas de mi unidad contribuyen a un esfuerzo en equipo para servir a los clientes.
- Siento la responsabilidad de ayudar a mis compañeros a hacer bien su trabajo.
- Mis compañeros y yo es más lo que cooperamos que lo que competimos.
- Me siento miembro importante de esta compañía.[4]

El trabajo de servir puede ser física y psicológicamente abrumador. Contestar un torrente incesante de llamadas telefónicas en un centro de pedidos por catálogo; servir bebidas, una comida y recoger las bandejas en una hora en un vuelo lleno;

o atender a una docena de clientes que hacen cola ante una ventanilla de banco durante la hora pico del viernes, son la realidad de lo que el servicio demanda. La posibilidad de que a los empleados se les agoten el entusiasmo y la energía por el estrés es alta. Lo que para los clientes es un comportamiento distante y frío de los empleados de servicios bien puede ser un mecanismo de defensa para enfrentar la tensión. Los compañeros de equipo les ayudan a sostener la motivación y la energía, a mantener su profesionalismo en los días malos y a vencer la fatiga. Los compañeros de equipo se ayudan, se enseñan y se renuevan mutuamente. La participación en el equipo es otro "buen tónico".

El trabajo en equipo genera control y poder. Aunque ejercer el poder se define tradicionalmente como dominar a los demás y obligar a las personas a comportarse de cierta manera, la investigación ha revelado la cara cooperativa y constructiva del poder. El profesor Dean Tjosvold, destacado estudioso del tema del trabajo en equipo, explica:

> El hecho de sentirse poderoso emana de la seguridad de ser uno capaz de avanzar, de resolver los problemas y de tener éxito. Los integrantes de un equipo cooperativo se sienten más poderosos porque saben que cuentan también con los recursos de sus compañeros de equipo. En contraste con ello, una persona que siente la necesidad de depender únicamente de sus propias capacidades puede desmoralizarse ante un desafío complejo y difícil.[5]

El trabajo en equipo es imperativo para el servicio extraordinario. Alimenta el aprendizaje en la medida en que los integrantes del equipo se enseñan entre sí. Inspira confianza porque los empleados de servicios son parte de un grupo, no están solos. Motiva porque inspira confianza y porque las personas saben que sus compañeros de equipo dependen de ellas. Los principios fundamentales del trabajo en equipo — respetar a los demás y confiar en ellos — une a los individuos en su búsqueda de un propósito importante. La tabla 11-1, "Lecciones de los gansos", ilustra el gran poder del trabajo en equipo.

Tabla 11-1
LECCIONES DE LOS GANSOS

Hecho # 1:	Cada ganso crea con su aleteo un plano de sustentación para las aves que vuelan detrás. La formación en "V" permite aumentar la autonomía de vuelo en un 71% para toda la bandada, con respecto a lo que lograría cada ave si volara sola.
Lección:	Las personas que tienen un derrotero común y un sentido de comunidad pueden llegar a su destino más pronto y con mayor facilidad porque viajan ayudadas por el impulso de las demás.
Hecho # 2:	Cuando un ganso se sale de la formación, inmediatamente siente el arrastre y la resistencia del aire. Entonces regresa rápidamente a la formación para aprovechar el poder de sustentación generado por el ave que está inmediatamente adelante.
Lección:	Si tenemos tanto sentido común como los gansos, nos mantendremos en formación con las personas que van hacia donde nosotros queremos ir. Estaremos dispuestos a aceptar su ayuda y a ayudar a los demás.
Hecho # 3:	Cuando el líder de la bandada se cansa, pasa a la parte de atrás de la formación y otro lo reemplaza en la punta.
Lección:	Vale la pena turnarse para hacer las tareas difíciles y asumir el liderazgo. Las personas, lo mismo que los gansos, dependen de sus mutuas destrezas y capacidades y de su conjunto de dones, talentos y recursos.
Hecho # 4:	Los gansos que vuelan en la formación gritan para alentar a los que van adelante a mantener la velocidad.
Lección:	Debemos cerciorarnos de que nuestras voces sean de aliento. En los grupos en que hay estímulo, la producción es mucho mayor. El poder del estímulo (ser fiel al corazón y a los valores esenciales y alentar a los demás a hacer lo mismo) es la clase de voz de aliento que buscamos.
Hecho # 5:	Cuando un ganso enferma, o sufre una herida, o es derribado por un proyectil, dos de sus compañeros abandonan la formación para seguirlo a tierra y protegerlo. Permanecen a su lado hasta que pueda volver a volar o muera. Después se unen a otra formación o alcanzan a la bandada.
Lección:	Si tenemos el sentido común de los gansos, debemos apoyarnos mutuamente tanto en las buenas como en las malas.

Fuente: De una exposición de Angeles Arrien en 1991 ante la Organizational Development Network. Basado en el trabajo de Milton Olson.

TRABAJO EN EQUIPO MEDIANTE ELIMINACIÓN DE LAS FRONTERAS

Son muchas las cosas que obstaculizan el trabajo en equipo en las organizaciones. Las causas de un mal trabajo en equipo son múltiples; desde la idea generalizada entre los gerentes de que la competencia interna obliga a la gente a esforzarse más y, por tanto, debe fomentarse, hasta la idea generalizada entre los empleados de que, para tener éxito, deben velar por sí mismos a expensas de los demás.

Una causa fundamental del mal trabajo en equipo es la "delimitación estrecha del trabajo". Las empresas que delimitan estrechamente el trabajo necesitan una definición estricta de las funciones y de líneas de autoridad y una separación física para organizar el trabajo. Los jefes dan las órdenes y los subalternos las cumplen. No se estimula la disensión ni la discusión de alternativas. Las unidades organizacionales que participan en la cadena de servicio están separadas físicamente, trabajan en distintos pisos, en distintos edificios, e incluso en distintas ciudades. Se comunican mediante correo electrónico, cartas internas, informes, llamadas telefónicas, o no se comunican. Las reuniones frente a frente rara vez tienen lugar, o nunca. La información estratégica sobre el "cuadro completo" se suele compartir únicamente con los gerentes, pues se da por sentado fundamentalmente que el resto del personal no la comprendería, la consideraría demasiado abrumadora, o no se interesaría.

En realidad, el trabajo estrechamente delimitado cierra los caminos naturales hacia el trabajo en equipo, que se basa en la inclusión, la comunicación frecuente hacia arriba, hacia abajo y horizontalmente, el conocimiento del cuadro completo y un campo abierto para el desempeño. Los procesos de trabajo estrechamente delimitados se basan en el separatismo, la comunicación de arriba hacia abajo, el conocimiento de un fragmento del cuadro, y un campo limitado para el desempeño. No hay espacio para el alma gemela del trabajo en equipo, es decir, para facultar a los empleados. El trabajo en equipo se nutre de confiar en otros, de respetarlos y de valorarlos. Las organizaciones estrechamente delimitadas pueden funcionar sin esas características.

El trabajo en equipo no puede prosperar en organizaciones cuyo modelo es el de la delimitación estrecha. Para que el espíritu verdadero del trabajo en equipo pueda arraigarse y difundirse por la organización, es necesario que las fronteras sean flexibles. Jack Welch, presidente de General Electric, ha popularizado la expresión *sin fronteras* para denotar cooperación a través de las barreras artificiales que pueden separar a las personas que tienen un interés común. Welch explica el concepto utilizando la analogía de una casa con barreras en tres dimensiones:

- Las barreras *horizontales* son los muros — como las unidades funcionales y los sitios geográficos — que separan a los grupos de pares en compartimientos aislados. ¿Por qué marketing no debiera estar hablando con diseño, o Tokio con Milwaukee?
- Las barreras *verticales* son los pisos y los techos que demarcan la jerarquía. Si bien es cierto que las organizaciones necesitan estamentos, cuando las diferencias de rango bloquean la comunicación, la jerarquía se aniquila a sí misma.
- Las barreras *externas* son los muros exteriores de la compañía. Más allá de esos muros hay muchos grupos con los cuales es esencial establecer relaciones estrechas de trabajo, como los clientes, los proveedores y los socios de la empresa de riesgo compartido.[6]

George Rieder, consultor de Dallas, especialista en empresas de servicio, señala cómo se relaciona la ausencia de fronteras con el trabajo en equipo.

- *Mental e intelectualmente*: Buscando opiniones divergentes y considerando múltiples alternativas.
- *Físicamente:* Derribando muros y situando a los integrantes del equipo en configuraciones innovadoras.
- *Informativamente:* Utilizando la tecnología de información distribuida, la comunicación en línea y los sistemas amigables con los usuarios, y, además, fomentando la conexión en red con otras personas, dentro y fuera de la empresa.

- *Organizativamente:* Formando equipos temporales, equipos de proyecto o grupos estratégicos de estudio e, igualmente, estructuras de equipos más permanentes.

Comunicación irrestricta

El flujo libre de la comunicación es una piedra angular del trabajo en equipo. Compartir abiertamente la información pertinente, considerar las opiniones de otros, forjar las decisiones con los aportes de todos, conocer personas de diferentes unidades dentro de la cadena de servicio: estas acciones alimentan la sensación de unión, tan fundamental para el trabajo en equipo. La comunicación interna estrechamente delimitada agota la unión. La comunicación que fluye libremente, entregada recíprocamente hacia arriba y hacia abajo y horizontalmente, le da a la gente la sensación de pertenecer a algo.

AT&T Universal Card Services, ganadora en 1992 del Premio Nacional a la Calidad Malcolm Baldridge, practica la comunicación irrestricta de diversas maneras, entre ellas, celebrando reuniones trimestrales con todos los empleados, durante las cuales los altos ejecutivos discuten los resultados financieros y la estrategia, reuniones trimestrales denominadas "charlas al lado del lago", ofrecidas por la alta gerencia, y a las cuales asisten hasta 200 empleados a la vez, y almuerzos semanales de los altos gerentes con pequeños grupos de empleados.[7]

El último viernes de cada mes, los empleados de unas 500 sucursales de la empresa de corretaje de valores A. G. Edwards oyen por los altavoces de sus teléfonos un informe de la compañía. Los informes son presentados por el presidente Ben Edwards, quien después abre la línea para preguntas. A. G. Edwards tiene la meta específica de estimular "una comunicación completa de dos direcciones" en la cual "el flujo ascendente de la información sea tan importante como el flujo descendente tradicional... También es importante que la información que viene de arriba sea lo más completa y sincera posible".[8]

Kemper Service Company, de Kansas City, practica la comunicación irrestricta por medio de un programa de intercambio de empleados. Los empleados de servicios de primera línea y los gerentes medios tienen la oportunidad de visitar otras unidades, las que prefieran dentro de la compañía. Durante esos intercambios, los ejecutivos del departamento anfitrión explican sus metas, los tipos de clientes a quienes atienden, el flujo de trabajo, las fechas límite, los indicadores de calidad y las destrezas laborales requeridas. Este programa benéfico borra las barreras que hay entre los departamentos, elimina los estereotipos nocivos y aclara la forma en que las distintas unidades contribuyen a la cadena de servicio. William Fronk, vicepresidente ejecutivo de Kemper, dice que el comentario más frecuente después de un intercambio es: "No tenía idea de que nuestra responsabilidad fuera tan grande".[9]

Las *jornadas de participación* son otra manera de estimular la fecundación cruzada de ideas y reforzar los principios del trabajo en equipo. Los lectores quizá recuerden que en el capítulo 2 se refiere que Milliken & Company patrocina jornadas de participación en las cuales los empleados de distintas unidades presentan formalmente ante sus compañeros y la gerencia el contenido y los resultados de esfuerzos específicos para mejorar la calidad. Los compañeros de trabajo votan para elegir las exposiciones ganadoras. Motorola, ganadora del Premio Baldrige, lo mismo que Milliken y AT&T Universal, patrocina una competencia anual para los equipos que trabajan en la satisfacción total de los clientes. En ella, 24 equipos de Motorola en todas partes del mundo compiten en las finales. Cada equipo tiene un límite de 12 minutos para que se concentre más en el fondo que en la forma de su exposición. La participación en el concurso aumenta año por año. En 1992, 24 equipos finalistas de América del Norte, Europa y Asia sobrevivieron a un proceso iniciado con cerca de 4 000 equipos compuestos por casi 40 000 empleados, cifra que aumentó desde 20 000 empleados dos años antes.[10]

La región del Pacífico de Canadian Airlines International publicó en 1990 su primer informe de progreso de la calidad del servicio, dirigido a los empleados. El informe contiene una sección de dos páginas sobre cada unidad operativa de la región del Pacífico: Australia, Nueva Zelanda, Fiji, Hawai, Japón, Hong Kong, Tailandia y la sede regional. Para cada una de ellas aparecen resúmenes de las iniciativas específicas para mejorar el servicio, el perfil de la unidad, los datos sobre la satisfacción de los clientes y fotografías de los empleados. El informe también incluye mensajes de la gerencia con respecto a la importancia de la calidad del servicio.

Compromisos internos con el servicio

Bank One Texas Trust Division derribó las barreras que había entre sus departamentos con un proceso de compromiso interno con el servicio. Los directivos de un departamento se reúnen con los directivos de otro para discutir las expectativas de servicio de sus unidades y fijar unas normas. Por ejemplo, el personal administrativo se reúne con el personal de operaciones y comienza por manifestar sus necesidades, como devolver las llamadas telefónicas antes de una hora, tener listos los estados de cuentas para el día 15 de cada mes. Entonces el departamento de operaciones comunica lo que puede y lo que no puede hacer; después, plantea sus necesidades, y la administración responde. Los dos grupos negocian y llegan a un acuerdo con respecto a las normas de servicio (compromisos), las cuales se ponen por escrito y se distribuyen en cada departamento. Además de los compromisos negociados están los compromisos universales, los cuales reflejan las expectativas generales sobre la forma en que los compañeros de trabajo se deben tratar entre sí. Cada uno de los directivos de los dos departamentos suscribe el compromiso negociado y el compromiso universal. Los departamentos se reúnen nuevamente a los seis meses para calificar su desempeño respectivo de conformidad con las normas, y, si es necesario, para renegociar el compromiso de los seis meses siguientes. Los directivos administrativos y del departamento de operaciones realizan un proceso semejante con cada uno de los departamentos internos a los cuales sirven, y lo mismo sucede en los demás departamentos. Los compromisos entre los departamentos de Corporate Trust and Finance ilustran el concepto (tabla 11-2).

El compromiso con el servicio es un proceso difícil, y consume tiempo. Tiene ventajas y desventajas, y no es apropiado para todas las organizaciones. Tiene como propósito mejorar el diálogo y el trabajo en equipo, y hacer que los departamentos asuman la

Tabla 11-2
COMPROMISOS DE SERVICIO INTERNO DE BANK ONE TEXAS TRUST

Compromisos de la división corporativa de FIDUCIA para con la de FINANZAS
1. Suministrar el 25 de cada mes el pronóstico para el resto del corriente mes y el resto del año. 2. Suministrar una copia del informe de pagos anticipados y/o del informe de fiducia y finanzas con explicaciones de las transacciones de gastos prepagados o de los gastos reembolsables al cliente antes del primer día hábil del mes siguiente.
Compromiso de la división corporativa de FINANZAS para con la de FIDUCIA
1. Suministrar, antes del décimo día hábil de cada mes, un listado del estado de los gastos prepagados de los clientes y los gastos reembolsables a los clientes. 2. Suministrar, antes del décimo día hábil de cada mes, informes de libro mayor general acerca del centro de costos. 3. Suministrar procedimientos o información sobre lo necesario para elaborar los pronósticos.
Compromisos corporativos para con FINANZAS
Compromisos de FINANZAS para con la división corporativa de FIDUCIA
COMPROMISOS UNIVERSALES MUTUOS
1. Comunicarse con honestidad y comprensión; discutir los problemas con las personas interesadas. 2. Nos trataremos con cortesía y respeto, independientemente de nuestro cargo. 3. Todos los problemas de servicio serán tratados como "NUESTROS" y trabajaremos <u>conjuntamente</u> para encontrar una solución inmediata. 4. Reconoceremos que estamos aquí para servir a nuestro cliente último — el cliente externo — y concentraremos nuestros esfuerzos en prestar un servicio de calidad insuperable.

Fiducia corporativa: Integrantes del departamento	*Departamento de finanzas:* Integrantes del departamento
Liz Galindo	Karen Spuria
Jeannene Gaston	Fran Toliver
Phillip D. Gatlin	
Lynn McCullough	
Donna McFarland	

responsabilidad de la calidad del servicio interno. Lynn McCollough, vicepresidente de Corporate Trust, dice:

> La mayoría de la gente piensa que es un buen instrumento para obtener el servicio que desean. Antes de implantar nosotros el compromiso con el servicio, cuando le pedíamos a un departamento que mejorara, éste tal vez mejoraba, o tal vez no mejoraba. Ahora, las expectativas y las promesas son claras. ¿Cuántas veces se reúne un departamento con otro a decir "Esto es lo que necesitamos de ustedes y, si lo hacen, nosotros haremos esto por ustedes"? Sin el compromiso de servicio no sucedería nunca.

Una desventaja es la inversión de tiempo requerida para las reuniones. Además, aunque el propósito es mejorar el trabajo en equipo, el resultado puede ser completamente opuesto en algunos casos. Es inevitable que haya resquemores cuando los departamentos se califican entre sí y son los altos gerentes quienes reciben las puntuaciones comparativas (departamento por departamento).

Garrett Jamison, vicepresidente ejecutivo de Trust Division, y artífice del compromiso de servicio, cree que el proceso es absolutamente positivo. Esto dice al evaluar sus ventajas y sus desventajas:

> El concepto de los compromisos con el servicio interno es sencillo pero difícil de aplicar. Permite fijar metas y medir el desempeño en el punto donde se presta el servicio interno. Las personas que prestan servicios y sus clientes internos definen conjuntamente normas de desempeño aceptables, alcanzables y medibles desde el punto de vista de todos los interesados. Es, a la vez, un proceso de autodeterminación y una demostración del poder de la interdependencia. Lleva la responsabilidad hasta el corazón mismo del proceso de servicio, y estimula el otorgamiento de facultades decisorias a los empleados. Permite que haya una comunicación cada vez mejor. Y responde a la inquietud permanente de la gerencia acerca de la manera de garantizar la confiabilidad del servicio.
>
> Pero es preciso tener cuidado. Es algo que desencadena unas poderosas fuerzas humanas, algunas de ellas inespera-

das. Obliga a los seres humanos a criticarse entre sí, frente a frente, y eso no es fácil. La mayoría de los gerentes no son muy diestros en evaluar el desempeño de sus subalternos directos y, sin embargo, el proceso de los compromisos con el servicio interno hace que *todos* los empleados participen en la evaluación del desempeño. Es un proceso autocontrolado de trabajo en equipo que puede generar un grado muy alto de tensión y emotividad.

Las personas maduras, responsables y seguras de sí mismas sobresalen en ese ambiente, mientras que otras pueden sufrir emocionalmente a causa del proceso. Al final se espera que la práctica genere unos equipos de poder excepcional constituidos en su totalidad únicamente por los más fuertes de nosotros. El resultado puede ser una mejora notable del desempeño interno. ¡Manténganse al tanto! Todavía trabajamos en esto.

Evaluación y retribución del trabajo en equipo

Los gerentes evalúan y retribuyen aquello que consideran importante. Evaluar formalmente el trabajo en equipo como parte del proceso de evaluación del desempeño — y retribuir el desempeño basado en la mentalidad de equipo — simboliza la importancia primordial del trabajo en equipo dentro de la organización. Los empleados de gerencia y los empleados rasos deben saber que el trabajo en equipo lleva al éxito y que la mentalidad localista, o el egoísmo, o la falta de cooperación, lleva al fracaso.

El patrón común de las evaluaciones del desempeño es concentrar la atención en los logros individuales. Eso no está mal. Sin embargo, si la meta es un servicio extraordinario, en las evaluaciones se deben incluir también los aportes individuales al trabajo eficaz en equipo. Aunque en el capítulo siguiente nos referiremos en detalle a la evaluación y la retribución del desempeño, también aquí ponemos énfasis en el concepto de evaluar y recompensar el trabajo en equipo. Los gerentes que desean servicio extraordinario deben evaluar el trabajo en equipo y asignar los premios de conformidad.

Un ex gerente de un almacén de departamentos comenta la razón por la cual son tan importantes las evaluaciones y las retribuciones:

> Es necesario recompensar a los gerentes en parte por el grado en que las personas que dependen de ellos demuestren los aspectos positivos del trabajo en equipo. Por ejemplo, cuando yo traté de mejorar la eficacia del trabajo en equipo en mi almacén, la gente aplaudió la iniciativa, pero la calificó de "blanda". En otras palabras, me juzgaron basándose en las cifras. Aunque el trabajo en equipo debía mejorar con seguridad los resultados financieros con el tiempo, era una estrategia intensiva de gran alcance comparada con las estrategias más tradicionales de corto plazo como la de reorganizar la planta de ventas. El resultado fue que la gente se limitó a hablar de trabajar en equipo, pero nada más.

Al personal de gerencia del departamento de educación hospitalaria del Lakeland Regional Medical Center se le evalúa específicamente sobre la base del trabajo en equipo como parte de las revisiones de desempeño. Los empleados califican a cada uno de sus colegas del departamento basándose en un cuestionario de 22 preguntas sobre trabajo en equipo. Todos los miembros del departamento participaron en la elaboración del cuestionario. Suministraron información general sobre los comportamientos importantes para el trabajo en equipo, la cual utilizó Richard Rees, director del departamento, como base para redactar planteamientos. Los gerentes revisaron los planteamientos e hicieron sus comentarios y sugerencias, para llegar finalmente al cuestionario que aparece en la tabla 11-3. Rees afirma:

> El verdadero valor de evaluar al equipo no es sólo generar retroalimentación para los colegas sino también establecer las normas elegidas por el equipo para regir su actuación. Los elementos del instrumento de evaluación permiten concentrarse constantemente en los comportamientos que nosotros valoramos. Al incorporar la evaluación en el sistema de gestión del desempeño, quienes obran de acuerdo con las normas serán recompensados por su comportamiento.

Tabla 11-3
LAKELAND REGIONAL MEDICAL CENTER
EVALUACIÓN DEL TRABAJO EN EQUIPO DEL DEPARTAMENTO DE EDUCACIÓN HOSPITALARIA

Para determinar en qué grado contribuye Debbie Wharton al espíritu global del trabajo en equipo y al funcionamiento de nuestro departamento, por favor marque la casilla que mejor describa su evaluación del trabajo de Debbie como integrante de un equipo durante este último año. SÍRVASE VER LAS DEFINICIONES.

	Supera	*Cumple*	*No cumple*
1. Trabaja en favor de las metas entendidas del departamento y de la organización.	[ ]	[ ]	[ ]
2. Conoce las responsabilidades y las prioridades individuales y la forma en que se relacionan con las de los demás	[ ]	[ ]	[ ]
3. Contribuye a un ambiente de trabajo informal, agradable y sin tensiones.	[ ]	[ ]	[ ]
4. Se entusiasma con el trabajo y muestra un gran estado de ánimo.	[ ]	[ ]	[ ]
5. Muestra un alto nivel de productividad.	[ ]	[ ]	[ ]
6. Presta atención a los detalles.	[ ]	[ ]	[ ]
7. Cumple los compromisos hasta el final.	[ ]	[ ]	[ ]
8. Da lo mejor de sí en el desempeño de su trabajo.	[ ]	[ ]	[ ]
9. Se enorgullece del historial de trabajo de su equipo.	[ ]	[ ]	[ ]
10. Muestra interés en las realizaciones de los otros miembros del equipo.	[ ]	[ ]	[ ]
11. Acepta fácilmente la retroalimentación sobre su desempeño.	[ ]	[ ]	[ ]
12. Demuestra seguridad y que confía en los demás miembros del equipo.	[ ]	[ ]	[ ]
13. Coopera en lugar de competir.	[ ]	[ ]	[ ]
14. Estimula a otros a alcanzar altos niveles.	[ ]	[ ]	[ ]
15. No domina a los demás en las interacciones.	[ ]	[ ]	[ ]
16. Puede mantener la concentración en las actividades.	[ ]	[ ]	[ ]
17. Demuestra que tiene líneas abiertas de comunicación con otros miembros del personal.	[ ]	[ ]	[ ]

	Supera	*Cumple*	*No cumple*
18. Es sensible a los sentimientos de los demás.	[ ]	[ ]	[ ]
19. Muestra receptividad a la crítica.	[ ]	[ ]	[ ]
20. Puede resolver eficazmente los conflictos.	[ ]	[ ]	[ ]
21. Respeta las decisiones finales del equipo.	[ ]	[ ]	[ ]
22. Muestra entusiasmo por ensayar nuevos enfoques.	[ ]	[ ]	[ ]

Criterios subjetivos:

Supera: Según el criterio y la experiencia del evaluador, el desempeño de este empleado es excepcional, y lo iguala el de muy pocos empleados. Esta persona constituye un *modelo* para otros empleados de la unidad/área. El desempeño demostrado por el empleado está muy por encima de lo que se espera de la mayoría de los empleados veteranos en cargos semejantes. Funciona como un *recurso* para los demás. Requiere poca o ninguna supervisión con respecto a esta norma.

Cumple: Según el criterio y la experiencia del evaluador, el desempeño de este empleado cumple las altas expectativas del hospital para este cargo y se considera como *muy bueno* con respecto a esta norma. Requiere una cantidad normal de supervisión y control con respecto a esta norma. Un verdadero elemento positivo para el hospital.

No cumple: Según el criterio y la experiencia del evaluador, el desempeño de este empleado es *marginalmente aceptable* y necesita mejorar. Este empleado no cumple las expectativas del hospital en esta área. Requiere más que la cantidad normal de supervisión y un control estrecho con respecto a esta norma.

La dirección del departamento agrega:

Nuestra evaluación del equipo de trabajo es una excelente herramienta para comunicarles expectativas detalladas a las personas que componen nuestro equipo. Este sistema permite hacer una evaluación coherente y estandarizada del desempeño del equipo. La retroalimentación de cada individuo proporciona un marco de referencia para la mejora del desempeño dirigido.

En un discurso que pronunció en 1987, titulado "Gestión para la excelencia del servicio en un ambiente turbulento", la investigadora de marketing Mimi Lieber le aconsejó a su auditorio de gerentes que recompensara "el trabajo agrícola cooperativo y no el número de pieles".[11] El consejo era muy indicado en ese momento. Y sigue siéndolo. La calidad es cooperativa.

Enseñar el trabajo en equipo

El trabajo en equipo se puede enseñar. Aunque no todo el mundo se beneficia de esta enseñanza en la organización, a muchas personas les aprovecha. El trabajo en equipo está hecho de valores, actitudes y sentimientos. También es una serie de destrezas. Es posible cultivar los valores, las actitudes, los sentimientos y las destrezas.

Las compañías que prestan servicios extraordinarios invierten en enseñar el trabajo en equipo. Las inversiones van desde tutorías informales a nivel personal hasta cursos formales sobre trabajo en equipo. Bank One Texas Trust Division utiliza las "Lecciones de los gansos" (tabla 11-1) en las sesiones de orientación para los nuevos empleados. También patrocina sesiones de búsqueda de medio día de duración, durante las cuales el personal administrativo y el no administrativo trabajan en equipo para combinar sus talentos. Tattered Cover Book Store organiza "campamentos de iniciación" para los nuevos empleados (véase el capítulo 9), con énfasis en el trabajo en equipo. "Les enseñamos que pueden ganar puntos adicionales por pedirles ayuda a los demás", dice Sidney Jackson de Tattered Cover.

Los grupos de plomería y de aire acondicionado de De Mar se reúnen semanalmente para hablar de asuntos técnicos, problemas con el equipo, y soluciones. "Básicamente buscamos el aporte de todos", dice el coordinador de plomería, Don McCann. "Algunas veces, los empleados convocan la reunión por iniciativa propia. Si tienen un problema, se reúnen para discutirlo". Randy Newman agrega: "Deseamos que todos trabajemos juntos. Estamos allá afuera juntos. Nuestra gente aprende que aquí no se toleran las puñaladas por la espalda".

Desde 1966, A. G. Edwards les ha enseñado el trabajo en

equipo a sus gerentes a través de un curso riguroso de seis días denominado "Managerial Grid". Hasta 1994 habían asistido más de 700 gerentes. En 1990, la compañía agregó una versión más corta del curso, denominada "Gridworks" para empleados de planta.

Los participantes del primer curso aprenden a identificar los aspectos positivos y los negativos de diversos estilos gerenciales. Llegan a comprender su propio estilo gerencial, y el impacto que éste ejerce en los demás; aprenden los beneficios de la crítica constructiva y mejoran su capacidad de trabajo en equipo. Con unos 50 participantes por sesión, la mayor parte del seminario se realiza con equipos de siete a nueve participantes. Muchas de las actividades tienen límite de tiempo a fin de forzar al equipo a trabajar eficazmente o a demostrar lo que sucede cuando no se trabaja en equipo. Durante todo el seminario, el proceso utilizado por el equipo y los resultados obtenidos son sometidos a crítica a fin de mejorar el desempeño en la siguiente actividad. Dos veces a la semana, cada individuo recibe retroalimentación personal hecha por el equipo. Con la excepción de conferencias cortas después de los ejercicios para aclarar los objetivos del aprendizaje, el seminario se basa en el autoaprendizaje. Donnis Casey, vicepresidente de A. G. Edwards, comenta acerca del valor del "Managerial Grid" y de "Gridworks":

> Los programas "Grid" han ejercido un efecto positivo en la cultura de A. G. Edwards. Adoptamos la filosofía de la comunicación abierta, la franqueza, el trabajo en equipo y la crítica constructiva. Los programas también nos han brindado una base o lenguaje común. Como continuamos creciendo, es conveniente aferrarnos a los principios básicos que nos han ayudado a ser lo que somos.

La educación sobre el cuadro completo de lo que la compañía cree, sobre la forma en que opera el negocio y sobre su ambiente, permite cultivar la unión y demuestra la necesidad de trabajar en equipo. Las historias y las anécdotas sobre las realizaciones del equipo en lugar de los actos heroicos de una sola persona acentúan el valor que le concede la organización al trabajo en equipo. La capacitación formal en solución de problemas, comunicación interpersonal, solución de conflictos, liderazgo y tutoría les ayuda a las personas a desarrollar destrezas para trabajar en equipo.

RESUMEN

El servicio extraordinario requiere un trabajo en equipo también extraordinario: personas que trabajen conjuntamente para alcanzar un propósito común importante. Los valores, las actitudes, los sentimientos y las destrezas del trabajo en equipo promueven la calidad necesaria a nivel del servicio interno a fin de satisfacer y superar las expectativas de los clientes.

Los procesos de trabajo estrechamente demarcados cierran las vías naturales hacia el trabajo en equipo. Para que el verdadero trabajo en equipo prospere, deben prevalecer unas fronteras flexibles — lo que General Electric denomina organización "sin fronteras". Entre las inversiones que las compañías pueden hacer para fomentar el trabajo en equipo están permitir el libre flujo de la comunicación, contraer compromisos con el servicio interno, evaluar y retribuir el trabajo en equipo y enseñar a trabajar en equipo.

Los gerentes pueden utilizar la siguiente lista de comprobación al discutir el trabajo en equipo en sus organizaciones:

1. *¿Creemos en el trabajo en equipo en esta compañía?* ¿Se considera el trabajo en equipo como un factor clave para la calidad de servicio? ¿Se considera que es un imperativo cultural?
2. *¿Practicamos la eliminación de fronteras?* ¿Hacemos esfuerzos especiales por derribar los muros artificiales que separan a los empleados e impiden el trabajo en equipo?
3. *¿Utilizamos la comunicación interna para cultivar los sentimientos de unión?* ¿La alta gerencia es accesible a los empleados? ¿La información fluye con facilidad en esta compañía? ¿Fluye hacia arriba y hacia los lados, y no solamente hacia abajo?
4. *¿Los departamentos internos se tratan entre sí como clientes?*

¿Los departamentos internos son responsables de la calidad del servicio que prestan? ¿El personal de esos departamentos se reúne con sus clientes internos a fin de discutir las expectativas y las percepciones sobre el servicio? ¿Debiéramos pensar en un proceso formal como el utilizado en la división de fiducia de Bank One Texas?

5. *¿Evaluamos y premiamos el trabajo en equipo?* ¿El personal administrativo y el personal no administrativo creen que la colaboración es un comportamiento que lleva al éxito?
6. *¿Enseñamos a trabajar en equipo?* ¿Fomentamos la tutoría para el trabajo en equipo? ¿Debemos pensar en un curso formal sobre trabajo en equipo? ¿Celebramos los logros del equipo en capacitación, educación y medios internos de comunicación?

CAPÍTULO 12

EVALUAR EL DESEMPEÑO, RECOMPENSAR LA EXCELENCIA

Las compañías de servicios extraordinarios logran lo que se proponen. El esfuerzo discrecional es alto. Las empresas de servicios extraordinarios evalúan el desempeño de sus empleados de servicios y premian su excelencia. Ellos saben que serán evaluados de acuerdo con la forma en que realicen su trabajo, y saben que vale la pena trabajar bien. Los empleados se esfuerzan por dar lo mejor de sí y luchan constantemente por mejorar. La responsabilidad personal de la ejecución del trabajo y el reconocimiento del desempeño excelente contribuyen a este clima de realización.

Sin embargo, las evaluaciones y las retribuciones no son suficientes para construir una organización que pueda cumplir lo que se proponga. Si no fuera así, los capítulos anteriores sobre liderazgo, competir por talento, desarrollo de conocimientos y destrezas, empleados facultados y trabajo en equipo habrían sido innecesarios. La implantación de una estrategia de servicio a través de la gente es un viaje multifacético. En realidad, algunas empresas ponen demasiado énfasis en las recompensas para mejorar la calidad del servicio, suponiendo que pueden inducir a todos los empleados a hacer lo mismo y a responder como autómatas a los cambios en el sistema de retribuciones. Pero la vida de la organización se forja al ritmo de muchos tambores, y el tambor de las recompensas emite solamente un tipo de sonido.

Para lograr el máximo impacto, las retribuciones y las evaluaciones sobre las cuales éstos se basan deben concordar con otras fuentes de inspiración para la excelencia: liderazgo en servicio, misión de alto propósito, crecimiento personal, estado mental de estar facultado, compañerismo y trabajo en equipo. El servicio excelente, cliente tras cliente, día tras día, necesita una inspiración que las solas recompensas no pueden proporcionar y que las retribuciones discordantes aniquilan.

Las evaluaciones y las retribuciones deben ser apropiadas para la compañía y para su estrategia. Eso explica por qué la comisión por ventas funciona perfectamente en Harold's, la tienda de ropa de Houston, pero fue un desastre para Sears Auto Center. Harold's, mediante su estrategia, se ha ganado la lealtad de los clientes por la calidad de su mercancía, su amplio surtido, su servicio excepcional y la integridad en las ventas. Desde su primer día en el trabajo, los vendedores aprenden que su función es ayudar a los clientes a tomar decisiones acertadas, cerciorarse de que la ropa les siente bien y hacer felices a sus compradores. La venta inicial a un cliente se considera como el comienzo de una relación duradera en la cual ambas partes ganan. Las comisiones por ventas, única forma de compensación en Harold's, se multiplican cuando los que compran por primera vez se convierten en clientes asiduos. Las comisiones por ventas funcionan muy bien en Harold's, cuya cultura se basa en la confianza.

Infortunadamente, Sears Auto Centers no tenía esos cimientos culturales para implantar un plan de comisiones por ventas mal diseñado de por sí. El resultado fue un plan de pagos por desempeño que, en realidad, les pagaba a quienes se aprovechaban de los clientes. Los asesores de ventas obtenían comisiones por cada dólar vendido en repuestos o mano de obra. Se ponía especial énfasis en los repuestos de alto margen. En muchos puntos de venta, a nadie le importaba si los clientes en realidad necesitaban los repuestos. El sistema de comisiones era estrictamente una herramienta para vender más repuestos y mano de obra; no era una herramienta para servir bien a los clientes y ganarse su confianza y lealtad.

La combinación de un sistema de incentivos mal diseñado

y una base cultural débil para el servicio al cliente, prácticamente garantizó las consecuencias desastrosas del plan. Las investigaciones encubiertas adelantadas en muchos Estados se tradujeron en denuncias ampliamente divulgadas en 1992 en el sentido de que Sears estaba defraudando a los clientes al vender repuestos y servicios innecesarios. Sears incurrió en costos sustanciales en pago de perjuicios, marketing y publicidad a causa de la debacle. Pero lo más importante fue que perdió la confianza de sus clientes en su negocio automotor.

ESTABLECER UN PROPÓSITO, VALIDAR EL LOGRO

Un buen sistema de evaluación del desempeño les proporciona retroalimentación oportuna y útil a las personas que prestan servicios, difunde la información en la gerencia y sienta las bases para un sistema de recompensas equitativo y motivador. Las retribuciones van más allá del salario básico. Con ellas se premia la excelencia. El logro verdadero es el barómetro para las recompensas.

¿Por qué no es suficiente el sueldo básico? ¿Por qué se necesitan las recompensas también? ¿Por qué es necesario evaluar el desempeño y dar recompensas al nivel de cada uno de los empleados de servicios? El sistema de evaluación y retribución del desempeño le ayuda a la empresa a comunicar sus prioridades estratégicas y sus valores más importantes. Además, un propósito claro y unos valores sólidos son parte integral del servicio extraordinario; de la confusión y el conflicto nace la mediocridad; de un enfoque claro y significativo nace la excelencia en servicios.

La evaluación y la retribución del desempeño ayudan a definir internamente lo que la compañía defiende, su filosofía, su razón de ser. Son altamente simbólicas. Los empleados saben que los gerentes evalúan y recompensan lo importante. Cuando la retórica de la gerencia acerca de lo que es importante choca con lo que se evalúa y se recompensa, la retórica pierde. Los empleados conocen su calificación por la forma en que ésta se lleva y se distribuyen las retribuciones.

Todos los empleados de Roberts Express son elegibles para

recibir bonificaciones trimestrales siempre y cuando que se cumplan los objetivos. Los objetivos son específicos para cada función y, por tanto, varían de un grupo a otro. Solamente hay un objetivo común a todos los empleados: la satisfacción de los clientes, medida según la encuesta descrita en el capítulo 3. Los miembros del equipo de asistencia a los clientes, los gerentes de operaciones, el personal de contabilidad, las secretarias, los jefes de personal, como el gerente de recursos humanos, el presidente de la compañía — todos son responsables de la satisfacción de los clientes. Los empleados de Roberts Express comprenden claramente la esencia de lo que es importante para la compañía.

Las empresas que recompensan el desempeño excelente en lugar de limitarse a pagar por el deber cumplido, validan el espíritu de logro. Al validar el espíritu de logro, celebrar la excelencia, elevar la norma de desempeño, las compañías mejoran su competitividad en mercados cada vez más competitivos.

La compensación en sí misma no motiva a la mayoría de los empleados a observar un comportamiento de autorrealización. El hecho de que una compensación reducida desmotive a los empleados no significa que el exceso los lleve a realizar un esfuerzo extraordinario.[1] Para muchos empleados, sus necesidades más sentidas están en esperar — para pertenecer, para contribuir al éxito del equipo, para sentirse apreciados por sus pares y sus superiores, para celebrar las victorias y para ser felicitados. Para la mayoría de los empleados, el hecho de ser reconocidos es distinto, y significa más que sencillamente recibir un pago. El hecho de recompensar la excelencia ayuda a sostenerla. Como le dijo un representante de servicios a un cliente alguna vez: "Cuando reconocen que uno hace las cosas bien, uno lo da todo".[2]

TROPIEZOS COMUNES

En un polémico artículo publicado en *Harvard Business Review*, Alfie Kohn sostiene que los planes de incentivos no solamente no tienen éxito sino que no pueden tenerlo.[3] Kohn critica los incentivos por ser una manera de manipular ("Si hacen esto, recibirán aquello"), y porque socavan el trabajo en equipo, hacen caso omiso de las causas fundamentales de los problemas, desestimulan la creatividad y el deseo de correr riesgos, y menguan el interés por el trabajo. El artículo de Kohn es vulnerable a la crítica, y la recibió en abundancia en el número siguiente de *Harvard Business Review*.[4] La falla más seria de la tesis de Kohn no es que las dolencias que menciona no se presenten, pues se presentan — algunas veces. Sin embargo, no son los incentivos los que producen las dolencias sino el mal uso que se hace de ellos. Utilizadas debidamente, las recompensas (y otras medidas similares) pueden producir efectos contrarios a aquéllos de los cuales se lamenta Kohn, quien, en realidad, condena el instrumento pero no su ejecución.

Muchas compañías de servicios utilizan eficazmente la evaluación del desempeño y los incentivos. Un error común y crítico es no comprender lo que los empleados realmente esperan de su trabajo. Los planes de incentivos suelen concentrarse apenas en las retribuciones económicas, aunque los estudios muestran reiteradamente que hay otros factores importantes para los empleados.

En un estudio de Dante Personnel Services, se les pidió a los empleados que escogieran entre US$5 000 adicionales sobre el sueldo anual o unas determinadas características de trabajo. El 84% de los consultados prefirieron las facilidades para progresar, y el 9%, el dinero. El 88% de ellos prefirieron la oportunidad de "llegar a conocer el negocio", y el 7% optó por los US$5 000 adicionales.[5]

En una encuesta realizada en 1991 por Gallup, a los empleados se les pidió que calificaran la importancia de diversas características del trabajo y su grado de satisfacción con ellas. Las que recibieron la calificación más alta fueron el seguro de salud y otras prestaciones, un trabajo interesante, la seguridad laboral y la oportunidad de adquirir nuevas destrezas. Los ingresos altos estuvieron en la mitad de la lista, 20 puntos porcentuales por debajo del trabajo interesante.[6] Existe gran disparidad entre importancia y satisfacción, lo cual indica un plan de recompensas más multifacético e innovador que los simples incentivos económicos. En la tabla 12-1 aparecen las puntuaciones de toda la lista de características laborales.

Tabla 12-1
IMPORTANCIA DE LAS CARACTERÍSTICAS DEL CARGO Y DE LA SATISFACCIÓN EN EL TRABAJO

¿Cuánta importancia tienen para usted cada una de las características siguientes? ¿Cuán satisfecho está usted con su trabajo actual?

	Porcentaje de empleados que	
	lo calificaron como muy importante	**dijeron que están satisfechos**
Buen seguro de salud y otras prestaciones	81%	27%
Trabajo interesante	78	41
Seguridad laboral	78	35
Oportunidad de adquirir nuevas destrezas	68	31
Tener una semana o más de vacaciones	66	35
Poder trabajar de manera independiente	64	42
Reconocimiento de los compañeros	62	24
Horas normales (sin trabajar durante los fines de semana o de noche)	58	40
Desempeño de cargo en que uno puede ayudar a otros	58	34
Limitar el estrés en el trabajo	58	17
Altos ingresos	56	13
Trabajar cerca de la casa	55	46
Hacer un trabajo importante para la sociedad	53	35
Oportunidades de ascender	53	20
Contacto con mucha gente	52	45
Horario flexible	49	39

Fuente: Gallup Poll, Princeton, NJ, 1991. Reimpreso en Christopher Gaggiano, "What Do Workers Want?", *Inc.*, noviembre de 1992, pág. 101.

Obviamente, cuanto más reflejen las recompensas lo que es importante para los empleados, más eficazmente influirán en el desempeño. Los gerentes cometen un grave error cuando piensan que las recompensas y los incentivos económicos son la misma cosa.

Otro error común es evaluar los desempeños equivocados. Los sistemas de evaluación del desempeño suelen concentrarse exclusivamente en medidas de *producción*, como el número de transacciones o de llamadas telefónicas concluidas, y hacen caso omiso de las medidas relativas al *comportamiento*, como la reacción frente a los clientes y a los demás empleados. El producto del trabajo quizás sea más fácil de medir que un comportamiento, pero ése no es el punto. Los desempeños de servicio críticos para la ejecución exitosa de la estrategia central de la empresa son los que deben medirse y recompensarse. Evaluar los desempeños equivocados significa premiar los desempeños equivocados.

US West Communications solía evaluar a los representantes de servicios al cliente y a los asesores de crédito estrictamente basándose en criterios de productividad, tales como el número y la duración de las llamadas manejadas. Ese sistema de evaluación afectaba negativamente a la calidad y frustraba a los empleados. Winnie Nelson, gerente de calidad de servicio de esta empresa, comenta acerca del sistema:

> Esto hizo que el personal de primera línea se concentrara en cumplir las cifras para salir bien en las evaluaciones de desempeño, en lugar de asegurarse de que los clientes quedaran satisfechos con los resultados de sus llamadas. Perdimos muchísimo en ese proceso.[7]

US West todavía lleva cuentas de los datos de productividad, pero no los utiliza en las evaluaciones de desempeño. En las nuevas evaluaciones incluye la retroalimentación de los clientes.

En el capítulo 4 nos referimos a la importancia de las normas de servicio, los tipos y niveles de servicio explícitos que requieren los empleados a fin de satisfacer a los clientes e implementar la estrategia de la compañía. Las normas de servicio son los detalles específicos de la estrategia global, las definiciones del servicio extraordinario que les permiten a los empleados comprender sus funciones, juzgar su propio desempeño y ser evaluados eficazmente por sus superiores.

Las normas de servicio representan lo que es importante para los clientes, pero de una manera que tiene significado para los empleados; son la base de la evaluación del desempeño y de las retribuciones. Como dicen en un artículo Craig Eric Schneier y sus colegas: "Las compañías necesitan un proceso que les ayude a identificar y evaluar «lo que cuenta» — esas pocas actividades que llevan al éxito de las personas, los equipos, las unidades y la organización".[8] Las empresas de servicios extraordinarios enfocan sus evaluaciones y sus retribuciones sobre los factores críticos para el éxito.

La falta de una estrategia integrada de cambio — una estrategia para implementar la estrategia — es otro tropiezo común. Las evaluaciones y las retribuciones, aunque adecuadas, no pueden desarrollar de por sí una cultura y una capacidad de servicio sólidas. El liderazgo como motor de la mentalidad de servicio, junto con una información oportuna y pertinente que oriente las decisiones, además de la estructura, la tecnología, la contratación, la capacitación, la educación, el facultar a los empleados y el trabajo en equipo, todo ello debe converger con las evaluaciones y las recompensas a fin de implementar la estrategia de servicio. Si Sears aspira a mejorar la calidad material de su servicio de taller para automotores, no solamente necesita evaluaciones y retribuciones adecuadas sino también una estrategia integrada de cambio. La compañía ya ha tomado medidas positivas. Eliminó el cargo de asesor de servicio y ahora son los mecánicos quienes se encargan del diagnóstico y la reparación. La satisfacción del cliente se incorporó en el sistema de remuneración por desempeño.

Recompensar el desempeño de manera errada, evaluar y recompensar tipos equivocados de desempeño y depender excesivamente de las evaluaciones y las retribuciones para cambiar la organización son cosas que pueden contribuir a crear los problemas que Alfie Kohn relaciona con los incentivos. Pero todos ellos son problemas de ejecución. Las evaluaciones y las retribuciones por desempeño, debidamente manejadas, son esenciales para prestar un servicio superior.

PAUTAS PARA EVALUAR EL DESEMPEÑO

Para medir eficazmente el desempeño del servicio es necesario un proceso justo, acompañado de muchas mediciones, fuentes de información, simplicidad, evaluación individual y de grupo, y un enfoque en que todos participen. Una evaluación fundamentada en estos principios constituye la base de un sistema eficaz de retribuciones.

Poner énfasis en la equidad

La equidad es parte crítica del diseño de un sistema de evaluación del desempeño. Las personas evaluadas deben percibir que el sistema es justo. Un sistema injusto socava la credibilidad de la retroalimentación que él mismo genera y de las recompensas en las cuales influye. Lo más probable es que un sistema que tenga las características enumeradas a continuación sea percibido como justo:

- Los criterios de medición tienen relación directa con las normas de servicio. Hay concordancia entre las prioridades y las mediciones de las funciones de servicio.
- El personal de servicios controla su propio destino. Las mediciones son sensibles a su desempeño real.
- A los empleados de servicios se les brindó la oportunidad de aprender y practicar las destrezas y los conocimientos críticos para desempeñar el cargo con éxito.
- El personal de servicios ha aportado información sobre la conveniencia y la equidad de las evaluaciones. Ha tenido voz en el diseño y en la implementación del sistema.
- El sistema de evaluación se explicó eficazmente y se entendió bien.
- Las mediciones se realizan con regularidad a fin de minimizar el impacto de un solo encuentro de evaluación. El sistema no es sensible a los encuentros atípicos.
- La retroalimentación de las mediciones se emplea de manera positiva y constructiva para ayudarles a los empleados de servicios a mejorar su desempeño.
- Las mediciones son tan uniformes como es posible entre los grupos, de manera que las reglas son las mismas para las personas que realizan trabajos diferentes.
- Las múltiples mediciones y la información obtenida se utilizan para conformar una evaluación equilibrada, compensar las limitaciones de un solo método, y mostrar el desempeño desde distintos ángulos.[9]

Medir muchas veces y oír a varias fuentes de información

Los sistemas equilibrados de medición fomentan un desempeño equilibrado. El error de US West no fue medir la productividad, sino medir *solamente* la productividad. Así, la preocupación por la productividad predominaba en el servicio, con menoscabo de la calidad y la moral de los empleados. Los sistemas eficaces para medir el desempeño se basan en una combinación de mediciones. El paquete completo podría incluir la actitud de la persona que presta el servicio, su precisión, su productividad, su trabajo en equipo y su desarrollo de destrezas y conocimientos; en cuanto a las evaluaciones de grupo, se podrían incluir en ellas una calificación de la calidad del servicio, la conservación de los clientes, las ventas y las utilidades.

Xerox, ganadora del Premio Baldrige, utiliza seis valoraciones obligatorias para determinar si un gerente puede ser ascendido: satisfacción de los clientes, liderazgo a través de la calidad, resultados del negocio, gestión de los recursos humanos, trabajo en equipo y valores corporativos.[10] En Xerox, el alto desempeño en cada una de esas áreas franquea el camino hacia arriba. Los gerentes no pueden poner más énfasis en los resultados financieros que en la satisfacción de los clientes, ni darle más importancia a la satisfacción de los clientes que a los resultados financieros. Deben equilibrar todos los factores cruciales para el éxito de la compañía.

La información que proporcionan los clientes es fuente esencial de datos para evaluar el desempeño. Las encuestas transaccionales y los informes de los compradores de incógnito se pueden utilizar para evaluar la actitud de servicio de los distintos empleados o de las unidades, por ejemplo. También podrían utilizarse los datos internos de la compañía sobre la tasa de fallas en el servicio, los tiempos de respuesta, la pérdida de clientes, las ventas y las utilidades. También puede ser valiosa la información que aportan los compañeros, los asociados, los jefes y los subalternos. Hasta un tercio de la revisión de méritos de un empleado de Levi Strauss depende de las evaluaciones de los compañeros, los clientes y los subalternos. El desempeño del empleado lo evalúan por escrito dos veces al año seis a diez personas, quienes toman en cuenta factores de valor esencial para la compañía, como promover el trabajo en equipo y confiar en los demás, favorecer la diversidad, dar reconocimiento y recompensar a otros, comportarse con ética, comunicarse con eficacia y promover un ambiente en que los empleados estén facultados. Cada empleado puede sugerir los clientes o compañeros que pueden participar en la revisión, pero los gerentes escogen la lista definitiva de evaluadores.[11]

El sistema debe ser simple

Los sistemas de medición enredados o complicados no cautivan la atención de los empleados — uno de los principales objetivos de la evaluación del desempeño. La simplicidad es un rasgo fundamental, a pesar de utilizarse varias mediciones y diversas fuentes de información. El paquete de mediciones debe ser pequeño. Las seis valoraciones obligatorias para los gerentes de Xerox podrían ser el límite máximo. Los criterios de medición explícitamente definidos (por ejemplo, porcentaje de clientes que desertan por razones relacionadas con el servicio) son más simples que los criterios vagos (por ejemplo, buen servicio). Igualmente explícitas deben ser las fuentes de información — puntuaciones de los compradores incógnitos, encuestas mensuales a los clientes, encuestas de cuentas cerradas, encuestas sobre trabajo en equipo. También debe ser clara la importancia relativa de cada medición.

Un índice de medición del desempeño en el que se expliquen claramente las mediciones, los criterios, los pesos y las fuentes de información facilita la comunicación y la comprensión del sistema. También es benéfica la retroalimentación oportuna. Los informes frecuentes, como las puntuaciones mensuales sobre la calidad del servicio y los informes trimestrales de los compradores incógnitos, les permiten a los empleados de servicios llevar en gran medida la cuenta de su propio progreso. El sistema de evaluación es lo suficientemente simple cuando las personas que prestan el servicio no tienen que esperar hasta que se haga la revisión formal para saber cómo van.

Medir el desempeño individual y colectivo

Poniendo cada vez más énfasis en el trabajo en equipo y en los equipos de trabajo no se elimina la necesidad de medir el desempeño individual. Tanto las mediciones individuales como las colectivas son necesarias. El personal de servicios debe ser responsable de su propio desempeño y compartir la responsabilidad del desempeño de su unidad y de la organización. La falta de mediciones individuales oculta el mal trabajo de algunos empleados y el desempeño excelente de otros. La medición del desempeño es mucho más eficaz cuando los individuos saben que sus superiores sabrán cómo está desempeñando cada cual su trabajo.

También es de gran valor medir el desempeño del grupo de trabajo, trátese de un equipo, de un departamento o de una sucursal. Las evaluaciones colectivas estimulan el trabajo en equipo, incluida la enseñanza dentro del grupo. También desencadena la presión de grupo, la cual puede ser un factor de motivación muy poderoso. Imaginemos la siguiente situación: Una cadena de restaurantes de 300 unidades utiliza distintos enfoques de encuesta para medir la calidad del servicio de cada unidad. Entre sus recompensas, se cuenta una bonificación anual de US$10 000 para las unidades que tengan una puntuación superior a un nivel previamente determinado. La bonificación se distribuye entre todo el personal no administrativo. De acuerdo con este sistema, un camarero, la persona que recibe a los clientes en la puerta, o un cocinero, pueden recibir bonificaciones de US$500 o más. ¿Podría la presión del grupo tener peso en este sistema? ¿Una camarera que trabaja más de lo que le corresponde para complacer a los clientes tendría que decirle algo a una compañera con mala actitud de servicio y que se esfuerza poco? Combinar las evaluaciones y las retribuciones individuales y colectivas es algo que puede contribuir poderosamente a la cultura de un restaurante en esas condiciones.

Incluir a todo el mundo

Todos los empleados prestan un servicio. Todo el mundo sirve a clientes internos o externos, y la calidad del servicio interno afecta a la calidad del servicio externo. La calidad del servicio debe ser parte de la evaluación del desempeño de todos y cada uno de los empleados. Nadie debe quedar por fuera. Ni el presidente, ni el personal de las oficinas principales, ni la gerencia media, ni el personal de servicio interno, ni el personal de servicios de primera línea. Excluir a alguien de las evaluaciones del desempeño relacionado con la calidad del servicio menoscaba la calidad del servicio como ancla de la cultura. Por ello la práctica de Roberts Express de incorporar las calificaciones de los clientes como parte del plan de bonificación de todo el mundo es una lección importante. En Roberts Express, el cliente final les pertenece a todos los miembros de la organización.

PAUTAS PARA RECOMPENSAR EL DESEMPEÑO

Un buen sistema de evaluación del desempeño facilita un buen sistema de recompensas. Los sistemas de recompensas no servirán para orientar a la compañía en la dirección correcta si falta información adecuada sobre quién merece ser recompensado y quién no. Basado en sólida información, un buen sistema de recompensas se concentra en la excelencia, se vale de muchos elementos de refuerzo y reconoce el desempeño tanto del individuo como del grupo.

Recompensar la excelencia

Para construir una cultura de logro es necesario diferenciar entre *pago por idoneidad* (pagar por hacer el trabajo) y *recompensar por desempeño* (reconocimiento especial por un trabajo sobresaliente). El pago por idoneidad es estable y se recibe a cambio de un desempeño aceptable. Las recompensas por desempeño son variables y se ganan mediante logros excepcionales. Lo más probable es que las recompensas reservadas para los logros genuinos, para la excelencia, estimulen un desempeño superior.

La mayoría de los cargos de servicio son de alto contenido discrecional, tal como lo expusimos en el capítulo 2. La persona que presta el servicio es quien decide en gran medida cuánto cuidado y energía pone en su trabajo. En este aspecto, los empleados de servicios se parecen a los voluntarios. Una buena parte de este libro explica lo que las compañías deben hacer para operar a un alto nivel de esfuerzo discrecional. Un paso importante es ir más allá del pago por idoneidad y premiar la excelencia. Las compañías de servicios extraordinarios recompensan a los empleados que "trabajan intensamente por iniciativa propia".

Es cada vez mayor el número de empresas que adoptan planes orientados hacia el desempeño, como la participación en los beneficios, las comisiones, las bonificaciones, la participación en las utilidades, y las opciones de compra de acciones. En un estudio realizado por Coopers y Lybrand en 1993, aproximadamente la tercera parte de las compañías de la muestra indicaron que estaban considerando nuevos planes de pago por desempeño. Cerca de la mitad de este grupo informó que los planes se pondrían en marcha en 1994.[12]

Los planes tradicionales de aumentos salariales escalonados no inspiran un esfuerzo discrecional significativo. Desde luego que algunos empleados harán ese esfuerzo, pero no a causa del plan de remuneración. El pago al cual se tiene derecho no fomenta el deseo de mejorar, de hacer más, de estirarse. Eso se logra premiando la excelencia. Los altos ejecutivos de las organizaciones toman nota del desempeño superior, y lo aprecian; el hecho de ser notado y apreciado satisface una necesidad profunda.

¿Cuál es la mejor manera de retribuir un desempeño excelente? Los empleados tienen las respuestas. Un primer paso fundamental para diseñar el sistema de recompensas es preguntarles a los empleados qué consideran ellos equitativo y qué estimula un desempeño excelente. Un paso crítico complementario, una vez que los empleados hayan experimentado el nuevo sistema, es preguntarles cómo se puede mejorar.[13] En una encuesta de Wyatt Data Services sobre remuneración variable, la calificación para la eficacia de los planes de remuneración fue mucho más alta cuando los representantes de los grupos consultados habían contribuido a establecer las metas del plan.[14] En una encuesta de American Compensation Association sobre el mismo tema, los planes diseñados e impuestos por la oficina principal generaban menos trabajo en equipo y más altos costos que los desarrollados por grupos especiales de empleados.[15]

Utilizar diversas recompensas

El sistema de recompensas más eficaz es aquél en que se combinan los premios en dinero, el avance profesional y el reconocimiento no financiero. Cada componente desempeña un papel diferente, y su combinación creativa puede generar efectos asombrosos.

Premios en dinero. Como lo indican los estudios, la remuneración en sí no inspira a muchos empleados. Por supuesto que un sueldo alto es mucho mejor que uno bajo; además, el sueldo alto vinculado a los logros y combinado con otras recompensas puede estimular a los empleados a luchar por la excelencia.

Los empleados suelen considerar su remuneración como un barómetro de lo que valen para la gerencia. Un buen sueldo significa respeto. Un mal sueldo significa lo contrario. Comunicarles respeto a las personas que hacen un trabajo importante y se realizan en su cargo es vital para crear una cultura centrada en el servicio. Ésta es una de las principales razones por las cuales las compañías excelentes generalmente pagan bien. El potencial de la remuneración por idoneidad y desempeño no solamente ayuda a las empresas a competir por talento sino que les ayuda a competir por logros una vez contratado el personal; también les ayuda a las empresas a conservar a sus mejores empleados.

Los asesores de servicio de De Mar tienen un potencial ilimitado de ganar dinero, basado en los ingresos que generan, en la confiabilidad de su servicio (no se les paga por tener que repetir un trabajo), y en la satisfacción de sus clientes, entre otros factores. Están entre los mejores pagados de su industria.

Mary Kay Cosmetics ha hecho millonarias a más mujeres que cualquier otra compañía en el mundo. El sistema de remuneración es simple y generoso — y se basa en el desempeño. Las vendedoras zonales le compran sus productos directamente a la compañía, en efectivo, con tarjeta de crédito o con cheque de gerencia. Compran la mercancía con una rebaja del 50 al 60% sobre el precio de venta al público. El descuento se fija de acuerdo con la cantidad del pedido. Una compra al por mayor de US$400 tiene un valor al por menor de US$800. Las directoras de ventas ganan comisiones adicionales por las ventas de las personas que hayan reclutado personalmente y de las vendedoras de sus unidades. Mary Beth Slattum, directora de ventas, comenta: "Nos pagan muy bien. En muchísimas otras empresas, el dinero es para los de arriba. En Mary Kay nos pagan de conformidad con nuestra contribución".

Star Furniture, empresa comercial de gran éxito con sede en Houston, solía pagarles jornal por horas a los conductores de sus camiones repartidores. Los conductores trabajaban con frecuencia horas adicionales remuneradas. No tenían un incentivo para mejorar la calidad o la productividad de su trabajo. Entonces Star cambió su sistema por el de comisiones para pagarles a los conductores el 1% del valor de la carga al por menor entregada y aceptada por los clientes. Así, los conductores tenían un incentivo para trabajar con eficiencia y eficacia. Pero también debían pagarle a la compañía el doble de su comisión en caso de dañar los muebles, y estaban autorizados para rechazar muebles que no estuvieran perfectos antes de subirlos al camión. El nuevo plan de remuneración funcionó. El presidente Leonard Gaby afirma: "Antes, los conductores trataban de cargar el menor número de muebles posible y hacer que el camión pareciera lleno. Ahora dicen: 'Entrégueme 30 metros cúbicos, y yo me encargo de manejarlos'".

Avance profesional. Recompensar el desempeño excelente en servicio con medidas para impulsar a los empleados en su carrera es uno de los pilares culturales más importantes que puede tener una empresa. Los empleados necesitan saber que con su desempeño excelente le apuestan a una carrera profesional. Los mejores empleados de servicios necesitan progresar más rápidamente que otros empleados, y el vínculo entre la calidad del servicio y el avance en la carrera debe quedar claro. Pagarles más a las personas sobresalientes *y* hacerlas progresar en su carrera es una combinación poderosa. Y si a la mezcla se agrega el reconocimiento no financiero, la tentación de "trabajar intensamente por iniciativa propia" será enorme.

Las empresas con oportunidades limitadas de ascenso podrían pensar en avances dentro del cargo. Así, un banco podría crear tres niveles de representantes de servicio al cliente, cada uno con distintas oportunidades de adquirir destrezas y educación, mayor potencial de ingresos y responsabilidades más amplias.[16]

A quienes demuestren un desempeño superior se les podría recompensar incluyéndolos en un programa de avance acelerado, con nombramientos en comités y grupos importantes, invitaciones para dar cursos en la compañía, y seleccionándolos para cursos avanzados de capacitación o educación. Recordemos lo que los empleados preferirían a cambio de US$5 000 de salario adicional: la posibilidad de ascender y la oportunidad de aprender el negocio. Como lo expresa el consultor George Rieder, "la seguridad de los nuevos empleados en el mundo turbulento de los negocios está en adquirir más destrezas e idoneidad".

Reconocimiento no financiero. La remuneración adicional y el avance profesional acelerado son maneras poderosas de premiar la excelencia. Pero también lo es una palmadita en la espalda dada en público. El reconocimiento auténtico comunica respeto, gratitud y admiración; los efectos pueden ser profundos. Los empleados honrados con este tributo saben que forman parte del equipo, que la gerencia se interesa lo suficiente como para agradecerles. Los empleados que ven a sus compañeros ser objeto de honores desearán recibirlos también, algún día.

Bank One Texas Trust Division otorga anualmente el Premio Richard M. Hart a la Calidad a un empleado cuyo desempeño sea testimonio del compromiso de la división con el servicio excelente. Los nombres de los candidatos se someten a la consideración de un comité de selección. El premio más prestigioso de la división lo entrega el señor Hart, presidente fundador, delante de los compañeros del ganador, quien no estaba enterado de haber sido el escogido. El premio se entrega junto con una bonificación de US$2 500 en efectivo, una placa y un día libre remunerado. Jackie Salazar, asistente administrativa, recibió el premio en 1991. Durante una entrevista hecha en 1993 dijo:

"Cuando hablo de ese momento, todavía sudo. Y fue hace ya dos años. Es lo más emocionante que me ha sucedido en la vida. Todavía no lo creo".

Milliken & Company practica fervientemente el reconocimiento personal. Esta empresa industrial ganadora del Premio Baldrige utiliza cuatro plataformas de reconocimiento:

- Frente a la alta gerencia, por ejemplo, con jornadas de participación, presentación de héroes.
- Al frente de las oficinas, por ejemplo, con estacionamiento reservado con el nombre del ganador en sitio visible.
- Al frente del departamento, por ejemplo, con los colegas reunidos en un área designada para presenciar las presentaciones.
- Al frente de la persona, por ejemplo, con tableros de puntuaciones colocados cerca de su escritorio.

Noche de premiación en Mary Kay. Mary Kay Comestics combina maravillosamente todas las formas de retribución, en forma tan brillante que merece su propia sección en este capítulo. No hay otra compañía que sepa celebrar tan bien la excelencia como Mary Kay Cosmetics.

Como se expuso en el capítulo 2, Mary Kay atrae a miles de vendedoras zonales y directoras de ventas a su "seminario" anual en Dallas. El punto culminante de la reunión es la "Noche de Premiación". Éstas son mis impresiones acerca de la Noche de Premiación del Seminario Ruby en julio de 1993:

> En el gran salón caben 8 000 personas. Pero esta noche el espacio es insuficiente. Hay otras 3 000 personas en otro salón viendo el suceso en pantallas gigantes de televisión. La celebración comienza puntualmente a las 7:00 P.M. y termina pasada la medianoche.
>
> El seminario Ruby es uno de cuatro celebrados todos los veranos para poder recibir a todas las personas de Mary Kay Cosmetics que deseen asistir — 36 000 este año.
>
> Comienza el espectáculo. Canto, baile, luces. El escenario brilla. Es como Las Vegas, pero mejor.
>
> Mary Kay Ash, fundadora de la empresa, sale al escenario.

La gente enloquece. Se respira amor en el aire. El lazo emocional entre Mary Kay Ash y la multitud es extraordinario. Cuando finalmente se hace silencio, Mary Kay Ash dice: "Deseo que fijen sus metas de tal manera que si no suben al escenario esta noche, lo puedan hacer el año próximo". El público enloquece de nuevo.

Hay 8 000 mujeres rebosantes de entusiasmo reunidas en un solo sitio. Esto sí que es motivación verdadera. Éste es el producto genuino.

Mary Kay Ash y el presidente de la compañía, Larry Harley, presentan a las directoras nacionales de ventas, cada una de las cuales recibe una rosa, un certificado enmarcado y un beso de Mary Kay. Se enumeran los logros de cada directora. Después vienen las integrantes del "Círculo Interior". Son personas que ganaron un mínimo de US$250 000 el año anterior. Cada una de las premiadas puede escoger entre US$5 000 en efectivo o la oportunidad de comprar $5 000 en joyas.

Shirley Hutton es llamada al escenario. Ella ha ganado US$5 millones en Mary Kay, contando los US$800 000 del año anterior. Durante toda la velada se hacen referencias frecuentes a las "millonarias de Mary Kay".

Después viene la presentación de la primera "Reina de la Corte". Del piso del escenario surge un trono, y se presentan las finalistas. Sandy Mann es la segunda finalista para "Reina de las Ventas Personales". Se le entrega un abrigo de mink delante de todo el mundo. Luego se anuncia a la ganadora, Clyneice Ledbetter. El público enloquece — otra vez. Todas aplauden rítmicamente. Clyneice es coronada y ocupa el trono. Mary Kay dice: "Es la décima cuarta vez que Clyneice sube al escenario, y la primera que ocupa el trono". Clyneice responde: "Mary Kay cambió mi vida". Mary Kay Ash hace un comentario personal acerca de cada integrante de la corte de la reina. El toque personal es notable.

Es hora del baile, y la música es de los años 60. Un joven fornido en vestido de baño salta al escenario, girando al ritmo de la música de los Beach Boys. El público enloquece — de nuevo. En la Noche de Premiación de Mary Kay, los símbolos sexuales son los hombres, no las mujeres. El público aplaude al son de canciones como "Born to be Wild" y "Leader of the Pack". Muchas bailan en los pasillos. Se siente una alegría *auténtica*.

Después viene el reconocimiento para la "Reina del Reclutamiento". El público honra a la ganadora Davorah Saleck poniéndose de pie para aplaudirla cuando Mary Kay Ash le pone la corona. En su discurso de aceptación, Davorah dice: "Muchas gracias. Ustedes están viendo el éxito súbito de catorce años de trabajo. El año pasado ocupé el quinto lugar y estuve cerca del abrigo de piel. Estaba decidida a ir más lejos este año". Mary Kay agrega: "Estoy llena de orgullo".

Se anuncian los nombres de las integrantes del Club de las Millonarias de Mary Kay, y ellas se levantan entre el público. Las nuevas integrantes suben al escenario. Para ser miembro del Club es necesario haber obtenido ingresos por un millón de dólares. Las nuevas millonarias dicen unas breves palabras acerca de cómo comenzaron, cuán asombradas están de su éxito, cómo utilizaron el dinero para comprar casa nueva, cuidar de sus padres o comprar algo especial para los hijos o los nietos. Es un momento muy inspirador, durante una velada llena de inspiración.

Coronan a otra reina. Es Judy Caraway, la primera generadora de ventas personales entre todas las asesoras de ventas (no directoras) de la categoría Ruby. Judy recibe un trofeo, un anillo de diamante, un reloj de pulsera y su corona. "Deseo agradecerle a Mary Kay esta oportunidad. No existe otra dama tan hermosa como ella", afirma Judy. "Todas te amamos, Mary Kay", agrega.

Y así continúa la noche. Más entretenimiento, y muchos más premios. Antes de concluir la celebración, más de mil mujeres habrán subido al escenario para recibir tributo ante sus compañeras. Es una fiesta de gala rebosante de magia, dicha y motivación durante la cual tanto las personas que fueron premiadas como las que no lo fueron contraen mentalmente sus compromisos consigo mismas para "el año próximo".

Muchas empresas tienen noches de premiación. ¿Por qué son tan poderosos los efectos de la noche de premiación de Mary

Kay Cosmetics? La respuesta está en su autenticidad. La noche de premiación es una versión amplificada de la forma en que la empresa hace negocios día a día. Esta compañía celebra el hecho de brindarles oportunidades a las mujeres y les prodiga diariamente con respeto, inspiración y confianza. Es una empresa fundada por una mujer notable, convencida de que cualquier mujer puede llegar a ser notable con sólo proponérselo. Mary Kay Ash les envía por correo 5 000 notas personales a las integrantes de la fuerza de ventas todos los meses. Los Cadillacs rosados son sólo una pequeña parte de una empresa que depende en gran medida de los premios en dinero y en especie, de las alabanzas, del respeto, de la espiritualidad y del amor para convencer a miles de mujeres de que aspiren a algo más alto. De las entrevistas con las directoras de ventas justo antes de la Noche de Premiación, aprendimos lo siguiente:

Mona Holte Butters: "Estando en ese auditorio, uno se contagia de la esperanza, de la ilusión".

Jessie Logan: "Cuando uno está entre toda esa gente, piensa: «Yo puedo hacerlo». Hay personas más jóvenes, otras de más edad, de pueblos pequeños y de ciudades grandes. Todas ellas han tenido éxito. Mary Kay fue muy inteligente al darse cuenta de que trabajaríamos más por el reconocimiento y por los premios que por el dinero".

Nancy Moser: "Mary Kay ofrece esta fiesta para nosotras. Nos hace subir al escenario para agradecernos. La última vez que aplaudieron calurosamente a un grupo grande de mujeres fue en la ceremonia de graduación de la escuela secundaria. Mary Kay comprendió esto, y construyó su compañía, alrededor de ese concepto".

Recompensar los logros colectivos

Los sistemas de recompensas deben reflejar la naturaleza colaborativa de la calidad del servicio. Mary Kay Cosmetics utiliza las recompensas individuales para su fuerza de ventas porque ésta está constituida por contratistas independientes que trabajan desde sus casas. Sin embargo, en sus oficinas principales y en sus fábricas, Mary Kay Cosmetics utiliza las estructuras de equipo y los incentivos (véanse el capítulo 6 y la figura 6-1).

Cuanto más importante sea el trabajo en equipo para prestar bien un servicio, más importante será recompensarlo. Reforzar el trabajo en equipo no significa acabar con las recompensas individuales. El hecho de poner énfasis en el trabajo en equipo no necesariamente implica negar a las personas la oportunidad de destacarse. Los sistemas de recompensas en los cuales se combinan los premios individuales y los colectivos suelen producir los mejores resultados. Las recompensas individuales se dan como reconocimiento de un gran esfuerzo discrecional y de un desempeño superior; las recompensas colectivas celebran y refuerzan las realizaciones logradas en colaboración. La satisfacción interior que proviene de las realizaciones personales que contribuyen a los logros del grupo habla del gran efecto que se logra al combinar las recompensas individuales con las colectivas.

Patricia Zingheim y Jay Schuster, expertos en remuneración, defienden el pago colectivo variable para establecer concordancia entre las estrategias de remuneración y las metas de mejora de la calidad. El pago colectivo variable es un premio en efectivo por cumplir o superar las metas basado en el desempeño de un grupo de empleados. Los premios se crearon para resultados específicos logrados, y no se incluyen como parte del salario básico. El pago colectivo variable ofrece la flexibilidad de apuntar a determinadas metas a medida que cambian las necesidades de la empresa y los efectos unificadores de las recompensas compartidas. También es una manera de pasar la remuneración de la categoría de costos fijos a la de costos variables. Zingheim y Schuster dicen en un artículo:

> Tiene sentido emplear la remuneración para comunicar las metas y las evaluaciones que son necesarias para darle importancia a la calidad total. El pago colectivo variable es la herramienta ideal por su flexibilidad y su capacidad de responder a múltiples metas y evaluaciones y porque estimula la colaboración y el trabajo en equipo.[17]

Cuando Salomon Brothers trasladó su organización de apoyo administrativo de Nueva York a la Florida, realizó el programa "Teamshare" para permitirles a los empleados conservar el 10% de los ahorros obtenidos por encima de lo planeado. También reconocía a las personas de mejor desempeño. Creado para cumplir un propósito ocasional, el programa después pasó a ser un proceso continuo de incentivos.

En el estudio de Wyatt Data Services acerca de la eficacia de los planes de remuneración variable, los incentivos para grupos pequeños y los incentivos individuales ocuparon el primero y el segundo puestos entre los ocho planes de remuneración estudiados. Los planes para los grupos pequeños también tuvieron la calificación más alta de eficacia frente a 11 de las 15 metas específicas de remuneración, tales como "establecer un vínculo más estrecho entre la remuneración y el desempeño", "aumentar la productividad", "comunicar los objetivos empresariales", "fomentar el trabajo en equipo" y "mejorar la satisfacción de los clientes".[18]

Los incentivos para grupos pequeños pueden complementarse con incentivos generales para el desempeño, tales como participación en las utilidades, programas de compra de acciones, y opciones de compra de acciones. Los sistemas de recompensas desempeñan un papel fundamental en lo que se refiere a crear un sentimiento de pertenencia entre los empleados, y la participación de todos los empleados de la compañía en los riesgos y las recompensas contribuye directamente a este objetivo. El plan Bean Stock de opciones para adquirir acciones de Starbucks Coffee Company, mencionado en el capítulo 8, ilustra las posibilidades de hacer que incluso los trabajadores de media jornada sean literalmente dueños de la compañía. Como dicen en un artículo Henry Kravis y George Roberts:

> No hay nada como el sentimiento de propiedad para concentrar la atención de los empleados en el bien de la organización. Por lo tanto, en nuestra opinión, la propiedad debe comenzar directamente arriba, con los directores y los altos gerentes, y continuar por toda la organización hasta abarcar a la gerencia media o a toda la fuerza laboral.[19]

El espíritu de las pautas para recompensar el desempeño en servicio presentadas en este libro se resume de manera conceptual en la figura 12-1: Premiar la excelencia, utilizar múltiples recompensas, premiar el logro colectivo. En la base está la remuneración por idoneidad, que es el fundamento de las recompensas por desempeño — bonificaciones económicas, avance profesional y reconocimiento no financiero del logro superior para los individuos, los grupos y la compañía. El reconocimiento del desempeño de la compañía se incluye en las retribuciones individuales y colectivas por el orgullo y el placer que los miembros de la organización experimentan cuando a ésta le rinden tributo de admiración por su excelencia. La figura 12-1 está diseñada para comunicar deliberadamente que son más importantes las recompensas por el desempeño que el pago por la idoneidad. El sueldo al cual se tiene derecho no es el camino que lleva a la excelencia; la realización personal y el desempeño colectivo crean el camino.

Figura 12-1
RECOMPENSAR EL DESEMPEÑO SUPERIOR INDIVIDUAL Y COLECTIVAMENTE

	Desempeño individual	Desempeño del grupo	Desempeño de la compañía
Recompensas por el desempeño	• Financieras • Avance profesional • Reconocimiento personal	• Financieras • Reconocimiento del grupo	• Financieras • Reconocimiento de la compañía
Remuneración por idoneidad	Remuneración básica		

RESUMEN

La evaluación del desempeño y las recompensas contribuyen a generar un clima de realización al prestar un servicio extraordinario. El personal de servicios sabe que será evaluado de acuerdo con la forma en que desempeñe su función y que vale la pena desempeñarla bien. La evaluación del desempeño y las recompensas por servicio deben ser parte de una estrategia integrada de recursos humanos encaminada a implementar la estrategia global de servicio. Las evaluaciones y las recompensas que son apropiadas para una compañía pueden no serlo para otra.

Las evaluaciones deben incluir los comportamientos y los resultados que tienen importancia crítica para prestar un servicio excelente. Las recompensas deben estimular esos comportamientos y esos resultados. Las recompensas auténticas propician y celebran la excelencia; la remuneración básica y las recompensas por el desempeño son conceptos diferentes.

Los sistemas de evaluación eficaces son equitativos, se basan en múltiples evaluaciones y fuentes de información, son simples y comprenden todos los aspectos. Miden el desempeño tanto a nivel individual como colectivo. Los sistemas eficaces de recompensas se concentran en el desempeño superior, utilizan múltiples recompensas combinadas y reconocen los logros del individuo y del grupo.

Las preguntas siguientes son útiles al analizar el enfoque de evaluación y recompensas de una empresa.

1. *¿Nuestros empleados se sienten personalmente responsables de su desempeño en servicio?* ¿Saben cómo se evalúa su desempeño en el trabajo? ¿Saben por qué? ¿Creen que su nivel de desempeño influye en la compañía?
2. *¿El servicio superior es parte de la cultura de nuestra compañía?* ¿Se interesan las personas que prestan servicios por dar lo mejor de sí mismas? ¿Se esfuerzan por mejorar?
3. *¿Estamos logrando sinergía esencial en la evaluación del desempeño y las recompensas?* ¿Concuerdan las mediciones con

las retribuciones? ¿Están en armonía con otras prácticas de recursos humanos? ¿Encajan en nuestra estrategia?

4. *¿Los empleados toman parte en el diseño y en la implementación de los sistemas de evaluación del desempeño y recompensas?* ¿Los empleados tienen voz en un sistema tan esencial para su bienestar y su moral? ¿Consideran ellos que el sistema de evaluación y recompensas es justo y eficaz.
5. *¿Empleamos múltiples evaluaciones del desempeño?* ¿Evaluamos el desempeño desde diferentes ángulos? ¿Fomentamos un desempeño equilibrado consecuente con nuestras aspiraciones como compañía?
6. *¿Utilizamos múltiples tipos de recompensas?* ¿Utilizamos, en combinación, recompensas en dinero, en avance profesional y recompensas no financieras? ¿Reconocemos el poder del reconocimiento personal a los empleados, como elogios y recompensas en público?
7. *¿Es claro nuestro sistema de evaluación del desempeño y recompensas?* ¿Es fácil de comprender y utilizar, incluso con las múltiples evaluaciones y recompensas? ¿Pueden nuestros empleados determinar cuán bien lo hacen ellos en el sistema?
8. *¿Nuestro sistema de evaluación y recompensas estimula la excelencia individual y colectiva?* ¿Estamos aprovechando los frutos del esfuerzo individual de la energía colectiva?

CAPÍTULO 13

EL ARTE DEL SERVICIO EXTRAORDINARIO

En el decenio de los 90, las compañías compiten sobre la base del valor. La calidad del servicio es parte integral del proceso de proporcionarles valor a los clientes. El valor es el beneficio que los clientes obtienen por las molestias que deben soportar. La calidad del servicio es un factor fundamental en la ecuación del valor porque aumenta los beneficios y reduce las molestias.

Los clientes han comenzado a exigir buen rendimiento sobre su inversión en tiempo, dinero y esfuerzo. Los beneficios que buscan comienzan con la idoneidad, pero no terminan con la idoneidad. Los clientes exigen, además, conveniencia, respeto, interés e integridad, ante lo cual, las empresas también hacen considerables inversiones para crear valor y satisfacer esas exigencias de los clientes.

La calidad del servicio forja relaciones — con los clientes, con los empleados y con otras partes interesadas en el negocio. Las compañías de servicios extraordinarios cultivan esas relaciones mutuamente benéficas.

Los clientes con quienes hay una relación compran más, son más fieles, y a los demás les hablan de la compañía y la elogian con entusiasmo. Desarrollan un apego a la compañía, y ésta se convierte en una aliada.

Los empleados con quienes hay una relación trabajan con más ahínco y con más inteligencia. Se interesan por la empresa y por el futuro y el destino de ella. El negocio se convierte en un negocio de ellos.

Las compañías que forjan relaciones apuestan su supervivencia a esos compromisos. Los directivos tienen puesto su interés en los clientes, en los empleados y en sí mismos. Aman el negocio y lo demuestran. Valoran a la gente y ven a la compañía como catalizadora para transformar vidas. Apoyan, orientan y alientan a todos los que participan en el proceso de crear un servicio de calidad. Celebran la alegría de vivir su integridad.

El servicio extraordinario es *servir*. Es definir metas mutuamente benéficas y mostrar confianza durante todo el proceso para lograrlas. Es esforzarse por mejorar la calidad de la vida creando un entorno de trabajo que sea significativo para los empleados, y entregándoles un auténtico producto de servicio a los clientes.

El servicio extraordinario es una estrategia de rentabilidad. Es una estrategia de rentabilidad porque diferencia a la compañía de sus competidoras, fomenta las referencias favorables de los clientes y alienta a los clientes a abandonar a los proveedores mediocres y a consolidar la compra. También conduce a menos clientes perdidos, menor rotación de los empleados, mayor productividad, menos errores de servicio y, muy probablemente, precios más altos a causa del mayor valor. Las docenas de compañías mencionadas en este libro por su excelencia en servicio son, como grupo, altamente rentables. No es por coincidencia. El servicio excelente mejora el desempeño financiero.

Prestar un servicio excelente es más agradable para los empleados que prestar un servicio aceptable. La excelencia en servicio requiere mucho esfuerzo, pero el esfuerzo no es lo que entorpece el trabajo; lo entorpece el trabajo aburridor, el trabajar sin tener el sentido de una misión, sin la oportunidad de aprender y crecer, y sin las posibilidades de tener éxito y de sentirlo. Las compañías de servicios extraordinarios construyen una cultura de realización... y la realización en el trabajo es gratificante.

El servicio extraordinario no es un sueño imposible. Tenemos empresas modelo en todas las industrias, compañías cuyos ejemplos marcan el derrotero. Parte de la investigación para este libro consistió en identificar a algunas de esas compañías y aprender sus lecciones. Estas lecciones se fusionan con toda una carrera de dedicación al estudio de las empresas de servicios a fin de producir un marco para mejorar el servicio, un esquema para su implementación. La mayoría de los gerentes actuales saben que la calidad del servicio es importante para el desempeño y el futuro de sus empresas. Si no lo saben es porque han pasado los últimos diez años en una cueva. El problema principal hoy no es si se debe mejorar el servicio, sino cómo hacerlo. Este libro es mi respuesta a la segunda pregunta.

El servicio extraordinario se crea. El capítulo 1 presenta el marco, el cual se desarrolla en todos los capítulos subsiguientes. Cada uno de los componentes del marco es crucial; si falta solamente uno de ellos, se limita el potencial para alcanzar la verdadera excelencia.

El servicio extraordinario es liderazgo en toda la organización. Es un ideal al cual vale la pena adherirse, con normas excepcionalmente altas y una energía espiritual impulsada por valores esenciales.

El servicio extraordinario es creer profundamente en el potencial de los empleados para llegar a ser excepcionales. Es creer en la capacidad que tienen las personas de ascender, crecer y desarrollarse, interesarse por la excelencia, convertirse en modelos y maestros para los demás integrantes de la organización, atender a los clientes como si su vida dependiera de eso.

El servicio extraordinario es una actitud. Es un esfuerzo extra, un esmero extra. Es hacer bien las cosas pequeñas, utilizar los detalles para ser diferentes, luchar por la perfección. Es servir a un cliente a la vez, escuchar atentamente, interpretar lo que no se dice, tanto como lo que se dice, y hallar la manera de proporcionar valor, de complacer al cliente en el instante.

El servicio extraordinario es tener una razón de ser. Es una estrategia clara de servicio que se convierte en una misión, en una vocación, en un viaje con un propósito alto. Es un propósito que mueve el espíritu humano, un propósito que se convierte en compromiso.

El servicio extraordinario es un enfoque integrado para el mejoramiento continuo. Es un rompecabezas cuyas piezas encajan perfectamente. Es invertir en la tecnología que es correcta para la estrategia y correcta para la misión, no simplemente invertir en tecnología moderna para estar tecnológicamente bien. Es contratar a las personas apropiadas para la compañía, no sólo contratar buen personal. Es crear una estructura para implementar la estrategia, no inclinarse ante lo que esté de moda. El servicio extraordinario es una forma holística de pensar.

El servicio extraordinario es tomar decisiones con conocimiento de causa. Es saber lo que es importante para los clientes, para los que no son clientes, para los empleados y para otras personas interesadas. Es saber cuán bien está prestando los servicios la compañía. Es saber qué está sucediendo, por qué, y qué debe hacerse.

El servicio extraordinario es cumplir la promesa del servicio. Es poner énfasis en la precisión y en la confiabilidad. Es diseñar inteligentemente el sistema de servicio, buscando las vulnerabilidades para reducirlas. Es pasión por prestar el servicio correctamente la primera vez.

El servicio extraordinario es el elemento de la sorpresa agradable. Es hacer por el cliente lo que otras compañías no hacen. Es demostrar un compromiso poco común con el bienestar de los clientes. Es buscar la manera de provocar la admiración de los clientes.

El servicio extraordinario es respaldar el servicio. Es un sentimiento de urgencia cuando el sistema falla. Es corregir las cosas cuando salen mal para los clientes. Es asumir la responsabilidad total de lo que el cliente experimenta con la compañía. Es mirar más allá del valor de una sola transacción y esforzarse por conseguir un cliente para toda la vida.

El servicio extraordinario es jugar limpio. Es un campo de juego equitativo. Es ayudar a los clientes a tomar buenas decisiones de consumo. Es tratar a los clientes como a amigos. Es cumplir una norma que esté por encima de la ley al formular la política, la estrategia y la táctica. Es integridad.

El servicio extraordinario es invertir en el éxito de los empleados. Es invertir en tecnología que le ayude a la gente a desempeñar mejor su función. Es invertir en las destrezas y en los conocimientos de servicio de los empleados; en su confianza para servir y en su deseo de sobresalir. Es invertir en su realización personal.

El servicio extraordinario es crear un sentimiento de propiedad en la organización. Es conferir autoridad y responsabilidad de arriba hacia abajo en la organización. Es darles a los empleados de todos los niveles voz en cuanto a la manera de realizar su trabajo. Es ampliar el espacio para las soluciones de manera que los empleados de servicios sean "pensantes". Es compartir el liderazgo, la información, los frutos de la realización.

El servicio extraordinario es colaborar. Es un ambiente en el cual los empleados confían, se ayudan y se motivan mutuamente, y trabajan conjuntamente para un bien superior. Es comunicación abierta, sincera y frecuente dentro de la cadena o el equipo de servicio. Es trabajar en equipo al estilo antiguo.

El servicio extraordinario es inspiración para sobresalir. Es tener un gran sueño y perseguirlo sin tregua. Es dar de sí continuamente para hallar soluciones poco corrientes y establecer nuevos paradigmas. Es estar orgulloso, pero sin suficiencia.

El servicio extraordinario es arte. Es la gente, la información, el equipo y las instalaciones pero, por encima de todo, es un proceso creativo. Es el arte que mezcla todos esos ingredientes para crear un poco de magia. Es la creatividad, el compromiso y la pasión de todos los integrantes de la compañía.

Prestar un servicio extraordinario es difícil. Si fuera fácil, sería más común. Pero en todas las industrias hay personas y empresas reales que prestan servicios extraordinarios, como lo hemos visto en estas páginas. Podemos aprender de esas compañías.

Las lecciones de estos líderes y sus empresas — y de tantos otros líderes y compañías mencionados en este libro — nos ponen en el camino correcto, el camino que lleva a un servicio extraordinario, a un servicio con un poco de magia.

NOTAS

Capítulo 2. Cultivar el liderazgo en servicio

1. Lee Harkins, "Roadblocks to the Implementation of Quality," Presentation at the American Marketing Association Services Marketing Conference, Orlando, Florida, October 22, 1991.
2. Quoted in Leonard L. Berry, "Middle Managers Can Play a Key Role in Improving Service," *American Banker*, September 23, 1987, p. 4.
3. Daniel Yankelovich and John Immerwahr, *Putting the Work Ethic to Work* (New York: Public Agenda Foundation, 1983), p. 1.
4. See Peter F. Drucker, "The New Society of Organizations," *Harvard Business Review*, September-October 1992, pp. 95–104.
5. Warren Bennis and Burt Nanus, *Leaders: The Strategies for Taking Charge* (New York: Harper & Row, 1985), p. 92.
6. Robert Grudin, *The Grace of Great Things: Creativity and Innovation* (New York: Ticknor & Fields, 1990), pp. 74–75.
7. Grudin, p. 55.
8. William G. Pagonis, "The Work of the Leader," *Harvard Business Review*, November-December 1992, p. 119.
9. Peter F. Drucker, "Leadership: More Doing Than Dash," *The Wall Street Journal*, January 6, 1988.
10. *Boardroom Reports*, May 1, 1991, p. 15.
11. Robert Levering and Milton Moskowitz, *The 100 Best Companies to Work For in America* (New York: Currency Doubleday, 1993), p. 369.
12. *Productivity Views*, July-August 1993, p. 11.
13. Thomas Raffio, "Quality and Delta Dental Plan of Massachusetts," *Sloan Management Review*, Fall 1992, pp. 102–103.
14. "Book Reports Turn Managers On to Change," *Productivity Views*, July-August 1993, pp. 5–6.
15. Ron Zemke, "Mini-Baldrige Can Have Mini-Impact," *The Service Edge*, April 1993, p. 8.
16. Beth Summers, "Total Quality Management: What Went Wrong?" *The Corporate Board*, March-April 1993, p. 23.
17. The material in this paragraph is drawn from comments by Robert

Fisher at the meeting "Bridging the Service Quality Gap," held at Milliken & Co., Spartanburg, South Carolina, October 1, 1992.

18. "Executives Go Undercover to Test Service Quality," *The Service Edge*, March 1993, p. 5.
19. "Win the Great Game of Business with Shared Ownership and Financial Knowledge," *On Achieving Excellence*, August 1993, p. 10.
20. Levering and Moskowitz, pp. 38–39.
21. Levering and Moskowitz, p. 38.
22. Remarks by Tom Malone at the meeting "Bridging the Service Quality Gap," held at Milliken & Co., Spartanburg, South Carolina, October 1, 1992.
23. Malone, October 1, 1992.

Capítulo 3. Construir un sistema de información sobre la calidad del servicio

1. Julia Nufer, "Using 'Moment-of-Truth' Surveys," *The Marketing Research Report*, Maritz Marketing Research, Vol. 7, No. 3, n.d.
2. "21 Commandments of Customer Service Measurement," *On Achieving Excellence*, November 1991, p. 2.
3. "Focus On: Norrell Temporary Services," *The Service Edge*, April 1993, p. 5.
4. The basic SERVQUAL approach is described in Valarie Zeithaml, A. Parasuraman, and Leonard L. Berry, *Delivering Quality Service: Balancing Customer Perceptions and Expectations* (New York: The Free Press), 1990.
5. Frederick F. Reichheld and W. Earl Sasser, Jr., "Zero Defections: Quality Comes to Services," *Harvard Business Review*, September-October 1990, p. 304.
6. "Report Cards Measure and Improve Inside Services," *Productivity Views*, May-June 1992, pp. 2–3.
7. "Internal Service: How One Company Uses Pay Incentives to Create Enduring Change," *The Service Edge*, June 1993, pp. 1–3.
8. "Travel, Tea, Training for Top Customer Service, Treat Support Staff Like Royalty," *On Achieving Excellence*, October 1993, pp. 2–3.
9. Robert Levering and Milton Moskowitz, *The 100 Best Companies to Work For in America* (New York: Currency Doubleday, 1993), p. 397.
10. John A. Goodman, Scott M. Broetzmann, and Colin Adamson, "Ineffective—That's the Problem with Customer Satisfaction Surveys," *Quality Progress*, May 1992, p. 35.
11. To read more on desired and adequate service expectations, see Valarie A. Zeithaml, Leonard L. Berry, and A. Parasuraman, "The

Nature and Determinants of Customer Expectations of Service," *The Journal of the Academy of Marketing Sciences*, Winter 1993, pp. 1–12.

12. Bernard Chudy and Roger Sant, "Customer Driven Competitive Positioning—An Approach Towards Developing an Effective Customer Service Strategy," Taylor Nelson Business Services White Paper, 1993, p. 10.
13. Raymond E. Kordupleski, Roland T. Rust, and Anthony J. Zahorik, "Marketing: The Missing Dimension in Quality Management," *California Management Review*, Spring 1993, p. 87.
14. Brian S. Lunde, "When Being Perfect Is Not Enough," *Marketing Research*, Winter 1993, p. 26.
15. Eli Seggev and Denise Lapnow, "Management Uses of Customer Satisfaction Measurement Systems," a paper presented at the American Marketing Association's Services Marketing Conference, October 23, 1991.
16. As quoted in "Some Ways to Coddle Customers on a Budget," *The Service Edge*, September 1993, p. 4.
17. Interview with Peter F. Drucker, *Harvard Business Review*, May-June 1993, p. 120.

Capítulo 4. Crear una estrategia de servicio

1. James C. Collins, "In Pursuit of the Big Hairy Audacious Goal," syndicated newspaper column, May 24, 1993.
2. John E. Martin, "Change. Not If. But How." A presentation to the Center for Retailing Studies Retailing Symposium, Texas A&M University, Dallas, Texas, October 22, 1993.
3. Interview with Chip Bell, *The Service Edge*, January 1990, p. 8.
4. John E. Martin presentation.
5. Leonard L. Berry, Valarie A. Zeithaml, and A. Parasuraman, "Five Imperatives for Improving Service Quality," *Sloan Management Review*, Summer 1990, p. 30.

Capítulo 5. Comprometerse con los principios del servicio extraordinario

1. See Valarie A. Zeithaml, A. Parasuraman, and Leonard L. Berry, *Delivering Quality Service: Balancing Customer Perceptions and Expectations* (New York: Free Press, 1990) and Leonard L. Berry and A. Parasuraman, *Marketing Services: Competing Through Quality* (New York: Free Press, 1991).

2. Quoted in Tom Shedd. "UP's Quest for Quality," *Railway Age*, February 1992, p. 22.
3. Shedd, p. 22.
4. Quoted in "Illinois Power Probes the Big-Customer Psyche," *Electrical World*, June 1991, p. 34.
5. Ray Recchi, "It's the Math, Stupid," Knight-Ridder News Service, September 25, 1993.
6. Jane Kingman-Brundage, "Blueprinting for the Bottom Line," in *Service Excellence: Marketing's Impact on Performance* (Chicago: American Marketing Association, 1989), p. 26. This volume contains five papers on service mapping for readers interested in pursuing this subject.
7. G. Lynn Shostack, "Service Design in the Operating Environment," in William R. George and Claudia E. Marshall, eds., *Developing New Services* (Chicago: American Marketing Association, 1984), p. 35.
8. "Pushing the Customer-Service Envelope," *Inc.*, July 1993, p. 24.
9. Mary Jo Bitner, Bernard H. Booms, and Mary Stanfield Tetreault, "The Service Encounter: Diagnosing Favorable and Unfavorable Incidents," *Journal of Marketing*, January 1990, pp. 71–84.
10. Ron Zemke and Chip Bell, "Service Recovery: Doing It Right the Second Time," *Training*, June 1990, pp. 42–48.
11. Quoted in "Improving Service Doesn't Always Require Big Investment," *The Service Edge*, July-August 1990, p. 3.
12. See *Consumer Complaint Handling in America: An Update Study, Part II* (Washington, D.C.: Technical Assistance Research Programs and U.S. Office of Consumer Affairs, April 1986), pp. 34–41.
13. Linda M. Lash, "Complaints as a Marketing Strategy," *The Marketing Strategy Letter*, February 1993, p. 3.
14. "Dell's Customer Advocacy," *The Marketing Strategy Letter*, May 1993, pp. 6–8.
15. Roland T. Rust, Bala Subramanian, and Mark Wells, "Making Complaints a Management Tool," *Marketing Management*, Vol. 1, No. 3, 1992, pp. 41–45.
16. Ron Zemke, "The Perils of Aggressive Service Recovery," *The Service Edge*, June 1992, p. 8.
17. This story is told in the *On Achieving Excellence* newsletter, March 1994, p. 9.
18. "Multiple Measures Give Fed Ex its 'Good' Data," *The Service Edge*, June 1991, p. 6.
19. Sharon B. Schweikhart, Stephen Strasser, and Melissa R. Kennedy,

"Service Recovery in Health Services Organizations," *Hospital and Health Services Administration*, Spring 1993, p. 17.
20. "The Other Guy's Goof," *The Service Edge*, August 1992, p. 5.
21. See Linda Cooper and Beth Summer, *Getting Started in Quality* (Chicago: Consumer Affairs/Quality Department, The First National Bank of Chicago, 1990), p. 27.
22. Barbara Caplan, "The Consumer Speaks—Who's Listening?" *Arthur Andersen Retailing Issues Letter*, July 1993, p. 1.
23. Benjamin Schneider, "The Role of Needs in Service Quality," a presentation at the Managing Service Quality Workshop, Institute of Service Management, Manchester Business School, London, England, March 15, 1994.
24. Judith Graham, "Shoppers' Choice: Tattered Cover," *The Denver Post*, March 7, 1992, Business Section.

Capítulo 6. Organizarse para prestar un servicio extraordinario

1. Leonard L. Berry, "Improving America's Service," *Marketing Management*, Summer 1992, p. 35.
2. "Fedex Involved Employees in Redesigning Courier Appraisals," *Productivity Views*, May-June 1991, p. 8.
3. Claudia H. Deutsch, "Where the Cadre Sets the Pattern," *The New York Times*, June 30, 1991, Section F, p. 23.
4. Richard Y. Chang, "When TQM Goes Nowhere," *Training and Development Journal*, January 1993, p. 26.
5. Geary A. Rummler and Alan P. Brache, "Managing the White Space," *Training*, January 1991, p. 56.
6. Leonard L. Berry, Valarie A. Zeithaml, and A. Parasuraman, "Five Imperatives for Improving Service Quality," *Sloan Management Review*, Summer 1990, p. 34.
7. Jon R. Katzenbach and Douglas K. Smith, "The Discipline of Teams," *Harvard Business Review*, March-April 1993, p. 112.
8. Katzenbach and Smith, p. 112.
9. As quoted in Frank Rose, "A New Age for Business," *Fortune*, October 8, 1990, p. 162.
10. "The Renewal of a Service Organization," a presentation by AAL at the Productivity Forum, Work In America Institute, 1989 Spring Roundtable.
11. Jack Gordon, "Work Teams—How Far Have They Come?" *Training*, October 1992, p. 64.
12. Interview with William C. Byham, "Self-Directed Work Team Magic," *Boardroom Reports*, December 15, 1991, pp. 1 and 8.

13. Thomas A. Stewart, "Do You Push Your People Too Hard?" *Fortune*, October 22, 1990, p. 124.
14. "Integrated Sales Teams Boost Revenue in Recession-Weary U.K.," *On Achieving Excellence*, May 1992, p. 8.
15. Lakeland Regional Medical Center Internal Report, March 3, 1993.
16. Phyllis M. Watson, et al., "Operational Restructuring: A Patient-Focused Approach," *Nursing Administration Quarterly*, Fall 1991, pp. 50–52.
17. Katzenbach and Smith, pp. 114–115.
18. Katzenbach and Smith, p. 115.

Capítulo 7. Abrazar la tecnología

1. James L. Heskett, W. Earl Sasser, Jr., and Christopher W. L. Hart, *Service Breakthroughs—Changing the Rules of the Game* (New York: Free Press, 1990), p. 181.
2. Heskett, Sasser, and Hart, p. 183.
3. Gregory P. Hackett, "Investment in Technology—The Service Sector Sinkhole?" *Sloan Management Review*, Winter 1990, p. 97.
4. As quoted in an advertisement.
5. Hackett, p. 100.
6. Thomas Teal, "Service Comes First: An Interview with USAA's Robert F. McDermott," *Harvard Business Review*, September-October 1989, p. 126.
7. Frederick F. Reichheld, "Loyalty-Based Management," *Harvard Business Review*, March-April 1993, p. 66.
8. Faye Rice, "The New Rules of Superlative Service," *Fortune*, Autumn/Winter 1993, p. 52.
9. Rice, p. 53.
10. Christopher Lovelock, *Product Plus—How Product + Service = Competitive Advantage* (New York: McGraw-Hill, 1994), p. 267.
11. Leonard L. Berry and A. Parasuraman, *Marketing Services: Competing Through Quality* (New York: Free Press, 1991), p. 181.
12. Teal, p. 119.
13. Some of the data in this paragraph comes from Faye Brookman, "Innovative Chain Ranks No. 1," *Stores*, April 1993, pp. 21–23.
14. Blake Ives and Richard O. Mason, "Can Information Technology Revitalize Your Customer Service?" *Academy of Management Executive*, Vol. 4, No. 4, 1990, pp. 53–54.
15. Dave Zielinski, "Database Marketing: With Costs Down, More Use It to Pinpoint Promotions, Create Customer Bonds," *The Service Edge*, February 1994, p. 2.

16. Company correspondence, April 11, 1994.
17. As quoted in "Xerox Corp. and Milliken & Co. are this Year's Winners of the Malcolm Baldrige National Quality Award," *The Service Edge*, December 1989, p. 5.
18. "New Kids on the Block," from the report *Creating Value: The New Performance Model in Retailing*, 1993 Spring Management Conference, Management Horizons.
19. Tom Eisenhart, "Interactive Voice Response Used in Bid to Boost Customer Service," *Marketing News*, April 13, 1992, p. 3.
20. "The Appliance of Science Boosts Zanussi," *The Marketing Strategy Letter*, February 1993, pp. 18–20.
21. Simon Applebaum, "The Solution Channel," *Cablevision*, June 29, 1992, p. 26.
22. Lovelock, p. 275.
23. Robert Frank, "Federal Express Grapples with Change in U.S. Market," *The Wall Street Journal*, July 5, 1994, p. B3.
24. Lovelock, p. 271.
25. Myron Magnet, "Who's Winning the Information Revolution?" *Fortune*, November 30, 1992, p. 111.

Capítulo 8. Competir por talento

1. Leonard A. Schlesinger and James L. Heskett, "Breaking the Cycle of Failure in Service," *Sloan Management Review*, Spring 1991, p. 24.
2. Benjamin Schneider and David E. Bowen, "The Service Organization: Human Resources Management Is Crucial," *Organizational Dynamics*, Spring 1993, pp. 39–52.
3. See Valarie A. Zeithaml, A. Parasuraman, and Leonard L. Berry, *Delivering Quality Service: Balancing Customer Perceptions and Expectations* (New York: Free Press, 1990), Chapter 6.
4. Schlesinger and Heskett, pp. 17–18.
5. Leonard L. Berry and A. Parasuraman, *Marketing Services: Competing Through Quality* (New York: Free Press, 1991), p. 133.
6. Frederick F. Reichheld, "Loyalty-Based Management," *Harvard Business Review*, March-April 1993, p. 658.
7. See Andrew E. Serwer, "America's 100 Fastest Growers," *Fortune*, August 9, 1993, pp. 40–56.
8. As quoted in Matt Rothman, "Into The Black," *Inc.*, January 1993, p. 59.
9. Rothman, pp. 62 and 65.
10. Leonard L. Berry and A. Parasuraman, "Services Marketing Starts From Within," *Marketing Management*, Winter 1992, p. 27.
11. Bruce G. Posner, "Taming the Labor Shortage," *Inc.*, November 1989, p. 168.

12. Ron Zemke, "World-Class Customer Service," *Boardroom Reports*, December 15, 1992, p. 1.
13. "Market Leaders are Finding New Ways to Exceed 'Warm Body' Hiring Practices," *The Service Edge*, October 1992, p. 1.
14. Schlesinger and Heskett, p. 26.
15. As quoted in "Companies Striving to Find New Ways to Assess Prospective Managers' Service-Consciousness," *The Service Edge*, April 1994, p. 2.
16. Benjamin Schneider, "Lessons of Service Quality—A Service Culture Perspective," a presentation at the Managing Service Quality Workshop sponsored by the Institute of Services Management, Manchester Business School, London, England, March 14, 1994.
17. Philip E. Varca, "Power, Policy, and the New Service Worker," *Marketing Management*, Spring 1992, p. 20.
18. Stephan J. Motowidlo, Marvin D. Dunnette, and Gary W. Carter, "An Alternative Selection Procedure: The Low-Fidelity Simulation," *Journal of Applied Psychology*, Vol. 75, No. 6, 1990, pp. 640–647.

Capítulo 9. Desarrollar destrezas y conocimientos para servir

1. As quoted in Tom Cothran and Margaret Kaeter, "Pioneering Quality Training," *Training*, April 1992, p. 16.
2. James L. Heskett, "Lessons in the Service Sector," *Harvard Business Review*, March-April 1987, p. 121.
3. James L. Heskett, W. Earl Sasser, Jr., and Christopher W. L. Hart, *Service Breakthroughs: Changing the Rules of the Game* (New York: Free Press, 1990), pp. 199–201; and "ServiceMaster," *The Service Edge*, February 1992, p. 3.
4. Jeanne C. Meister, "New Employees: How to Help Them Start Strong," *Boardroom Reports*, January 1, 1994, p. 9.
5. "Job Autonomy Keeps Employees Happy, Customers Coming Back," *The Service Edge*, October 1993, p. 7.
6. Michael D. Hartline and O. C. Ferrell, *Service Quality Implementation: The Effects of Organizational Socialization and Managerial Actions on Customer-Contact Employee Behaviors*, Marketing Science Institute, Report Number 93–122, December 1993.
7. Kathleen S. Alexander, "Taking Responsibility for Service," *Arthur Andersen Retailing Issues Letter*, November 1991, p. 2.
8. This paragraph and the prior one are based on material in Leonard L. Berry and A. Parasuraman, *Marketing Services: Competing Through Quality* (New York: Free Press, 1991), pp. 159–160.
9. Leonard L. Berry, David R. Bennett, and Carter W. Brown, *Service*

Quality: A Profit Strategy for Financial Institutions (Homewood, Illinois: Dow Jones-Irwin, 1989), p. 160.
10. Source unknown.
11. Harry Bacas, "Make It Right for the Customer," *Nation's Business*, November 1987.
12. "Just-In-Time Training," *Boardroom Reports*, November 1, 1993, p. 11.

Capítulo 10. Facultar a los empleados para servir

1. Based on David E. Bowen and Edward E. Lawler III, "Employee Empowerment in Service Firms: Answering the Growing Questions," 1994 working paper.
2. As quoted by Roger J. Dow, Vice President Sales and Marketing Services, Marriott Hotels, in a presentation at the meeting "Bridging the Service Quality Gap," held at Milliken & Co., Spartanburg, South Carolina, October 1, 1992.
3. See Timothy W. Firnstahl, "My Employees Are My Service Guarantee," *Harvard Business Review*, July-August 1989, pp. 28–34.
4. Timothy W. Firnstahl, "The Center-Cut Solution," *Harvard Business Review*, May-June 1993, p. 64.
5. Linda R. Cooper, "Polishing the Trophy—Enhancing the Service Commitment," *International Service Association Journal*, April 1991, pp. 25–28.
6. See "Hard-driving Boss Challenges Workers to Meet Company Goals and Personal Commitments," *On Achieving Excellence*, December 1993, p. 5.
7. Matthew J. Kiernan, "The New Strategic Architecture: Learning to Compete in the Twenty-First Century," *Academy of Management Executive*, Vol. 7, No. 1, 1993, p. 14.
8. See David E. Bowen and Edward E. Lawler III, "The Empowerment of Service Workers: What, Why, How, and When," *Sloan Management Review*, Spring 1992, pp. 31–39.
9. John E. Martin, "Unleashing the Power in Your People," *Arthur Andersen Retailing Issues Letter*, September 1994, p. 3.
10. Based on remarks by Marshall Roe, Manager of Service Planning and Development, Ford Parts and Service Division, presented in "Effective Empowerment," *Boardroom Reports*, June 15, 1993, p. 9.
11. As quoted in "The Truth About Empowerment According to D. Quinn Mills," *Training and Development*, August 1992, p. 32.
12. Management Letter, *General Electric Annual Shareholders Report*, February 11, 1994, pp. 3–4.

Capítulo 11. Desarrollar el trabajo en equipo

1. Dean Tjosvold, *Teamwork for Customers* (San Francisco: Jossey-Bass Publishers, 1993), p. 79.
2. As quoted in "How to Overcome Teamwork Blues," *Boardroom Reports*, July 15, 1993, p. 10.
3. Tjosvold, *Teamwork for Customers*, p. 7.
4. See A. Parasuraman, Leonard L. Berry, and Valarie A. Zeithaml, "An Empirical Examination of Relationships in an Extended Service Quality Model," *Marketing Science Institute Research Program Series*, December 1990, Report No. 90–122.
5. Tjosvold, *Teamwork for Customers*, p. 48.
6. Noel M. Tichy and Stratford Sherman, *Control Your Destiny Or Someone Else Will* (New York: Currency Doubleday, 1993), pp. 234–235.
7. "To Wow the Customer, First Wow Employees," *On Achieving Excellence*, May 1994, p. 11.
8. Robert Levering and Milton Moskowitz, *The 100 Best Companies to Work for in America* (New York: Currency Doubleday, 1993), p. 114.
9. As quoted in "Employee Exchanges Improve Teamwork," *The Service Edge*, January 1991, p. 5. The Kemper example is based on material from this source.
10. Barnaby J. Feder, "At Motorola, Quality Is a Team Sport," *The New York Times*, January 21, 1993, Business Section.
11. Mimi Lieber, "Managing for Service Excellence in a Turbulent Environment," speech at an American Marketing Association Conference, Boston, Massachusetts, February 25, 1987.

Capítulo 12. Evaluar el desempeño, recompensar la excelencia

1. See Frederick Herzberg, B. Mausner, and B. Snyderman, *The Motivation to Work* (New York: John Wiley & Sons, 1959).
2. As quoted in Leonard L. Berry, Charles M. Futrell, and Michael R. Bowers, *Bankers Who Sell: Improving Selling Effectiveness in Banking* (Homewood, Illinois: Dow Jones-Irwin; Chicago: Bank Marketing Association, 1985), p. 127.
3. Alfie Kohn, "Why Incentive Plans Cannot Work," *Harvard Business Review*, September-October 1993, pp. 54–63.
4. See "Rethinking Rewards," *Harvard Business Review*, November-December 1993, pp. 37–49.
5. "HRM Update," *HR Magazine*, May 1991, p. 19.

6. Christopher Gaggiano, "What Do Workers Want?" *Inc.*, November 1992, p. 101.
7. As quoted in "US West Abolishes Performance Appraisals to Shift Focus to Customers," *The Service Edge*, June 1993, p. 5.
8. Craig Eric Schneier, Douglas G. Shaw, and Richard W. Beatty, "Performance Measurement and Management: A Tool for Strategy Execution," *Human Resource Management*, Fall 1991, p. 280.
9. Based in part on Leonard L. Berry, David R. Bennett, and Carter W. Brown, *Service Quality: A Profit Strategy for Financial Institutions* (Homewood, Illinois: Dow Jones-Irwin, 1989), pp. 175–176.
10. John A. Swaim, "Recognition and Reward: Keystone for World-Class Customer Satisfaction," a presentation to the American Marketing Association Customer Satisfaction Congress, San Francisco, May 10, 1993.
11. "Make the Grade: Live Up to Corporate Values, Not Just Your Job Description," *On Achieving Excellence*, September 1993, pp. 7–8.
12. Coopers & Lybrand Research Study, November 1993.
13. Advice provided by George Rieder as reported in "Farsighted Pay Plans Return High Yield in Customer Satisfaction and Retention," *The Service Edge*, December 1992, p. 2.
14. Wyatt Data Services 1993/94 Survey of Variable Pay Programs.
15. "Study Offers Useful Benchmarks, Tips for Using Nontraditional Reward Plans," *The Service Edge*, January 1993, p. 4.
16. Berry, Bennett, and Brown, p. 183.
17. Patricia K. Zingheim and Jay R. Schuster, "Linking Quality and Pay," *HR Magazine*, December 1992, p. 59. The material in the preceding paragraph is based on this article.
18. Wyatt Data Services 1993/94 Survey of Variable Pay Programs.
19. Henry R. Kravis and George R. Roberts, "Corporate Rx: Employee Stock Plans," *The New York Times*, May 23, 1993, p. F13.

LEONARD L. BERRY ocupa la cátedra J. C. Penney de comercio minorista en la Universidad Texas A&M, en la cual también es profesor de marketing. Ex presidente nacional de American Marketing Association y coautor de los libros *Delivery Quality Service* (The Free Press, 1990) y *Marketing Services* (The Free Press, 1991). El Dr. Berry y sus colegas crearon el modelo Service Quality Gaps que se utiliza en todo el mundo.

[illegible]
[illegible]
[illegible] Texas A&M. [illegible]
profesor [illegible]. Ex presidente [illegible]
[illegible] American Marketing Association [illegible]
coautor de los libros Delivering Quality Service
(The Free Press, 1990) y Marketing Services
(The Free Press, 1991). El Dr. Berry y sus
colegas crearon el modelo Service Quality
Gaps que se utiliza en todo el mundo.

RECONOCIMIENTOS

Escribí este libro con una sensación de urgencia y compromiso personal. Muchas compañías están luchando por mejorar la calidad de su servicio. Algunas ni siquiera se preocupan por mejorar. Podemos esforzarnos más. Debemos esforzarnos más. Son muchas las cosas que están en juego en medio de esta travesía hacia el servicio de calidad, entre ellas la participación de las compañías y de los países en el mercado.

Este libro versa sobre la manera de mejorar la calidad del servicio. Es un texto para la acción. He dedicado mi carrera académica a estudiar y escribir sobre la comercialización de los servicios y el fundamento de esta actividad — la calidad del servicio — y he tratado de incluir en este volumen todas las lecciones pertinentes, todos los conocimientos adquiridos durante mi carrera.

Fueron muchas las personas que contribuyeron a la realización de esta obra con su tiempo, energía, sabiduría, habilidad y estímulo. De no haber sido porque el Marketing Science Institute (MSI) creyó en el equipo de tres investigadores que deseaban explorar el tema esquivo de la calidad del servicio, jamás se habrían convertido en realidad este libro y los dos volúmenes que lo antecedieron. A principios de los años 80, la mayoría de los trabajos publicados sobre el tema de la calidad se relacionaban con la calidad de los productos manufacturados. A. (Parsu) Parasuraman, Valarie Zeithaml y yo, colegas de la Facultad de Marketing de la Universidad Texas A&M, deseábamos estudiar la calidad del servicio. El Marketing Science Institute aportó los fondos para iniciar la investigación y aún continúa patrocinando nuestro trabajo. Nuestro programa de investigación, dentro del cual hemos completado cinco fases distintas, es el más largo en la historia del MSI. Mi participación en los estudios del MSI ha influido profundamente en mi manera de ver la calidad del servicio. Todos los capítulos de este libro se han beneficiado de mi experiencia en ese trabajo.

Agradezco la oportunidad de haber trabajado estrechamente y durante tantos años con Parsu Parasuraman y Valarie Zeithaml. Esta colaboración me dejó muchos conocimientos e inspiración. Estoy seguro de que Parsu y Valarie unen su voz a la mía para agradecer al Marketing Science Institute. Paul Root, presidente del MSI, y Katherine Jocz, directora de gestión de la investigación, han defendido nuestro trabajo durante años, y merecen un agradecimiento especial.

Parte de la investigación para este libro consistió en hacer observaciones directas y entrevistas en diez de las organizaciones de servicio más sobresalientes de los Estados Unidos. Tengo una deuda de gratitud con docenas de personas que participaron en las entrevistas y compartieron libremente sus impresiones y experiencias. Las páginas siguientes están llenas de citas y ejemplos obtenidos durante ese proceso. En cada compañía, la dedicación de una o más personas hizo posible que mi visita fuera un éxito. Estoy especialmente agradecido a las siguientes personas:

- Richard Hart y Garrett Jamison, de Bank One Texas Trust Division
- Larry Harmon, de De Mar Plumbing, Heating, and Air Conditioning
- Harold, Darryl y Michael Wiesenthal, de Harold's
- Michael Redwine, ex ejecutivo de Hard Rock Cafe
- Dra. Phyllis Watson, de Lakeland Regional Medical Center
- Greg Penske, Becky Cabot y John Dinsmore, de Longo Toyota and Lexus
- Richard Bartlett, de Mary Kay Corporation
- Joyce Meskis, de Tattered Cover Book Store
- Bruce Simpson, de Roberts Express
- Russell Vernon y Kathryn Lowe, de West Point Market

George Rieder, uno de mis amigos más cercanos y experto

en gestión de recursos humanos, me proporcionó ideas muy valiosas e información de investigación secundaria para los capítulos 11 y 12. Glenda Bessler, mi asistente administrativa y gran amiga desde hace muchos años, le brindó su apoyo al proyecto de mil maneras, incluyendo la mecanografía de cada palabra del manuscrito y la verificación de la información en las entrevistas telefónicas. Es el cuarto libro que Glenda me ayuda a preparar para publicación. Ella es la personificación misma del servicio extraordinario. Y lo mismo debo decir de Shirley Bovey, editora asociada del Real Estate Center de la Universidad Texas A&M, quien trabajó jornadas dobles para ayudarme con la parte editorial. Shirley, convencida de la virtud de las frases cortas, ha sido mi gran maestra en mi lucha por ser buen escritor. Es el segundo libro en que me ha ayudado. Bob Wallace, editor en jefe de The Free Press, y Elena Vega, editora asistente, apoyaron esta obra con mucho entusiasmo desde el inicio del proceso. No tengo palabras para agradecer sus consejos y su voz de aliento. A George, Glenda, Shirley, Bob y Elena les expreso mi gratitud desde el fondo del alma.

Por último, deseo agradecer a mi esposa Nancy y a mis hijos, Matthew y Jonathan, por comprender cuán importante fue para mí escribir este libro y por afirmar que se sentían orgullosos de mí mientras yo pasaba las horas ante un escritorio, luchando por que cada una de las palabras transmitiera un mensaje.

LEONARD L. BERRY